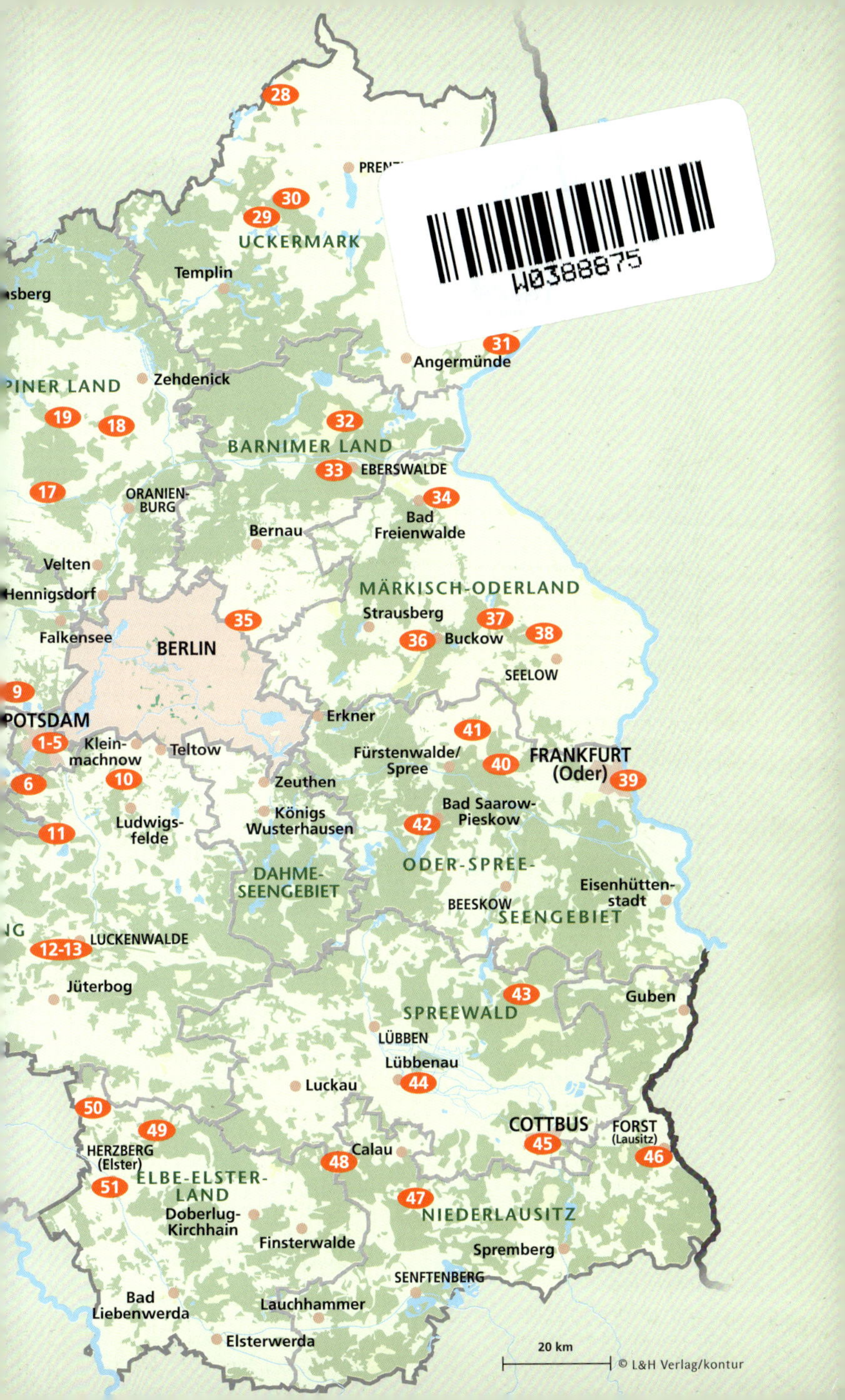

28
PREN
30
29
UCKERMARK
Templin
sberg
31
Angermünde
PINER LAND
Zehdenick
19
18
32
BARNIMER LAND
33
EBERSWALDE
17
ORANIEN-
BURG
34
Bad
Freienwalde
Bernau
Velten
Hennigsdorf
MÄRKISCH-ODERLAND
Strausberg
37
38
35
36
Buckow
Falkensee
BERLIN
SEELOW
9
POTSDAM
Erkner
41
1-5
Klein-
machnow
Teltow
Fürstenwalde/
Spree
40
FRANKFURT
(Oder)
39
6
10
Zeuthen
Bad Saarow-
Pieskow
Ludwigs-
felde
Königs
Wusterhausen
42
11
DAHME-
SEENGEBIET
ODER-SPREE-
Eisenhütten-
stadt
BEESKOW
SEENGEBIET
NG
LUCKENWALDE
12-13
Jüterbog
43
Guben
SPREEWALD
LÜBBEN
Lübbenau
44
Luckau
50
49
COTTBUS
FORST
(Lausitz)
45
HERZBERG
(Elster)
Calau
46
48
51
ELBE-ELSTER-
LAND
47
NIEDERLAUSITZ
Doberlug-
Kirchhain
Finsterwalde
Spremberg
SENFTENBERG
Bad
Liebenwerda
Lauchhammer
Elsterwerda
20 km
© L&H Verlag/kontur

„Ich bin die Mark durchzogen und habe sie reicher gefunden, als ich zu hoffen gewagt hatte..."

Theodor Fontane

Brandenburg Grün

Die historischen Gärten und Parks

Oliver Hoch

mit Beiträgen anderer Autoren

L&H Verlag

Deutsche Gesellschaft **DGGL**

für Gartenkunst und Landschaftskultur e.V.

Die DGGL setzt sich als einziger bundesweit tätiger Verband für das Grün als Kulturgut ein:

- Erhaltung, Erforschung und nachhaltige Entwicklung von Kulturlandschaften
- Erhaltung, Restaurierung und nachhaltige Pflege historischer Gärten und Parks
- Schaffung und Sicherung von qualitätvoll gestalteten grünen Freiräumen im Siedlungsraum

Die DGGL wurde 1887 gegründet und arbeitet heute in 18 selbständigen Landesverbänden.

Die DGGL fördert das Bewusstsein für den Kulturfaktor Grün in der Öffentlichkeit und die kritische Diskussion in Fachkreisen durch:

- Exkursionen und Fachführungen
- Vorträge und Seminare
- Tagungen und Kongresse
- Presseerklärungen und öffentliche Stellungnahmen
- Bundesweite und regionale Führer zu Gärten und Parks
- Eigenständige Fachveröffentlichungen
- Herausgabe der renommierten Fachzeitschrift Garten + Landschaft

DANKE

Cottbus
Schlosspark Branitz

INHALT

ZENTRALE INFORMATIONEN

TMB Tourismus-Marketing Brandenburg GmbH
Am Neuen Markt 1
14467 Potsdam

TMB-Hotline 0331/200 47 47
Fax 0331/298 73 28

hotline@reiseland-brandenburg.de

www.reiseland-brandenburg.de

www.kulturreisen-brandenburg.de

www.Kulturportal-Brandenburg.de

www.kulturland-brandenburg.de

www.kulturfeste.de

www.brandenburgische-schloesser-gmbh.de

www.deutsche-gesellschaft-ev.de

www.spsg.de

DB Regio
Fon 0331/235 68-81, -82
ran-berlin-brandenburg@bahn.de
www.bahn.de

WILLKOMMEN IM LAND DER GARTENKULTUR

Jahrhundertelang haben die armen Böden der „Streusandbüchse" jede kulturelle Blüte in enge Grenzen verwiesen: Eine eiszeitliche Landschaft sehen wir, frühe Siedlungsspuren der Zisterzienser finden wir, im Bild der Städte und Dörfer erleben wir das Werden des preußischen Staates. Zum Glück: Die Kulturlandschaft ist dabei aber meist naturnah geblieben.

Wer durch Brandenburg reist, hat „seinen Fontane" und den Naturführer dabei. Aber Gartenkultur? Sicher, die Potsdamer Gartenlandschaft, Rheinsberg und Branitz glänzten jahrzehntelang – wer aber wusste schon um die große Gartengeschichte von Gusow, Prötzel und Altdöbern? Wer kannte die historische Bedeutung von Marquardt, Paretz und Neuhardenberg? Wer wusste um die dendrologischen Raritätenkabinette von Gadow und Märkisch Wilmersdorf?

Die Deutsche Gesellschaft für Gartenkunst und Landschaftskultur e.V. verfolgt bundesweit das Ziel, Grün als Kulturfaktor in allen Facetten zu erkennen und erlebbar zu machen. Für Brandenburg gilt es vor allem, den Blick auf die historischen Gärten und Parks des Landes lenken, sie als Reiseziele ersten Ranges wiederzuentdecken. Deshalb geht der Dank der DGGL an den L&H Verlag, der mit diesem Buch eine wichtige Lücke schließt.

Der L&H Verlag setzt mit diesem Buch seine erfolgreiche Reihe der Gartenreiseführer fort und hofft, dass damit auch Brandenburg zu einer ersten Adresse für Gartenfreunde wird. Der Dank des Verlages geht an den Autor Oliver Hoch, der mit Fachkenntnis und großem Engagement für die Recherche und Texte verantwortlich zeichnet. Der Dank geht auch an den Landeskonservator Prof. Dr. Detlev Karg und seine Mitarbeiter Hans-Joachim Dreger, Alexander Niemann und Thorsten Volkmann, die für die fachlich-wissenschaftliche Beratung standen. Und Dank sagen möchten wir dem Gartendirektor der Stiftung Preußische Schlösser und Gärten Berlin-Brandenburg, Prof.Dr. Michael Seiler, sowie seinen Mitarbeitern für die Texte zu den Gärten und Parks, die in der Stiftungsverantwortlichkeit liegen.

Ein Buch dieser Art ist ohne Mithilfe weiterer engagierter Menschen nicht möglich: unser Dank geht an Sie alle!

Besonders zu erwähnen ist noch die finanzielle Unterstützung der EMB Erdgas Mark Brandenburg GmbH, des Fachverbandes Garten-, Landschafts- und Sportplatzbau Berlin-Brandenburg e.V. und unserer Inserenten. Sie alle halfen mit, dieses Buch realisieren zu können.

„Ob Du reisen sollst, reisen durch die Mark? Wag es getrost, und Du wirst es nicht bereuen." In diesem, Fontanes Sinne, wünschen wir Freude und Erbauung.

Elke Hube
Vorsitzende der DGGL
Landesverband Berlin-Brandenburg e.V.

Wolfgang Henkel
L&H Verlag
Hamburg

DANK

Für die fachliche Unterstützung, Fotos und Pläne danken wir dem Freundeskreis Schlösser und Gärten der Mark Brandenburg in der Deutschen Gesellschaft e.V., Frau Dr. Sybille Badstübner-Gröger und der Brandenburgischen Schlösser GmbH, Dr. Wolfgang Illert und Holger Schulz.

Besonderer Dank geht an Prof. Dr. Bernhard v. Barsewisch, Anja Brückner, Heidemarie und Peter Engelhardt, Hagen Engelmann, Karl-Heinz Friedrich, Petra Hübinger, Olaf Ihlefeld, Thorsten Lindner, Helmut Rippl, Jörg Saupe, Prof. Dr. Harald Schill, Peter Strzelczyk, Edelgard Taepke, Edith Freifrau von Thüngen und den vielen anderen, die wir hier aus Platzgründen nicht nennen können. Weiterhin danken Herausgeber, Autor und Verlag all den Besitzern historischer Anlagen, die uns hilfreich und engagiert unterstützten.

Ein besonders herzlicher Dank des Autors geht an Ute Bauer für die Durchsicht des Manuskripts und viele Anregungen.

BRANDENBURGISCHE SCHLÖSSER GmbH
GEMEINNÜTZIGE BETRIEBSGESELLSCHAFT

BRANDENBURGISCHE SCHLÖSSER SUCHEN NUTZER

Mehr als 500 Schlösser und Herrenhäuser, umgeben von Gärten und weitläufigen Parks, prägen die Kulturlandschaft Brandenburgs. Kriegszerstörungen und Enteignungen haben diesen Denkmalbestand in den vergangenen Jahren reduziert bzw. sie in ihrer Substanz erheblich geschädigt.

1992 entschlossen sich daher die Deutsche Stiftung Denkmalschutz und das Land Brandenburg, eine gemeinnützige Gesellschaft zu gründen, die in Deutschland Modellcharakter hat. Aufgabe der BSG ist es, für die denkmalgerechte Sanierung, Erhaltung, Pflege und die Nutzung von Herrenhäusern, Schlössern und Parkanlagen zu sorgen.

Bislang wurden 15 Schlösser, Herrenhäuser und wertvolle Nebengebäude von der BSG saniert, dazu deren Gärten und Parks.

7 Objekte sind bereits vermietet und dienen heute als Hotels, Gasthof, Museum, Büro, Wohn- und Verwaltungsgebäude sowie Tagungszentrum. Hieran zeigt sich die Vielseitigkeit der möglichen Nutzungen. Eine Besonderheit der durch die BSG vermieteten Objekte ist der äußerst günstige Mietpreis von ca. 6 € pro Quadratmeter, wobei der Innenausbau auf hohem Niveau mit modernster Infrastruktur durch die BSG erfolgt.

Die BSG steht jedoch auch öffentlichen wie privaten Eigentümern mit ihrem Fachwissen zur Verfügung und übernimmt als Dienstleister alle mit der Planung und Durchführung einer Sanierung zusammenhängenden Aufgaben

Weitere Informationen erhalten Sie in der Geschäftsstelle der Brandenburgischen Schlösser GmbH, Breite Straße 9 in 14467 Potsdam.

Tel.: 0331 – 27915-0
Fax.: 0331 – 27915-94
E-mail: info@schloesser-gmbh.de
http://www.brandenburgische-schloesser-gmbh.de

DIE GÄRTEN IN DER MARK BRANDENBURG

Mit der Streusandbüchse des Heiligen Römischen Reiches verbindet sich die Vorstellung von Kiefernwäldern, Seen, Sandhügeln, Brüchern und Lüchern, kaum der Gedanke an eine Region der Gärten und der Gartenkunst. Und dennoch ist dieses Bild wie alle Klischees einseitig und falsch. Das Verhältnis des Menschen zu Natur und Landschaft ist dialektisch. Solange die Natur ihn bedroht, er in sie eingeschlossen um das tägliche Brot, um die nackte Existenz kämpfen muss, wird sie als Gegner empfunden und gilt nur als schön, wo sie durch den Menschen gezähmt und veredelt wurde. So lässt sich das Erwachen des Blickes und des Bewusstseins für die landschaftliche Schönheit vom Mittelalter bis zur Gegenwart als Prozess begreifen, in dem der Mensch der Natur, der er nicht mehr ausgeliefert ist, immer freier gegenübertritt. Als nicht mehr Abhängiger kann er nun ihre Schönheit und ihren Reichtum würdigen. Ihre glühendsten Verehrer kommen aus dem Schoß der naturfernen Städte. Erst die Großstadt Berlin schuf den Hintergrund für das Bewusstwerden der Schönheit der märkischen Landschaft.

Zwei weitere Veränderungen waren Voraussetzung für den Wandel zum Positiven in der Wahrnehmung der Mark Brandenburg: Vor dem gegen Ende des 18. Jahrhunderts einsetzenden Chausseebau versanken die Räder der Reisekutschen, wenn nicht im Sand, so im Sumpf. Damit verbundene Unannehmlichkeiten dämpften die Empfänglichkeit für Naturschönheit und Landschaft. Seit dem Bau der „Steinbahnen" stieg die Wertschätzung für die durch sie erschlossene Landschaft. Die Böden der Mark Brandenburg sind arm und das Kulturland bot bis zur Einführung der Ackerbaulehre eines Albrecht Daniel Thaer ein Bild der Kargheit und Kümmerlichkeit. Die nachfolgende wissenschaftlich gegründete Düngelehre hat auch hier einen nachhaltigen Wandel gebracht.

In Gärten, die nicht nur reine Nutzgärten sind, haben Menschen seit jeher versucht, ein ideales Bild der Vereinigung von Kunst und Natur zu schaffen, haben eine konzentrierte Abbildung der Schönheiten der einheimischen Landschaft oder

Stiftung
Preussische Schlösser und Gärten

Berlin-Brandenburg

Herzlich willkommen!

Besuchen Sie unsere Schlösser in Berlin und Brandenburg und erleben Sie hautnah fast 400 Jahre Kunst- und Architekturgeschichte in Preußen. In den herrlichen Gärten können Sie außerdem die meisterhaften Inszenierungen aus Kunst und Natur bewundern und mit Muße durch die Jahrhunderte wandeln.

Informationen und Tipps
Fon 0331/9694-202   Fax 0331/9694-107
www.spsg.de

Erinnerungen und Visionen ferner Landschaften und Erdteile mit ihrer Pflanzenwelt beschworen. Je spröder und herber die eigene Landschaft ist, um so heftiger das Verlangen und um so größer der Eifer, sie mit diesen Visionen zu bereichern. Hier liegt eine der Triebkräfte, die Mark Brandenburg mit einem Netz der Gartenkunst zu überziehen. Zentrum wurde Potsdam und seine Umgebung, wo mit den reicheren Mitteln der Kurfürsten und Könige sich ein vielfältiges Abbild der Kulturlandschaften und Gartenstile Europas entwickelte, nicht als Disneyland, sondern als mit der vorgefundenen Landschaft verschmolzene Metamorphose.

Das Wenige, das in Brandenburg vor dem Dreißigjährigen Krieg an Gartenkunst erblüht war, hat dieser ausgelöscht. Nach den Verwüstungen dieser europäischen Katastrophe waren es die Gärten des Großen Kurfürsten, die nach holländischem Vorbild diesen Kulturzweig überhaupt erst wieder lebendig werden ließen. Zu denken ist an den Berliner Lustgarten, den Lustgarten von Potsdam und seine Ableger in Caputh, Bornim, Glienicke und den Garten in Oranienburg. In Lietzenburg (seit 1705 Charlottenburg) hatte die französische Gartenkunst André Lenôtres mit einem großartigen Beispiel ihren ersten Auftritt im Norden Deutschlands. Mit dem Amalthea-Garten in Neuruppin und dem Rheinsberger Schlossgarten bezeugte Friedrich der Große schon als Kronprinz sein Interesse und seine Leidenschaft für die Gartenkunst in einer für ihn charakteristischen Mischung holländischer und französischer Elemente, mit der Verschmelzung von Nutz- und Ziergärtnerei. Dies fand in den Anlagen von Sanssouci seine Vollendung, allerdings in königlichem Maßstab. Potsdam wurde in der Nachfolge zum Zentrum der brandenburgisch-preußischen Gartenkunst, zu einem Gartenreich mit 300-jährigen Folgen. Mit dem seit 1787 angelegten Neuen Garten am Ufer des Heiligen Sees und der Havel begann die Entwicklung des Landschaftsgartens nach dem Wörlitzer Vorbild im großen Stil im Potsdamer Raum. Über ihre Ausstrahlung in die Mark Brandenburg schrieb der Landrat Leopold von Reichenbach 1790 in seiner als „Märkisches Gartenbüchlein" bekannt gewordenen Schrift: „Diese herrlichen Beispiele großer Fürsten ahmen der Adel und reiche Landbewohner nach. Die Mark Brandenburg verschönert sich jeden Tag, und hat schon jetzt einige vortreffliche Original-Gartenanlagen. Herrliche Landhäuser im Geschmack der edelsten Baukunst erheben sich schon hin und wieder aus neu geschaffenen Gärten, welche die schönste Abwechslung an Wasser, Gebüschen, Hügeln, Wiesen und entfernten Aussichten haben, und sind sichere Beweise, dass der Brenne (Brandenburger) die schöne Gartenkunst eben so sehr zu lieben anfängt, als der Brite sie schon seit einem Jahrhundert geliebt hat."

1939 erschien in der Verantwortung des Kustos an der Nationalgalerie Berlin, Paul Ortwin Rave, ein Doppelheft der Brandenburgischen Jahrbücher mit dem Thema „Die alten Gärten und ländlichen Parke in der Mark Brandenburg". In der Einleitung schreibt Rave: „Die alten Gärten und Parke in der Mark bilden ein weites und im Großen und Ganzen noch recht unbekanntes und erforschtes (sic!) Bereich. In diesem Heft wird es zum ersten Mal gesondert aufgerollt, und auf einige seiner Fragen soll seitens der Wissenschaft mit einer Reihe von Aufsätzen Antwort und Auskunft erteilt werden. Eine abschließende Gesamtdarstellung kann aber heute noch keineswegs unternommen werden, nicht einmal beabsichtigt sein." Am Ende einer Reihe von wissenschaftlichen Aufsätzen, unter anderem von dem Lenné-Forscher Gerhard Hinz und der späteren Berliner Schlösserdirektorin, Margarete Kühn, legte Paul Ortwin Rave das „Verzeichnis der alten Gärten und ländlichen Park in der Mark" vor. Außer 15 alten Gärten auf dem Stadtgebiet von Berlin sind 307 historische Gärten der Mark Brandenburg in lexikalischer Kurzform erfasst und beschrieben. Dazu zählten auch die in den Grenzen der alten Mark jenseits der Oder gelegenen Gärten. In der Einleitung erwies Rave dem literarischen Entdecker der Mark seine Referenz mit den Worten: „Es sei freimütig eingestanden, dass nicht die wenigste Kenntnis durch das Grundbuch jedes märkischen Kunst- und Geschichtsfreundes, Fontanes Wanderungen, vermittelt wurde, ...".

Der 1939 von Rave gelegte Grundstein für ein wissenschaftliches Werk über die historischen Gärten der Mark Brandenburg blieb durch den im gleichen Jahr begonnenen

Weltkrieg im märkischen Sande vorerst liegen, das Werk ruhte nicht nur, ihm gingen wesentliche Bausteine für immer verloren. Im Kriege und in den folgenden Jahren der Bodenreform verbrannten viele Gutsarchive oder wurden aus ideologischen Gründen vernichtet. Einiges ist jedoch auch durch persönlichen Einsatz gerettet oder im Brandenburgischen Landeshauptarchiv zusammengeführt.

Schlimm erging es auch den Gärten und Parks selbst: Sie wurden in der Bodenreform aufgeteilt, zersiedelt und, wo dies nicht geschah, fehlte sichtbar die Voraussetzung jedes Gartenkunstwerkes, die steuernde und pflegende Hand eines Gärtners, sie verwilderten. Ein besseres Schicksal hatte die großen historischen Gärten in Potsdam, deren Weltgeltung für eine gärtnerische Pflege und Erhaltung sorgte. Das andererseits die ländlichen Gärten nicht untergingen und ihre Erhaltung im Mittelpunkt vieler Aktivitäten stand, ist ihrem ureigensten Wesen zu verdanken. Ihre Gestaltung, ob holländisch, französisch, englisch, italienisch, war stets eine Vermählung der heimischen Natur mit Erinnerungen und Bildern anderer Länder. In ihren historischen Gärten konnten die in ihren Reisemöglichkeiten sehr eingeschränkten Bewohner der DDR die Sehnsucht nach England, Italien, Frankreich, Holland stillen, so wie es einst ihre Schöpfer und Auftraggeber bei ihrer Anlage taten. Überall entstanden über dem Schirm des Kulturbundes Parkaktivs, in denen Anwohner und Fachleute in ihrer Freizeit mit großem Engagement und Begeisterung für den Fortbestand und die Erhaltung und Wiederherstellung der historischen ländlichen Gärten sorgten. Was an materiellen Gütern fehlte, wurde durch Einsatz und Begeisterung ausgeglichen. Im Institut für Denkmalpflege der DDR waren Gartendenkmalpfleger hauptamtlich mit historischen Gärten befasst, lange bevor sich bei den Landesdenkmalämtern in der Bundesrepublik die Einsicht durchsetzte, Gartendenkmalpfleger zu beschäftigen. Die Leistung der Fachleute für Gartendenkmalpflege in der DDR war vorbildlich und war durch den „ungewollten Export" von Fachkräften in der alten Bundesrepublik vor dem Fall der Mauer wirksam und ist nun integraler Bestandteil der Denkmalpflege der Bundesrepublik.

Nach 1990 wurden viele Gärten Brandenburgs unter der Leitung oder im Einvernehmen mit dem Brandenburgischen Landesamt für Denkmalpflege und Archäologischen Museum restauriert und sind in Pflege. Träger sind Stiftungen, Gesellschaften und Kommunen. Diese Anlagen sind Vorbild für den reichen, aber gefährdeten Schatz an Gärten und Parks der ehemaligen Güter, die nicht selten dank des Wirkens des Gartendirektors Peter Joseph Lenné (1789-1866) in ästhetisch gestaltete Feldfluren übergehen. Die Notpflege durch Parkaktivs ist nicht mehr gegeben. Brandenburg besitzt die beachtliche Zahl von ca. 1000 erfassten Gartendenkmalen, die erhalten und gepflegt werden sollten. Es müssen neue Wege gefunden werden, diese kulturgeschichtlichen Zeugnisse lesbar an die folgenden Generationen weiter zu geben. Doch blinde Aktivität ohne kundige Leitung wäre so schlimm wie Vernachlässigung. Die Wahrheit, dass ein historischer Garten nicht ohne die Pflege von fachkundigen Gärtnern überleben kann, muss deutlich gesagt werden. Das in Brandenburg gewachsene Netz der Gärten und Parks kann Kultur- und Geistesgeschichte frisch und lebendig ohne Schwellenangst und Verstaubtheit vermitteln. Der inzwischen hochbetagte Folkwin Wendland hat den von Paul Ortwin Rave 1939 gefassten Gedanken einer umfassenden Geschichte der Gärten und Parks der Mark Brandenburg verwirklicht. Es ist zu hoffen, dass es gelingt, die Druckkosten für das als Manuskript vorliegende Werk zusammenzutragen.

Das vorliegende Buch will aus dem gleichen Anlass ein praktischer Wegweiser zu und in den Gärten Brandenburgs sein. Umfang und Ziel erheben keinen wissenschaftlichen Anspruch. In dieser Hinsicht kann die Angabe der aktuellen Literatur am Ende jeder Gartenbeschreibung weiterhelfen. Ich hoffe, dass das Buch den Garteninteressierten eine brauchbare Hilfe für die Fahrten durch das Brandenburgische Gartenreich sein wird. Darüber hinaus hoffe ich, dass es helfen möge, Neugierige zu Gartenliebhabern und Gartenkennern zu entwickeln, denn sie sind der fruchtbare Boden jeder Gartenkunst.

Michael Seiler, Gartendirektor Stiftung Preußische Schlösser und Gärten Berlin-Brandenburg

Freundeskreis
Schlösser und Gärten der Mark
der Deutschen Gesellschaft e.V.

Der Freundeskreis Schlösser und Gärten der Mark unterstützt seit 1992 ideell und materiell die Wiederherstellung und Nutzungskonzepte der brandenburgischen Schlösser.
Mit Fachseminaren, Benefizveranstaltungen und Exkursionen werden die kunst- und baugeschichtlich wertvollen Schlösser und Parkanlagen der Mark Brandenburg ins Bewusstsein der Öffentlichkeit gebracht. Auf diese Weise wird zur Bildung einer kulturellen Identität beigetragen.
Zur Unterstützung zahlreicher Restaurierungsmaßnahmen veröffentlicht der Freundeskreis eine Publikationsreihe *Schlösser und Gärten der Mark,* die bisher 65 Veröffentlichungen umfasst.
Diese sind gegen eine Spende von 3,85 € (zzgl. Versandgebühren) bei der Deutschen Gesellschaft e.V. erhältlich. Die Spenden fließen direkt den Restaurierungsprojekten zu.
Spenden bitte an:
Deutsche Gesellschaft, Berliner Sparkasse,
Konto-Nr. 297 000 6785, BLZ 100 500 00

Freundeskreis Schlösser und Gärten
Deutsche Gesellschaft e.V.
Bundesallee 22
10717 Berlin
Tel.: 030-88 41 21 41
Fax: 030-88 41 21 23
E-Mail: dg@deutsche-gesellschaft-ev.de

POTSDAM/FLÄMING/HAVELLAND

Weitere sehenswerte Parks in der Region

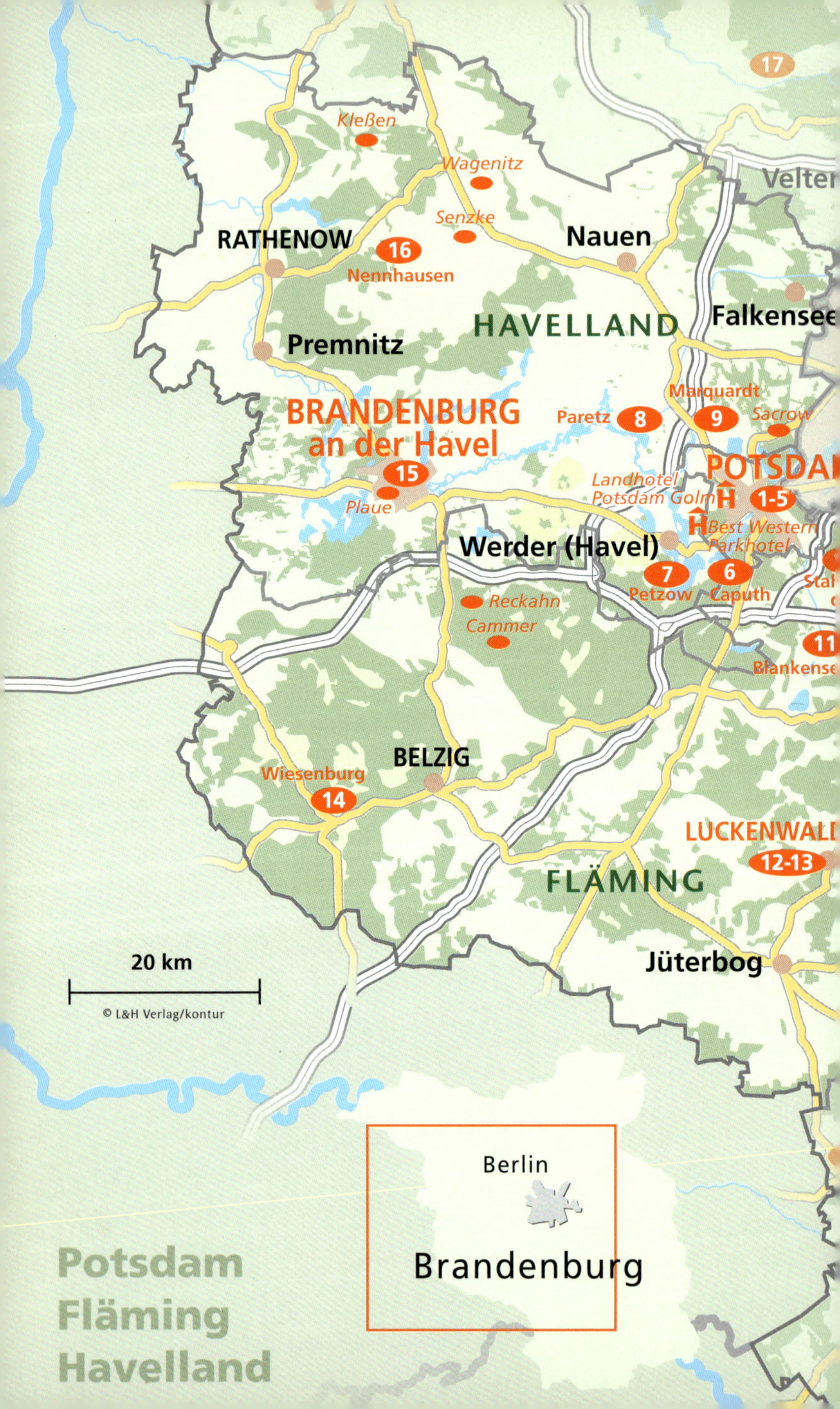

17
Kleßen
Wagenitz
Senzke
RATHENOW
16
Nennhausen
Nauen
HAVELLAND
Premnitz
BRANDENBURG an der Havel
15
Plaue
Paretz
8
Marquardt
9
Sacrow
Landhotel Potsdam Golm
1-5
Best Western Parkhotel
Werder (Havel)
7
Petzow
6
Caputh
Reckahn
Cammer
11
BELZIG
Wiesenburg
14
12-13
FLÄMING
Jüterbog
20 km
© L&H Verlag/kontur
Berlin
Brandenburg
Potsdam
Fläming
Havelland

33
RANIENBURG
EBERSWALDE
34
Bad Freienwalde
Bernau
ennigs-orf
MÄRKISCH-ODERLAND
38
Buckow
36
BERLIN
SEELOW
Klein-machnow
Erkner
41
Teltow
Fürstenwalde/ Spree
40
Diedersdorf
Zeuthen
enshagen
Ludwigs-felde
Königs Wuster-hausen
Bad Saarow-Pieskow
42
Märkisch Wilmersdorf
DAHME-SEEN-GEBIET
ODER-SPREE-
BEESKOW
SEENGEBIET
Stülpe
43
SPREEWALD
LÜBBEN
Lübbenau
44
Luckau
COTTBUS
49
Calau
45
RZBERG
ster)
48
ELBE-ELSTER-LAND
47
Doberlug-Kirchhain
Finsterwalde
NIEDERLAUSITZ
Spremberg

1 POTSDAM, NEUER GARTEN UND PFINGSTBERG

Der Neue Garten hat trotz Überformung durch Lenné noch sentimentale Einzelpartien aus der Entstehungsphase vor 1800 bewahrt und liegt im geografischen Zentrum der Potsdamer Gartenlandschaft. Der Pfingstberg, der eine ideale und sehr empfehlenswerte Aussicht über diese Gesamtanlage ermöglicht, wurde ab Mitte des 19. Jh. mit dem Neuen Garten gestalterisch verbunden.

Dessen Geschichte fängt mit dem Ankauf eines zentralen Grundstückes durch den Kronprinzen Friedrich Wilhelm II. an. Im Jahre 1787, ein Jahr nach dem Regierungsantritt, begann die Anlage des Neuen Gartens, der seinen Namen programmatisch in der Abkehr vom alten Barockpark Sanssouci erhielt. Als Gestalter wurde Johann August Eyserbeck verpflichtet. Aus einer Wörlitzer Hofgärtnerfamilie stammend, garantierte er die Umsetzung der an englischen Gärten orientierten Idealvorstellung Friedrich Wilhelms. Ungünstig für den einheitlichen Charakter des Gartens war der sich über mehrere Jahre hinziehende Grundstücksankauf. Neben einbezogenen ehemaligen Wohnhäusern entstanden zwischen 1787 und 1792 wichtige neue Bauten im Garten, von denen heute noch viele bestehen: Marmorpalais, Küche in Form einer römischen Tempelruine, Gotische Bibliothek, Schindelhaus, Orangerie, Grotte, Meierei, Pyramide (Eiskeller) und das holländische Etablissement. Vor letzterem verläuft, begleitet von Pyramidenpappeln (seit 1864 Pyramideneichen), ein Musterstück für den preußischen Chausseebau. Die notwendigen Gehölze bezog man aus den Wäldern der Umgebung, exotische Exemplare von Baumschulen aus Wörlitz oder Hamburg. Es entwickelte sich ein Geflecht von Partien unterschiedlicher sentimentaler Prägung, die von den jeweiligen Bauten oder Pflanzungen in ihrem Charakter bestimmt werden. 1816 überarbeitete Peter Joseph Lenné im Auftrag des Thronfolgers den zugewachsenen und unmodernen Garten als eine seiner ersten Potsdamer Aktivitäten. Unter Erhalt vieler Bereiche und Entfernung zu dichter Gehölze bekam der Neue Garten große Sichten und Wiesenräume, logischere Wegeführung und vor allem Blickverbindungen zu den Nachbar-

Neuer Garten
Der erste Landschaftsgarten in Potsdam

gärten (Sacrow, Pfaueninsel, Glienicke, Babelsberg, Potsdam, Pfingstberg). Trotz kleinerer Veränderungen zur Kaiserzeit und durch Rücknahme von Einbauten aus der Zeit der russischen Nutzung (1945-1954) hat sich noch immer die von Lenné geplante Grundstruktur bewahrt. Das Schloss Cecilienhof, 1913-1917 für den Kronprinzen erbaut, fügt sich sehr harmonisch ein. Eine 13 ha große Fläche, die 1960-1990 als Grenzgebiet zerstört war, ist inzwischen wieder hergestellt worden.

Westlich des Neuen Gartens erstreckt sich auf der höchsten Erhebung Potsdams die Pfingstberganlage. Das Projekt für ein dortiges Belvedere bestand bereits 1793, wurde aber erst unter Friedrich Wilhelm IV. mit Grundstücksankäufen und großen Planungen forciert. Durch seine Krankheit kam es 1863 nur zu einem Teilabschluss. Nachfolgend entstand die jetzige reizvolle, landschaftliche Anlage nach Plänen Lennés. Die damals vorhandenen Bauwerke (Belvedere, Pomonatempel, Landhaus und Villa Quandt) wurden integriert und vor allem die zahlreichen Möglichkeiten des Geländes zum Überblick über die Potsdamer Gartenlandschaft genutzt. Durch die schmale Partie des Mirbachwäldchens besteht eine Wegverbindung zum Neuen Garten. Im unteren Teil des Geländes waren nach 1994 große Anstrengungen notwendig, eine ab 1945 zum russischen Geheimdienstsitz besetzte und völlig zerstörte 8 ha große Parkfläche wiederzugewinnen. Das Landhaus und ein gotisierendes Weinmeisterhaus waren leider unwiederbringlich verloren.

INFO

GRÖSSE 102,5 ha Neuer Garten und 13,4 ha Pfingstberg

LITERATUR SPSG (Hrsg.) (1999):Die Gotische Bibliothek Friedrich Wilhelm II. Potsdam
SPSG (Hrsg.) (2001):Nichts gedeiht ohne Pflege. Potsdam
Fritsche, A. (1995): Der Pfingstberg in Potsdam. Potsdam
SPSG (Hrsg.) (1993):Wieder wandelnd im alten Park. Potsdam
Kleiner amtlicher Führer Marmorpalais, Pfingstberg, Neuer Garten

PLÄNE Neuer Garten mit Pfingstberg, SPSG und LVA
Rundgang in historischen Gärten, Neuer Garten

PFINGSTBERG

Das Belvedere in neuer – alter Pracht

2 POTSDAM, FOERSTER-GARTEN

„Wer Träume verwirklichen will, muss wacher sein und tiefer träumen als Andere"
Karl Foerster

Der große Staudengärtner, Gartenpoet und Gartenphilosoph schuf ab 1912 in Potsdam-Bornim eine beeindruckende Gartenwelt. Heute ist das Gartendenkmal Anziehungspunkt für Gartenfreunde und Fachleute aus aller Welt.

Der Foerster-Garten präsentiert hauptsächlich winterharte Blütenstauden. Die Gartenbereiche Senkgarten, Frühlingsweg, Herbstbeet und Steingarten strukturieren den Garten, der um das zentral gelegene Wohnhaus angeordnet sind. In dem Haus lebt heute Marianne Foerster, Karl Foersters Tochter, die den Besucher gern im Garten mit fachkundigen Erläuterungen erfreut.

Vorn links beginnt der Frühlingsweg mit den Stauden wie Adonisröschen, Küchenschelle, Anemone, Blaukissen u.a.m. Gehölze und Zwiebel- und Knollenpflanzen bestimmen das Bild. Im Herbstbeet dominieren Astern und Chrysanthemen, Silberkerzen und Gräser, im Steingarten der sieben Jahreszeiten kann der Besucher den Garten wie einen Blühkalender durchwandern: Vom Vorfrühling bis zum Winter, der von vielen Farnen geprägt wird. Zentraler Höhepunkt des Gartens ist der Senkgarten, in dessen Mitte das abgesenkte Wasserbecken den Blick auf sich zieht. Links und rechts finden sich die zahllosen Rittersporn-, Phlox- und Sonnenbrautsorten zu einer Symphonie der Farben, besonders im Sommer und Herbst. Eingefasst ist auch dieser Teil des Foerster-Gartens von immergrünen Gehölzen.

Besuchen Sie den Garten zu verschiedenen Jahreszeiten. So nähern Sie sich der Foerster-Philosophie, nach der das züchterische Ziel darauf ausgerichtet sein sollte, Charakteristik und Eigenschaft einer Pflanze hervorzuheben, ohne aber das Wesen zu verändern. Und so wird das Zusammenspiel von Erscheinungs-

FOERSTER-GARTEN
„Es wird durchgeblüht" – Karl Foerster

bild, Farbe und Duft in der stetig wiederkehrenden Jahreszeitenfolge deutlich.

INFO
Der Garten ist täglich von 9 Uhr bis zur Dämmerung geöffnet. Führungen für Gruppen ab 10 Personen bitte unter 0331/520 936 anmelden. Eintritt wird nicht erhoben, zur Unterstützung und weiteren Pflege der Anlage steht aber am Teich eine Spendenbox.

ANFAHRT Bus 692, Straßenbahn 95. Foerster-Garten Am Raubfang 6, 14469 Potsdam-Bornim

LITERATUR Foerster, Eva und Rostin, Gerhard (Hrsg.) (2001): Ein Garten der Erinnerung: Leben und Wirken von Karl Foerster. Hamburg
Foerster, Karl (2001): Ferien vom Ach. Hamburg

TIPP
Gut zu Fuss erreichbar ist die rekonstruierte Lennésche Feldflur (auch Bornimer Feldflur genannt), Mitte des 19. Jahrhundert von Peter Joseph Lenné im Norden Potsdams gestaltet. Versäumen Sie nicht einen Besuch der Freundschaftsinsel (Nähe Potsdam Hauptbahnhof).

3 POTSDAM, PARK SANSSOUCI
REHGARTEN HOPFENGARTEN KLAUSBERG
SIZILIANISCHER UND NORDISCHER GARTEN

Der Reh- und der Hopfengarten wurden im zweiten Viertel des 19. Jahrhunderts landschaftlich gestaltet und bilden mit dem Schlossgarten Charlottenburg eine gestalterische Einheit. Von großangelegten Planungen für eine Triumphstraße im Norden von Sanssouci entstanden nach der Mitte des 19. Jahrhunderts als Teilstück der regelmäßige Sizilianische und Nordische Garten sowie die formalen Gartenterrassen vor dem Orangerieschloss und landschaftliche Anlagen hinter dem Gebäude. Zu Beginn des zwanzigsten Jahrhunderts wurde der Park Sanssouci mit neuen landschaftlichen Gartenanlagen beidseitig einer doppelten Allee zwischen dem Orangerieschloss und dem Belvedere auf dem Klausberg, dem sogenannten Potentestück, arrondiert.

SANSSOUCI
Blick vom Parterre Sanssouci auf das Chinesische Haus

Westlich des Lustgartens schließt sich der von Altbäumen geprägte und ursprünglich eingefriedete Rehgarten an. In der Mitte auf der Hauptallee stand eine 1751/1752 erbaute Marmorkolonnade. Seitlich schlängelten sich dicht umpflanzte „Englische Alleen", die sich zu Gartensalons aufweiteten. Auch um das 1754 bis 1756 errichtete Chinesische Haus entstand ab 1763 eine eigenwillige Gartenanlage mit kleinen Parterres, gewundenen Wegen, einem Laubengang in Zick-Zack-Form und mehreren Obsttreibmauern im dichten Boskett. Friedrich II. ließ am Ende der Hauptallee zwischen 1763 und 1769 das Neue Palais errichten und von Heinrich Christian Eckstein ein davor liegendes Rasenparterre in Form eines Halbzirkels anlegen. Hinter dem großen Schlossgebäude schließen die beiden mit einem halbrunden Triumphbogen verbundenen Communs den mit vertieften Rasenspiegeln regelmäßig gestalteten Gartenraum ab.

Nördlich der Maulbeerallee wurden an dem mit drei Talutmauern ausgestatteten Weinberg 1770 bis 1772 das Drachenhaus in der Form einer Pagode sowie auf dem Klausberg ein Belvedere errichtet, von dem aus ein Alleestumpf in Richtung Osten auf den Turm der Heiligengeistkirche der Stadt Potsdam führte.

Friedrich Wilhelm II. ließ ab 1786 durch Johann August Eyserbeck d. J. den Rehgarten im natürlich-sentimentalen Stil überformen. Die Gräben im Garten wurden zu langen, mit wellenförmigen Ufern versehenen Teichen ausgegraben, eine Vielzahl geschlängelter Wege hinzugefügt und Quersichten ausgehauen. 1797 wurde die Kolonnade auf der Hauptallee abgebrochen. Ab 1821 veränderte Peter Joseph Lenné unter Beibehaltung der barocken Hauptallee den gesamten Rehgarten und das sich nördlich anschließende Hopfenkruggelände 1826 zu einem klassischen Landschaftsgarten mit malerischen Wasserzügen. Um 1880 wurden alle Wasseranlagen zugeschüttet.

Nordwestlich des Lustgartens entstand nach Vorgaben von Friedrich Wilhelm IV. und Planungen von Lenné ab 1856 der mit einer üppigen Fülle südlicher Gewächse ausgestattete

Sanssouci
Sizilianischer Garten, mit einer Fülle südlicher Gewächse ausgestattet

Sizilianische Garten und an Stelle eines geplanten Logierhauses auf der anderen Seite der Maulbeerallee als Gegenstück bis 1860 der Nordische Garten in regelmäßigen historistischen Formen. Auf der Bornstedter Höhe wurde unmittelbar nördlich der Sichtlinie vom Belvedere zur Heiligengeistkirche zwischen 1851 und 1860 das Orangerieschloss errichtet. Die regelmäßig gestalteten drei Terrassen vor dem langgestreckten Gebäude füllten reiche Pflanzungen und die landschaftlichen Gartenanlagen hinter dem Orangerieschloss oberhalb des Bornstedter Sees bilden das Pendant zum Ruinenberg.

Zwischen dem Orangerieschloss und dem Belvedere auf dem Klausberg wurde unter Wilhelm II. von 1902 bis 1907 durch Gustav Adolf Fintelmann und Georg Potente beidseitig einer vierreihigen Verbindungsallee eine landschaftliche Gartenanlage mit bewegter Bodenmodellierung und drapierten Findlingen geschaffen.

„In der Morgendämmerung vergoldet sich dieser Palast mit Auroras ersten Strahlen"

Aus einer Epistel Friedrich II. an den Marquis d' Argens (1747)

Die Terrassen von Sanssouci, das Parterre und der Lustgarten sind der weltweit bekannteste Garten Deutschlands. Das ist weniger der Eigenwilligkeit und Schönheit dieser Anlage, als dem Ruhm des Philosophen auf dem Königsthron und dem Interesse an seinem Schloss und Garten zu danken. Aber auch aus gartengeschichtlichen und gartenkünstlerischen Gründen verdient dieser Gartenbezirk hohe Aufmerksamkeit, denn hier sind dicht benachbart mehr als 200 Jahre Gartengeschichte und die Entwicklung der Gartendenkmalpflege in Werken von überragender Qualität erlebbar.

SANSSOUCI
Der Lustgarten, im Hintergrund Schloss und Terrasse

MARLYGARTEN
Ein Muster landschaftlicher Gartenkunst

1744 ließ Friedrich II. den Südhang des „Wüsten Berges" vor den Toren Potsdams terrassieren. Es entstanden die sechs bekannten Weinbergterrassen. 1745 wurde auf der obersten Terrasse das Schloss Sanssouci mit seiner herrlichen Aussicht über die damals noch freiere Landschaft erbaut. Zugleich entstand auf dieser Terrasse die Gruft, in der seit 1991, in später Erfüllung seines Wunsches, der königliche Bauherr bestattet ist. Programmatisch für das Interesse des Bauherren an Gartenkunst und Gartenkultur wurden an den Seiten des Schlosses auf der Höhe im Westen eine Orangerie und im Osten ein großes Treibhaus errichtet. Später wurde die Orangerie zum Gästehaus – den Neuen Kammern – umgebaut, und das Treibhaus machte der Bildergalerie Platz.

Den Fuß der Terrassen folgt in deren ganzer Breite das Parterre, durchzogen von der 2 km langen Querachse, die im Osten beim Obelisken beginn und ihr Ende am Neuen Palais findet. Nach dem Tod Friedrich des Großen 1786 wurde das Parterre landschaftlich gestaltet. Die Hecken im östlichen Lustgarten blieben ungeschnitten und wuchsen zu engen

Baumreihen empor, während die Terrassen und die große Querallee ihre geometrische Form behielten. Auf dem nördlich von Sanssouci liegenden Hügel hatte Friedrich der Große 1748 ein Wasserreservoir anlegen lassen, das er als Blickpunkt mit antikisierenden Ruinen schmücken ließ. Die Hoffnung, in seinen Gärten Brunnen und Fontänen springen zu sehen, musste er schließlich aus technischen Gründen aufgeben. Friedrich Wilhelm IV. brachte 1841 mit Hilfe des Dampfmaschinenhauses an der Havel springendes und rieselndes Wasser in großer Fülle in den Garten von Sanssouci. Lenné gestaltete zu gleicher Zeit den Ruinenberg als parkartigen Übergang in die geschmückte Feldflur in Potsdams Norden. 1845, 100 Jahre nach der Grundsteinlegung für Sanssouci, begann der fromme Nachfahre des freigeistigen Königs mit dem Bau der Friedenskirche auf der Ostseite des 4 ha großen Küchengartens. Auf seiner von Mauern umgebenen Fläche schuf Lenné ein Jahr später den Marlygarten, ein Muster landschaftlicher Gartenkunst. Dieses Kleinod ist reich an religiösen und weltlichen Anspielungen und Bildern. Zeitgleich mit der Anlage des Marlygartens veranlasste der König die Wiederherstellung des benachbarten Teiles des friderizianischen Gartens. Mit dieser Gegenüberstellung und Verknüpfung von 100 Jahren Gartenkunst wird der Garten als Element der Geschichte begriffen, und ein frühes Beispiel von Gartendenkmalpflege liegt damit vor. Mit dem erwachten Verständnis für die Barockgärten begann seit 1924 eine schrittweise Wiederherstellung der Geometrie des friderizianischen Lustgartens. Diese Arbeiten gipfelten 1981 in dem Rückbau der Terrassen in ihren ursprünglichen Zustand. Mit der Einfügung der breiten Querwege in das Parterre und der Anlage barocker Rabatten in die Außenkompartimente1998 fand diese Entwicklung ihr durch den nötigen Respekt vor den Hinzufügungen und Änderungen des 19. Jahrhunderts gebotenes Ende.

Der Besucher muss wissen, dass im Parterre und Lustgarten von Sanssouci zwei gartenkünstlerische Zustände überlagert und vereint sind. Die räumliche Struktur und Proportion ist friderizianisch und bewahrt in sich die Zutaten des 19. Jahrhunderts, wie das große Wasserbecken, die Rundbänke und einen Teil der Skulpturen.

Ruinenberg
Architekturelemente nach antiken römischen Vorbildern

Sanssouci
Blick über den Bogenschützen auf die Orangerie

Ein Rundgang sollte am Obelisk beginnen und nach Durchschreiten des Gartenportals mit dem Blick in die lange Querachse den Lustgarten verlassen und über die Christuspforte in den subtil komponierten Marlygarten führen, aus dem man dann in die Nordsüdachse von Sanssouci tritt. Über den Lustgarten und die Terrassen ist der Weg hinauf zum Ruinenberg mit seinem Blick auf das Krongut Bornstedt und zurück nach Sanssouci sehr zu empfehlen. Ein Besteigen des Normannischen Turms im Norden des großen Wasserreservoirs ordnet beim Rundblick auf das Potsdamer Gartenreich den soeben durchschrittenen Gartenteil in die Gesamtheit ein.

Info

Grösse 286,95 ha

Literatur Seiler, M.; Wacker, J. (1991): Insel Potsdam. Ein kulturhistorischer Begleiter durch die Potsdamer Parklandschaft. Berlin

Seiler, M. (2001): Der Marly-Garten, in: Nichts gedeiht ohne Pflege. Die Potsdamer Parklandschaft und ihre Gärtner. S. 140-147. Potsdam

Wacker, J. (2001): Der friderizianische Lustgarten in Sanssouci, in: Nichts gedeiht ohne Pflege. Die Potsdamer Parklandschaft und ihre Gärtner. S. 43-52. Potsdam

Wacker, J. (2001): Das Triumphstraßenprojekt in Sanssouci, in: Nichts gedeiht ohne Pflege. Die Potsdamer Parklandschaft und ihre Gärtner. S. 148-158. Potsdam

CHARLOTTENHOF

Der Park Charlottenhof ist die erste völlige Neuschöpfung Lennés innerhalb der Potsdamer Gartenlandschaft. Ab 1825 für den Kronprinzen Friedrich Wilhelm angelegt und von Schinkel und Persius mit Gebäuden ausgestattet, wurde der Landschaftsgarten später kaum verändert oder überformt, so dass er ein wertvolles Zeugnis der Garten- und Baukunst der ersten Hälfte des 19. Jahrhunderts darstellt.

Bis in das 19. Jahrhundert hinein befanden sich auf dem Gelände des späteren Charlottenhofes nur ein Gehöft, kleine Gärten und meist Weideland. Für den Ackerbau war das völlig flache, teils sumpfige, teils sandige Land kaum nutzbar. Lenné erkannte die Möglichkeiten des an den Park Sanssouci angrenzenden Landes, das 1825 zum Verkauf stand. Er regte den Erwerb für den Kronprinzen an, der es mit der Wahlmöglichkeit übergeben bekam, die bisherige Bewirtschaftung fortzusetzen oder neue Anlagen zu schaffen. Gleich mit Beginn des neuen Jahres fingen Schinkel und Lenné in enger Zusammenarbeit mit Friedrich Wilhelm als Bauherrn mit den Umgestaltungen an. Nach etwa zehn Jahren war das Musterbeispiel eines landschaftlichen Gartens schon erlebbar, mit regelmäßigen Partien in der näheren Umgebung der Bauwerke. Vergleichsweise zeitig wurde der Charlottenhof museal erschlossen, was für den Garten den großen Vorteil hatte, dass er keine großen Umwandlungen erfuhr und sich bis heute nahezu in alter Raumstruktur erhalten hat.

Während die anderen Seiten des Gartens dicht abgepflanzt sind, ist im Norden der Übergang zum Park Sanssouci sehr locker und mit langen verbindenden Sichten gestaltet. An zwei Stellen gibt es Wege zum älteren Nachbarpark. Von dort ausgehend schwingt in großem Bogen der Hauptweg bis zum Schlösschen Charlottenhof. Im Osten, kurz nach einen Durchblick auf das italienisierende Hofgärtnerhaus, erreicht man hinter einem Hügel die Gebäudegruppe der Römischen Bäder. Dieser gegenüber, heute nur angedeutet durch die Schutzhecke

Sanssouci
Römische Bäder, Eingangsseite

aus Strauchrosen, erstreckte sich einst ein italienisches Kulturstück. Dort wurden, passend zum daneben liegenden Hofgärtner-Wohnhaus, viele damals bekannte südländische Gewächse kultiviert: u.a. Wein, echte und wilde Artischocken, Mais und an Ranken zwischen Bäumen sogar Kürbisse. Auch die sonstige Umgebung der Römischen Bäder hat alte gärtnerische Bezüge aufzuweisen. Vielfach fassen berankte Pergolen die Bauten zusammen und die Beetbepflanzungen orientieren sich an antiken oder südlich-nutzgärtnerischen Aspekten. Südwärts schließt sich der durch schrittweise Verbreiterung des Grabens entstandene Maschinenteich an, benannt nach der ersten Potsdamer Dampfmaschine, die von hier Wasser zur Versorgung des Gartens pumpte (1923 abgerissen). Das Erdmaterial vom Teichaushub wurde zur Aufhöhung der Schlossterrasse und zur Anlage mehrerer Hügel im südlichen Parkteil verwendet. Von dem alten Maschinenhausplatz am Teichufer erstreckt sich als

Zentrum der Anlage quer zum Schloss eine Reihung regelmäßig gestalteter, repräsentativer Einzelgärten, die man als Gleichnis für den Tages-, Jahres- oder Lebenslauf des Menschen sehen kann. Sie führt westlich über den Hippodrom bis zur Fasanerie, deren Bereich erst ab 1840 hinzukam. Zur repräsentativen Aufwertung enthält diese Achse zahlreiche Schmuckpflanzungen und Wasserspiele. Auf schnellem Weg kann man nordwestlich das Neue Palais erreichen oder aber auf den kleinen, reizvolleren Wegen im Inneren das vielfältige Spiel der durch kulissenartig gepflanzte Baumgruppen gebildeten Parkräume und Sichten erleben.

INFO

GRÖSSE 65 ha

LITERATUR SPSG (2001): Nichts gedeiht ohne Pflege. Potsdam
Kleiner amtlicher Führer, Charlottenhof und Römische Bäder
Prestel-Bildheft, Charlottenhof und Römische Bäder
Schönemann (+ Görner) (1997): Charlottenhof, Potsdam-Sanssouci, Ed. Menges

PLÄNE Park Sanssouci, SPSG und LVA
Rundgang in historischen Gärten, Park Sanssouci, SPSG

SANSSOUCI
Schloss Charlottenhof

4 POTSDAM, FREUNDSCHAFTSINSEL

In Potsdam, umgeben von Wasser – der Alten und der Neuen Fahrt – liegt die Freundschaftsinsel. Ihren Namen trägt sie seit 1841, und fast genau 100 Jahre später – 1938/40 – entstand hier auf Anregung Karl Foersters, des großen Staudengärtners und Gartenphilosophen aus Potsdam-Bornim, der erste Schau- und Sichtungsgarten für winterharte Blütenstauden, Farne und Gräser.

Mit der Gestaltung des Schau- und Sichtungsgartens wurde der Gartenarchitekt Hermann Mattern beauftragt, für die Pflanzungen war Hermann Göritz verantwortlich. Zwei kleine Torhäuser kennzeichnen den Eingang. Eine dem Verlauf der Klinkermauer am Ufer der Alten Fahrt folgende Pergola mit Säulen aus rotem Wesersandstein ist Leitlinie für die sich fächerartig ausbreitenden Staudenbeete.

Seit 1911 betrieb Karl Foerster seine Staudengärtnerei in Potsdam-Bornim (heute Gärtnerei Foerster-Stauden direkt neben dem privaten Gartendenkmal Foerster-Garten). Ein unermüdliches Schaffen, 362 neue Staudensorten und unzählige Veröffentlichungen in Zeitungen und Zeitschriften sowie die Herausgabe von nahezu 30 Büchern kennzeichnen sein Lebenswerk. Seine fachlichen, philosophischen Gedanken sowie seine dichterische Kraft begeisterten Generationen – bis heute. Einer seiner Leitgedanken war immer die Anlage von Schau- und Sichtungsgärten zur Erprobung und Verbreitung neuer Staudenzüchtungen: Heute zu sehen auf der Freundschaftsinsel in Potsdam. Im Frühjahr 1941 wurde der Garten eröffnet, im April 1945 während der Bombardierung der Potsdamer Innenstadt fast komplett zerstört. Wieder auf Anregung Karl Foersters konnte die Freundschaftsinsel in der 1950er Jahren neu entstehen (neues Herzstück der Anlage: die Wasserachse) und in den 1970er Jahren weiterentwickelt werden. Ab 1977 erhielt die Insel den Status eines Flächendenkmals. Ab 1996 wurde der Garten flächendeckend restauriert. Während der Bundesgartenschau 2001 war er einer der Hauptanziehungspunkte. Heute gilt er als eines der bedeutendsten Gartendenkmale.

FREUNDSCHAFTSINSEL
Mit über 200 Staudenzüchtungen von Karl Foerster

Die Mitte des inneren Staudengartens bildet eine große Rasenfläche, die weit in den Garten hineinreicht. Blühende Stauden, hohe Ziergräser und duftende Parkrosen sind drumherum nach Themen und Entstehungszeit geordnet. Sehr informativ sind die über 5.000 Schilder mit Informationen zu den über 30 Sorten Beetrosen, 1.200 Sorten Gräser, Farne, Blüten- und Blattschmuckstauden. Besucher freuen sich über 30 Rittersporne (Delphinium), 50 Flammenblumen (Phlox) und 15 Chrysanthemen (Dendranthema). Auch der Gehölzliebhaber findet hier viele seltene Baum- und Straucharten. Entlang des Hauptweges findet man die Anpflanzung von über 200 Staudenzüchtungen Karl Foersters.

INFO

Ganzjährig ab 8 Uhr bis zum Einbruch der Dunkelheit geöffnet. Schöner Spielplatz. Auf der Freilichtbühne im Sommer Kulturveranstaltungen. Wechselndes Ausstellungsprogramm im Pavillon. Gartenführungen können Sie unter 0331/200 80 16 direkt mit Inselgärtner Jörg Näthe vereinbaren.

Literatur Seiler, M. et al. (2001): Potsdam Grün: Gartenkunst zwischen gestern und morgen. Hamburg

5 POTSDAM, PARK BABELSBERG

Im Auftrag des Prinzen Wilhelm – dem späteren Kaiser Wilhelm I. – und seiner Frau Augusta entstand dieser große Landschaftspark auf dem Babelsberg am Ufer der Havel. Damit wurde ein strategisch wichtiger Ort – der Höhenrücken östlich der Stadt Potsdam – in die Potsdamer Parklandschaft einbezogen.

Gleich zwei bedeutende Gartenkünstler haben die Anlage geschaffen: Peter Joseph Lenné, der Potsdamer Gartendirektor und Fürst Hermann von Pückler-Muskau, der Schöpfer so bedeutender Anlagen wie Bad Muskau und Branitz und vielgelesene Reise- und Gartenschriftsteller. Das neogotische Schloss der Sommerresidenz entwarf Karl Friedrich Schinkel, spätere Erweiterungen stammen von Ludwig Persius und Johann Heinrich Strack.

Das gestalterische Potenzial des Geländes hatte Peter Joseph Lenné früh erkannt: Der Babelsberg liegt gegenüber des Glienicker Schlosses an der Havel und bot durch seine Topographie zahlreiche Aussichtspunkte auf die Stadt Potsdam mit ihren Bauten und auf die Umgebung. Es gelang Lenné, den Prinzen Wilhelm für die Idee einer Sommerresidenz mit Parkanlage auf dem Babelsberg zu begeistern. Als auch der königliche Vater des Prinzen, Friedrich Wilhelm III., dem Projekt zustimmte, begann Peter Joseph Lenné ab 1833 mit der Anlage von Wegen und Pflanzungen. Es entstand ein feinfühliges Wegesystem, welches das hügelige Gelände erschließt und die wichtigsten Anhöhen miteinander verbindet. Lenné musste viel Ausdauer aufbringen, um mit dem äußerst geringen Etat, der ihm zur Verfügung stand, auf den sandigen Anhöhen Befriedigendes zu schaffen. Das Bewässern der Pflanzungen blieb ein ständiges Problem.

Am Nordhang des Berges entstand auf etwa halber Höhe ein zunächst kleines Schloss im neugotischen Geschmack, das Karl Friedrich Schinkel nach Wünschen der Prinzessin Augusta entwarf. Eine Erweiterung und Vergrößerung erfolgte ab 1840, nachdem der kinderlose Bruder des Prinzen, Friedrich Wilhelm IV. den Thron bestieg und Prinz Wilhelm somit zum Kronprinzen wurde. In diesem Zusammenhang ging auch die Parkgestaltung in eine neue Phase und es wurde auf Betreiben der Prinzessin Augusta Fürst Pückler mit der weiteren Gestaltung der Anlage betraut. Pückler erbat sich künstlerische Freiheit und eine bessere finanzielle Ausstattung, die ihm auch gewährt wurde.

Mit dem Bau eines Maschinenhauses am Nordufer des Babelsberges, der Anlage eines Wasserreservoirs auf der höchsten Kuppe des Geländes und der Verlegung eines Wasserleitungssystems konnten die Pflanzungen nun ausreichend bewässert werden. Die Fontänen, künstlichen Seen, Wasserläufe und der mehr als 30 m hohe Geysir, der unterhalb des Schlosses aus der Havel emporstieg, bereicherten den Park.

Park Babelsberg
Schloss im Stil der Tudorgotik von Schinkel und Persius errichtet

Pückler verfeinerte das von Lenné vorgegebene Wegesystem, ergänzte und erneuerte die Gehölzpflanzungen. Mit der Abfolge des unmittelbar am Schloss befindlichen Blumengartens auf den Schlossterrassen, dem sich anschließenden Pleasureground und dem Park entstand ein für Pücklers gestalterische Handschrift typischer Dreiklang.

Die Terrassen gruppieren sich auf unterschiedlichen Höhen um das Schloss herum und sind mit farbenfrohen Teppichbeeten versehen. Es schließt sich der Pleasureground als besonders intensiv gestalteter Bereich an. Sein Reiz besteht in der Harmonie sensibler Bodenmodellierungen mit den Baum- und Strauchpflanzungen und den vielfältigen, farbig eingefassten Blumenbeeten, die wie zufällig hingestellt wirken.

Von diesem Bereich aus ergibt sich die Möglichkeit, entweder durch die Goldene Rosentreppe zum Uferweg und damit in den Ebenenbereich des Parks zu gelangen, oder sich von dem Fußwegesystem auf der Höhe von Aussichtspunkt zu Aussichtspunkt führen zu lassen. Die Höhenpunkte sind mehrfach mit Parkarchitekturen betont, wobei der Flatowturm, 1853-56 in Anlehnung an den Eschenheimer Torturm erbaut, eine den ganzen Park beherrschende Dominante bildet.

Ein vielfältiges Geflecht von Sichtbeziehungen verweist den Spaziergänger auf Sehenswertes innerhalb- und außerhalb des Parks. Seit den 1960er Jahren wird der Park Babelsberg gartendenkmalpflegerisch betreut. Nach dem Mauerfall konnte der nördliche Uferbereich, der durch den Mauerstreifen vom Park abgetrennt und weitgehend zerstört war, wieder hergestellt und in den Park einbezogen werden.

Info

Größe 135 ha

Literatur Hamann, H. (1984): Der Park Babelsberg. Potsdam
Rippel, H. (Hrsg.) (1995): Der Parkschöpfer Pückler-Muskau. Weimar

6 CAPUTH (PM), SCHLOSSGARTEN

Obwohl südlich außerhalb der Insel Potsdam gelegen, ist der Caputher Garten durch die Sicht über den Templiner See hinweg und einen von Lenné gestalteten Uferfahrweg mit der Potsdamer Gartenlandschaft eng verbunden. Ein kleiner Park an dieser Stelle gehörte neben denen in Glienicke und Bornim schon im 17. Jahrhundert zum Kranz der Kurfürstengärten um Potsdam, der Keimzelle der preußischen Landesverschönerung.

Bereits im 16. Jh. hatte hier die Kurfürstin Katharina ihre Sommerresidenz, zu der eine regelrechte Musterwirtschaft aus Weinberg, Teichen, Gutshof und Schlossgärten gehörte. Der kurfürstliche Quartiermeister Philipp de Chieze baute 1662 das im Dreißigjährigen Krieg zerstörte Schloss wieder auf, einschließlich eines terrassierten, barocken Gartens mit vielen prächtigen Obstbäumen. Nach seinem Tod fiel alles an den Kurfürsten zurück, wurde weiter ausgestattet und bis 1713 vor allem für Festlichkeiten und Jagdaufenthalte genutzt. Es folgte ein Jahrhundert der Verpachtung und kommerziellen Nutzung, dann der Verkauf an den Generalleutnant von Thümen. Dieser ließ ab 1820 den Garten in Anlehnung an einen Verschönerungsplan Lennés landschaftlich umgestalten und fügte das Kavalierhaus zwischen Schloss und Havel ein. Der Verlauf der ufernahen Straße nach Potsdam entstammt Lennés Plänen zur Landesverschönerung. Das Einbringen kleiner Nutzbereiche in den Schlossgarten nach 1908 veränderte den Parkcharakter kaum. Nach dem 2. Weltkrieg zogen verschiedene Schulen ins Schloss, der Garten verkam. Mit der Übergabe an die Stiftung Preußische Schlösser und Gärten 1994 begann die Wiederherstellungsarbeit, begleitet von der gartenarchäologischen Suche nach barocken Resten. Seit der Eröffnung des Schlosses 1999 ist auch der Garten bis auf kleine Bereiche so erlebbar, wie er in der ersten Hälfte des 19. Jahrhunderts geprägt wurde.

Caputh
Mit der Potsdamer Gartenlandschaft eng verbunden

Info
Grösse 3,5 ha

Literatur Nichts gedeiht ohne Pflege, SPSG, 2001
Kleiner amtlicher Führer Schloss und Park Caputh
Gartenlust-Lustgarten, Verlag Schnell + Steiner 2003

7 PETZOW (PM), GUTSPARK

„...so erblickt man von dem Hügelrücken des Petzower Parkes aus eine imposante Wasserterrasse, und unser Auge, zunächst ausruhend auf dem in Mittelhöhe gelegenen, erlenumstandenen Parksee, steigt nunmehr erst auf die unterste Treppenstufe nieder – auf die breite Wasserfläche des Schwielow."
Fontane in den Wanderungen ... Band II: Petzow

Wie kaum ein anderer Ort in der Mark besticht Petzow bis heute durch das intakte Ensemble aus Park, Herrenhaus, Dorf und Kirche. Auch ohne eine Antwort auf die Frage nach dem Planungsanteil Lennés bietet der Landschaftspark großartige Eindrücke am Rande der Potsdamer Kulturlandschaft.

Dorf und Gut Petzow stehen für den seltenen und abenteuerlichen Weg einer Bauernfamilie in den preußischen Ritterstand. Der Dorfschulze Petrus Koehnen leistete in einer Zeit der wirtschaftlichen Depression 1651 dem Landesherrn den Lehenseid. Seine Nachfahren, die sich Kaehne nannten, entdeckten den Wert des Glindower Tons, der als mächtige Schicht aus der Saale-Eiszeit ihren Grundbesitz durchzog. Nach ersten Jahren als Pächter gelang es dem vierten Peter Kaehne 1775, die Ziegelei in Glindow zu erwerben, die zusammen mit dem konkurrenzlosen Petzower Krug am Straßennadelöhr den Grundstein für den zukünftigen Reichtum legte. Sein Enkel Carl Friedrich August Kaehne ließ um 1825 das heutige Schloss als eine Mischform aus italienischem Kastell und englischem Tudorstil errichten. Nach dem weiteren wirtschaftlichen Aufstieg der Familie erhob ihn Friedrich Wilhelm IV. 1840 in den Adelsstand, 1845 wurde Petzow zum landtagsfähigen Rittergut erklärt. Hart und verbissen haben die Gutsherrn der Familie Kaehne in der Folgezeit ihr Eigentum verteidigt. Eher schrullig mutet dabei noch die Weigerung eines späteren Karl Kaehne an, gegen Entschädigung Land für die geplante Eisenbahn zur Verfügung zu stellen, so dass die Strecke über einen Umweg geführt werden musste. Die Berliner Sensations-

Petzow
Im Sinne Lenné'scher Gestaltungsgrundsätze

presse der brodelnden zwanziger Jahre stürzte sich auf die sprichwörtliche Schießwut der Herren von Kaehne gegenüber ungeladenen Besuchern – mehrfach gab es Prozesse, die von den Zeitungen dankbar ausgeschlachtet wurden. Ob und warum der letzte Herr von Kaehne aber 1943 den Antifaschisten Dr. Alfred Mehlhammer erschoss, wie ein Gedenkstein im Park behauptet, wird im Detail wohl für immer ungeklärt bleiben.

Der ausgedehnte Landschaftspark wurde zusammen mit dem Gesamtensemble unter Carl Friedrich August von Kaehne vermutlich unter Beteiligung von Lenné angelegt. So entstand in den Jahren 1820 bis 1860 das bis heute einmalige Ortsbild Petzows: Beeindruckt vom Panorama pries bereits Fontane den Anblick „von absoluter Schönheit, nicht relativ, sondern absolut." Nach 1945 sicherte die Nutzung als FDGB-Erholungsheim zumindest den Bestand des Herrenhauses, während einige historische Gebäude leider abgetragen worden sind. In den

PETZOW
Blick auf das rekonstruierte Waschhaus am Haussee

achtziger und neunziger Jahren des 20. Jahrhunderts hat man intensiv an der Wiederinstandsetzung des historischen Parks und der Gebäude des Gutsensembles gearbeitet. Die Restaurierung der neuromanischen Kirche Schinkels war schon 1994 abgeschlossen, ein Tortürmchen im Ort kam im Jahr 2000 hinzu, ein Jahr später konnte ein 1945 verscharrter Obelisk neu aufgestellt werden. Das Waschhaus am Haussee, vor kurzem vollständig rekonstruiert, beherbergt heute eine Ausstellung zur Ortsgeschichte, die von Mitgliedern des örtlichen Heimatvereins gestaltet wurde. Die Mauer des Gutsgartens wurde in einer typischen fugensichtigen Bauweise mit einer Krone aus sogenannten Schmolzziegeln errichtet, also mit überbrannten Ziegeln, die bei der Produktion als Ausschuss abfielen.

Mangels historischer Pläne erfolgten im Park auf der Grundlage einer sorgfältigen Bestandserfassung und Bestandsanalyse behutsame Auslichtungen und Neuanpflanzungen im Sinne Lennéscher Gestaltungsgrundsätze. Sichtachsen wurden freigelegt und sind inzwischen wieder im Raumgefüge erlebbar. Beim Weg um den Haussee kommt der Schwielowsee immer wieder in den Blick, Kirche und Herrenhaus bilden von vielen Wegpunkten die baulichen Dominanten. Auf der Terrasse des Schlosses lädt der Restaurantbetrieb des Hotels im Schloss zu einer Tasse Tee bei einzigartigem Abendblick nach Süden.

Info

Anfahrt B 1 von Potsdam nach Werder bis Abzweig Petzow, dann Richtung Petzow
Rad von Potsdam Hbf
Schloss und Begleitgebäude bilden das Dorf, Straße führt in den Park

Eigentümer Stadt Werder/Havel, Eisenbahnstr. 14, 14542 Werder/Havel

Ansprechpartner Bernd Hanike, Fercher Str. 183, 14542 Petzow

Literatur Seiler, M. (1991): Petzow. In: Seiler, M.; Wacker, J. (1991): Insel Potsdam. Berlin
Fischer, A.; Fischer, B.E. (Hrsg.) (1991): Ein Landsitz am Schwielowsee: Petzow – Eine Spurensuche. Berlin

8 PARETZ (HVL), SCHLOSSPARK

Paretz liegt 20 km nordwestlich von Potsdam direkt an der Havel. Die Besonderheit des Ortes besteht darin, dass er als Gesamtanlage aus Schloss, Gärten, Dorflage und Flur in der kurzen Zeit von 1797 bis 1804 neu gebaut wurde und ein Musterbeispiel der preußischen Landbaukunst dieser Zeit darstellt. Trotz Verlusten und Überformungen ist dieser Charakter noch sehr gut sichtbar.

Über eine ältere Gartenanlage vor 1800 in Paretz ist nichts bekannt. Anfang 1797 erfolgte der Ankauf des Gutes als Sommersitz für das Kronprinzenpaar Friedrich Wilhelm III. und Luise. Sofort danach wurde David Gilly, Direktor der Berliner Bauakademie und Lehrer Friedrich Schinkels, mit der völligen Neuanlage von Schloss und Dorf beauftragt. David Garmatter, der einer schweizerischen Erbpächterfamilie aus Neu-Töplitz entstammte, übernahm als Hofgärtner die Parkgestaltung und weitere Pflege. Der Hofmarschall Valentin von Massow leitete organisatorisch das Vorhaben und sein Anwesen Steinhöfel – ein vorangegangenes Werk Gillys – war in vielen Punkten gestalterisches Vorbild für Paretz. Im Folgejahr schon war das Schloss bezugsfertig und der Garten in den Grundzügen erlebbar. Bis etwa 1804 zog sich die Fertigstellung der Dorflage hin, die, nach ästhetischen und ökonomischen Gesichtspunkten gestaltet, Vorbild für den preußischen Landbau werden sollte. Die zeittypische, frühe landschaftliche Gartengestaltung mit zahlreichen sentimentalen Kleinarchitekturen an markanten Stellen fasst die Gesamtkomposition zusammen. Sie hat drei Bestandteile unterschiedlicher Prägung: Südlich vom Schloss bis zum Kettengraben liegt der früher den Herrschaften vorbehaltene Schlossgarten, im zentralen Dreieck zwischen Schloss, Kirche und neugotischer Schmiede als sehr edle Dorfangervariante der Kirchgarten und westlich auf einem Höhenrücken schließlich der nach einem sehr malerisch-rustikalen, ehemaligen Aussichtspavillon benannte Rohrhausgarten.

Bis zum Ende des 19. Jh. war der Park noch mehr oder weniger gepflegt, dann begann vor allem für die Parkausstattung eine Phase des Verfalls. Viele der prägenden Kleinarchitekturen gingen seitdem verloren: Im Schlossgarten das Japanische Haus auf dem Grottenhügel, daneben der Teich und die Infantenbrücke, im Kirchgarten eine gusseiserne Brücke, Pumpe und Eisgrube und im Rohrhausgarten das Rohrhaus selbst und die gusseiserne Luisenpforte. Als nach dem Zweiten Weltkrieg im Schloss die Bauernhochschule einzog, wurde es bis zur Unkenntlichkeit entstellt. Der Bau von Wohnblöcken in den 1960er Jahren riegelte den Rohrhausgarten ab. Zwanzig Jahre später setzten dann erste gartendenkmalpflegerische Arbeiten im Kirchgarten ein. 1999 begann die Rekonstruktion des Schlosses und seiner Vorfläche, die samt Pflanzung, Aha-Graben und Zaun drei Jahre später im Rahmen einer Ausstellung abgeschlossen wurden. Die Wiederherstellung der anderen Gartenteile wird noch ungleich längere Zeit andauern, aber schon heute vermitteln noch erhaltene Altbäume, Bodenmodellierung, Wege und Gebäude einen guten Eindruck von der einstigen Blüte dieses reizvollen Ensembles.

Ehemals gehörte auch ein etwa 4 km nördlich gelegenes Belvedere mit gotisierendem Ruinencharakter zur Gesamtschöpfung. Außer einem reizvollen Wanderweg zum höchsten Hügel der Umgebung und einigen Fundamentresten ist davon jedoch nichts erhalten geblieben.

Info

Grösse 7,5 ha

Literatur Theodor Fontane: Schloss Paretz, SPSG 2001
Vom Schönen und Nützlichen, David Gilly, SPSG 1998
Gartenlust-Lustgarten, Verlag Schnell + Steiner 2003

9 MARQUARDT (PM), SCHLOSSPARK

„...man begab sich nach der ‚Grotte', einem dunklen Steinbau, der im Parke, nach dem rosenkreuzerischen Ritual, in einem mit Akazien bepflanzten Hügel angelegt worden war ..."
Fontane in den Wanderungen ... Teil II: Marquardt

Das Dorf Marquardt ist bis heute mit den Namen Friedrich Wilhelms II. und seines Generaladjudanten von Bischoffwerder verbunden. Der Park in landschaftlich herausragender Lage am Schlänitzsee ist gut erhalten und wartet im unmittelbaren Schlossbereich auf eine etwas liebevollere Pflege, die seiner historischen und gartenarchitektonischen Bedeutung gerecht wird.

Ursprünglich hieß das Dörfchen Schorin. Friedrich I. schenkte es 1704 seinem Schlosshauptmann und Direktor für das Lehnswesen, Marquard Ludwig von Printzen (1675-1725) und verfügte zur Ehrung desselben die Umbenennung des Ortes in Marquard. Der Glanz des Königshofes fiel auf das beschauliche Landgut, nachdem es 1795 in die Hände Hans Rudolphs von Bischoffwerder (1741-1803) gelangt war. Als Rosenkreuzer war er wohl der engste Vertraute des Königs Friedrich Wilhelm II., der ebenfalls dem Orden angehörte und spirituellen Gedanken gegenüber aufgeschlossen war. Fontane hat die Beziehung der beiden Männer in den „Wanderungen" bekanntgemacht – ob die Treffen des Königs mit seinem vertrauten Ratgeber in der Blauen Grotte südlich des Schlosses wirklich jenen rituellen Sitzungen dienten, die unser berühmter märkischer Reiseführer so farbenfroh beschreibt, muss der Nachwelt verborgen bleiben. Nach dem Tod des Königs im Jahr 1797 widmet sich Bischoffwerder in Marquardt ganz der Bewirtschaftung des Gutes. Das Herrenhaus, beim großen Dorfbrand von 1791 weitgehend vernichtet, hat er inzwischen wieder vollständig aufgebaut. Die heutige Gestalt des Schlosses geht zurück auf den Geheimen Kommerzienrat Louis Ravené, einen Kaufmann im Stahlgroßhandel, der Marquardt 1892 erworben hat. Bis 1912 wird das Schloss aufgestockt, sowie mit einem Westflügel und einer neobarocken Fassade versehen. Schon 1932 verpachtet Ravené das Schloss an den Hotelbetrieb Kempinski – damit entsteht für einige Jahre ein beliebtes Ausflugziel, das bis heute in der Erinnerung lebendig geblieben ist. Eine Bestandssicherung nach 1950 ist im Rahmen der Nutzung durch das Lehr- und Versuchsgut und dessen Nachfolgeeinrichtungen möglich.

Bischoffwerder hat nachweislich durch Umsiedlung der abgebrannten Hofstellen in die heutige Dorflage den Freiraum zur Anlage des bestehenden Parks geschaffen. Im Auftrag von

Marquardt
Park in landschaftlich herausragender Lage am Schlänitzsee

dessen Sohn Hans Rudolph Wilhelm Ferdinand (1795-1858) fertigt Lenné 1823 eine Bleistiftplanskizze an, die offenbar weitgehend umgesetzt wird. Eine erneute Erweiterung und Umgestaltung des Parks veranlasst dann Ravené im Zusammenhang mit den Gebäudearbeiten. Diese Anlage ist in der Grundstruktur bis heute erhalten. Jüngeren Ursprungs sind zwei Besucherterrassen für die Hotelnutzung nach einem Entwurf von Hermann Mattern (1902-1971), die Bepflanzung eines Parkweges mit Zieräpfeln (Malus spec.) sowie Wildobstgruppen am Rand der südlichen Parkwiesen.

Der 14 ha große Schlosspark erstreckt sich vom Ufer des Schlänitzsees im Westen bis zur Dorfstraße im Osten, im Norden wird er durch ein Wohngebiet in Schlossnähe, nach Süden durch einen Wassergraben zum Schlänitzsee begrenzt. Bis heute ist die berühmte Sichtachse vom Schloss entlang alter Platanen leicht abwärts auf den Schlänitzsee und über den See hinweg offengeblieben. Sie ist wohl erst nach Beseitigung der Bischoffwerder'schen Grotte im Zuge der Neugestaltung unter Ravené in dieser Form angelegt worden. Am Seeufer liegen in dieser Achse zwei Inseln, die auf eine Ufergestaltung zum Badestrand in der Kempinski-Zeit zurückgehen und heute einen verträumten Erlenbestand (Alnus glutinosa) mit intensivem Efeubesatz tragen. Parallel zum Ufer verläuft schnurgerade der Teilabschnitt einer Landverbindung, die schon der Große Kurfürst zwischen Schorin und Grube anlegen ließ. Dieser „Schorin'sche Damm" wird 1795 zum „Königsweg", den Friedrich Wilhelm II. regelmäßig von Potsdam für seine Besuche in Marquardt benutzt. Eine weitere Sichtachse verläuft von der südlichen Schlossterrasse fast parallel zum Königsweg in südlicher Richtung. Knapp unterhalb dieser Achse steht unter einer schwächlichen Hemlockstanne die schöne Figurengruppe „Faun mit Nymphen" von Walter Schott (1912). Gruppen von Laubgehölzen und ausgedehnte Wiesenflächen bestimmen heute den Charakter des Parks. Einige Linden und Platanen gehen noch auf die Lennézeit zurück. Im Uferbereich findet sich eine größere Zahl sehr alter Flatter-Ulmen (Ulmus laevis). Bei der Erweiterung zu Beginn des 20. Jahrhunderts wurden unter anderem Blut-Buchen (Fagus sylvatica ‚Atropurpurea') und Sumpf-Eichen

(Quercus palustris) eingebracht. Als dendrologisch interessante Einzelexemplare kommen unter anderem der Nordamerikanische Zürgelbaum (Celtis occidentalis), der Amerikanische Gelbholzbaum (Cladrastis lutea) und die Kanadische Hemlockstanne (Tsuga canadensis) vor. Aus der Zeit des Instituts für Obstbau und Obstforschung stammen verschiedene Zieräpfel (Malus spec.), Pflaumen (Prunus domestica aggr.), Wildbirnen (u.a. Pyrus ussuriensis) und Kirschen (Prunus avium vars. und P. mahaleb) bzw. Traubenkirschen (Prunus padus). Im Gutsensemble, das durch dichte Gehölzbestände optisch vom Schlossbereich abgetrennt wurde, sind Verwalterhaus sowie Brennmeisterhaus mit Schnapsbrennerei und Wasserturm erhalten. Die Dorfkirche in direkter Nachbarschaft wurde 1901 im Auftrag von Louis Ravené erbaut, der auch das Kirchenpatronat innehatte.

Schon im Interesse einer nachhaltigen touristischen Aufwertung des wertvollen Parks ist ein entsprechend angepasstes Nutzungskonzept für Schloss Marquardt zu fordern.

Info

Anfahrt A 10 Ausfahrt Potsdam Nord, B 273 von Potsdam
Rad von Potsdam
Park und Schloss zentral im Dorf gelegen

Grösse 14 ha

Eigentümer Gemeinde Marquardt, Hauptstr. 7, 14476 Marquardt

Ansprechpartner Dr. Wolfgang Grittner, Im Park 1, 14476 Marquardt, Fon 033 208 / 57 279

Literatur Wacker, J. (1991): Marquardt. In: Seiler, M.; Wacker, J. (1991): Insel Potsdam. Berlin
MELF des Landes Brandenburg (Hrsg.) (1997): Gärten Land Brandenburg. Potsdam

Tipp

Wer nach dem Blick auf den Schlänitzsee gern mehr von der Landschaft um Potsdam sehen möchte, der sollte nach Nattwerder fahren und von dort nach Süden spazieren. Stilvolle Gastlichkeit ohne jeden Gastronomiekitsch in der Nähe bietet Schloss Golm bei Potsdam.

10 STAHNSDORF (PM), SÜDWESTKIRCHHOF

Der zweitgrößte Friedhof Deutschlands ist als Dokument des Formenreichtums der Sepulkralkultur in der ersten Hälfte des 20. Jahrhunderts inzwischen zu einem Mekka für Kunsthistoriker geworden. Die niedrige Belegungsdichte und die extensive Bewirtschaftung lassen dem Bild der Vergänglichkeit hier heute den Raum, den man auf Friedhöfen innerhalb von Städten oft schmerzlich vermisst.

Im Zuge des Wachstums der jungen Reichshauptstadt Berlin konnten auch die ersten Friedhöfe außerhalb der alten Stadtmauern dem Bedarf an Begräbnisflächen nicht mehr genügen. Längst waren etwa die Anlagen am Halleschen Tor wieder von den neuen Gründerzeitvierteln eingeschlossen worden und damit nicht mehr erweiterungsfähig. Angesichts der Bestrebungen zur Errichtung kommunaler Zentralfriedhöfe entschloss sich auch der Berliner Stadtsynodalverband Anfang des Jahrhunderts

STAHNSDORF
Bilder der Vergänglichkeit

STAHNSDORF
Stabkirche

dazu, drei große Friedhöfe in der Berliner Peripherie anzulegen. Das Wettbewerbsergebnis für Stahnsdorf von 1908 vermochte den Bauherrn jedoch nicht zufriedenzustellen, so dass der Garteninspektor Louis Meyer und der Architekt Gustav Werner mit der Umsetzung beauftragt wurden. Der Friedhof konnte bereits 1909 eröffnet werden, 1911 kam die Kapelle hinzu. Aufgrund der schlechten Erschließung war die Anlage zunächst ein wirtschaftlicher Misserfolg. Erst 1913 wurde eine Eisenbahnlinie gebaut und bis 1928 ins S-Bahnnetz einbezogen. Die sogenannte Friedhofs- oder Leichenbahn fuhr von Zehlendorf über Düppel nach Stahnsdorf und war Initialzünder für die zukünftige Attraktivität der Anlage. Bis heute sind 110.000 Menschen auf dem Friedhof beigesetzt worden, davon die meisten in den ersten Jahrzehnten. Allein 35.000 Tote wurden in den Jahren 1938/39 von Friedhöfen aus der südwestlichen Berliner Innenstadt nach Stahnsdorf umgebettet, um Albert Speers Planungen für die neue Hauptstadt Germania realisieren zu können. Mit einer Größe von 206 ha, davon 150 ha bewirtschaftete und eingerichtete Friedhofsfläche, war und ist er bis heute der zweitgrößte Friedhof Deutschlands nach dem Hamburger Zentralfriedhof Ohlsdorf. Nach 1945 ging der Bestattungsbetrieb zwar zurück, doch wurde noch 1946 die zerstörte Teltowkanalbrücke in Gemeinschaftsfinanzierung von Reichsbahn, Bezirk Wilmersdorf und Stadtsynodalverband wieder instandgesetzt, so dass die S-Bahn bis 1961 fuhr. Mit dem Mauerbau wurde Stahnsdorf verkehrsmäßig abgeschnitten, die Möglichkeit zur Beerdigung auf dem Südwestkirchhof bestand zwar rechtlich weiter, wurde aber von Berlinern aus dem Westteil der Stadt faktisch nicht mehr genutzt. 1976 wurde schließlich das Empfangsgebäude des ehemaligen S-Bahnhofs auf Veranlassung der DDR-Behörden beseitigt. Seit 1982 steht der Südwestkirchhof als Flächendenkmal unter Schutz, seit 1992 wird er nach Auflösung des Stadtsynodalverbandes direkt vom Konsistorium der Evangelischen Kirche Berlin-Brandenburg verwaltet. Seit 2000 unterstützt ein Förderverein die Erhaltung und Pflege des Friedhofes.

Die Anlage besticht heute weniger durch die Struktur eines einheitlichen Entwurfes, als vielmehr durch die unauf-

Stahnsdorf
Mit vielen historischen Details

dringliche Einbettung architektonischer und künstlerischer Details in eine weitgehend natürliche Umgebung. Die einzelnen Sektionen sind nach den jeweiligen Berliner Kirchengemeinden benannt. Kurz hinter dem Eingang empfängt den Besucher auf dem Hauptweg ein Marmorreliefbild Christi, das Ludwig Manzel 1912 geschaffen hat: „Kommet her zu mir alle, die ihr mühselig und beladen seid, ich will euch erquicken!" (Matth.11,28). Weiter den Hauptweg entlang bildet die auffällige Kapelle einen Mittelpunkt: Gustav Werner gestaltete sie im Stil einer norwegischen Stabkirche. Bekannt durch kleine Konzertveranstaltungen ist sie heute Wahrzeichen des Friedhofs geworden.

Unweit der Kapelle befindet sich im Wald das Garnisongrab, das durch Umbettung von hohen Offizieren aus der Gruft der Berliner Garnisonkirche 1949 entstand. Die Anlage ist als steingesäumtes Grasviereck gestaltet und von Rhododendren umgeben. Rechts vom Hauptweg kurz hinter der Kapelle liegt der Friedhof der schwedischen Viktoriagemeinde mit schmiedeeisernem Eingangstor und Mausoleum in den Formen eines Monopteros. Die Gesamtanlage geht auf einen Entwurf Alfred Grenanders zurück, der auch viele Berliner U-Bahn-Stationen gestaltet hat. Am Eingang zum Block Lietzensee liegt ein kleines Schutzhäuschen, das einen reizvollen Durchblick auf einen der Brunnen ermöglicht. Im südwestlichen Bereich liegen ein englischer Kriegerfriedhof in Neugestaltung von 1992 sowie ein italienischer Kriegerfriedhof mit Kalksteinobelisk und 25 symbolischen Grabkreuzen aus den siebziger Jahren. Im südlichen Zentrum des Friedhofs wurde ein neuer Ehrenhain angelegt, in dem Wiederstandskämpfer gegen das NS-Regime ihre letzte Ruhe gefunden haben. Zur Beschreibung einzelner Grabdenkmäler steht bei der Friedhofsverwaltung ein ausführlicher Führer zu Verfügung.

Wie kein anderer Ort im Umfeld Berlins ist der Stahnsdorfer Südwestkirchhof heute dem menschlichen Schaffen und Vergehen inmitten der ewig wiederkehrenden Zyklen der Natur gewidmet. Gräber und Denkmale entstehen von Menschenhand und dürfen hier auch einmal langsam vergehen – ein Prozess, den wir so oft verdrängen und durch das geordnete Abräumen ersetzen wollen. Es wird die große Herausforderung bleiben, mit einem Bekenntnis zu diesem Fluss der Schöpfung das kulturhistorisch Wertvolle auch für zukünftige Generationen zu bewahren, ohne für Stahnsdorf in den verbreiteten Sanierungsperfektionismus anderer Friedhöfe zu verfallen.

Info

Anfahrt B 96a von Potsdam oder von Teltow
Rad von Berlin-Zehlendorf
Zugang von der Potsdamer Allee in Stahnsdorf über die Bahnhofstraße

Grösse 206 ha, davon 150 ha als Friedhof bewirtschaftet

Eigentümer Evangelische Kirche in Berlin-Brandenburg, Konsistorium, Georgenkirchstr. 69/70, 10249 Berlin

Ansprechpartner Olaf Ihlefeldt, Südwest-Kirchhof Stahnsdorf, Bahnhofstr., 14532 Stahnsdorf

Parkführer Petzholtz, G. (2002): „Hier möchte ich begraben sein…" – Ein Spaziergang über den Südwest-Kirchhof in Stahnsdorf bei Berlin. Berlin
Schwarz, R. (2000): Der Stahnsdorfer Südwest-Kirchhof. 2. Auflage Stahnsdorf

11 BLANKENSEE (TF), SUDERMANNPARK

Die umfassend wiederhergestellte Anlage ist als Sudermann-Park bekannt, da ihre heutige Gestalt der Initiative des Schriftstellers Hermann Sudermann zu verdanken ist. Der ursprüngliche Landschaftspark nach einem Lenné-Entwurf ist Anfang des 20. Jahrhunderts von Sudermann selbst und seinem Baumeister Otto Stahn erweitert und überarbeitet worden.

Als Victor von Thümen das verschuldete Landgut Blankensee 1902 an die Deutsche Ansiedlungsbank verkauft, geht eine fast 500-jährige Geschichte zu Ende: Das Dorf Blankensee, urkundlich erstmals 1234 erwähnt, war schon 1446 unter das Patronat der Familie von Thümen gelangt. Das Schloss wurde um 1740 im Auftrag des kursächsischen Kreishauptmanns Christian Wilhelm von Thümen errichtet. Es war die Zeit Friedrich Wilhelms I., in der für die kursächsische Enklave der Begriff vom „Thümenschen Winkel" geprägt worden ist, den Fontane so prägnant illustriert: Es sei dem Soldatenkönig „eine Sache von Importance" gewesen, in unmittelbarer Nachbarschaft zur Garnisonstadt Potsdam einen sicheren Schlupfwinkel für Deserteure seiner nicht eben sanft gedrillten Truppen erdulden zu müssen... Wie so oft zeichnet die Anekdote aber auch hier ein einseitiges Bild; über die Jahrhunderte haben die Herren von Thümen durchaus auch den brandenburgischen Kurfürsten gedient. So wird das Ländchen zwischen Beelitz, Saarmund und Trebbin nicht immer so im Fokus der Tagespolitik gestanden haben wie unter der Regierung des Soldatenkönigs.

Hermann Sudermann (1857-1928), seit 1897 Sommermieter auf Blankensee, gelingt es unmittelbar nach dem Verkauf, Haus und Park zu sehr günstigen Bedingungen von der Ansiedlungsbank zu erwerben. Sudermann, seit 1889 der Gefeierte, der von vielen Beneidete und immer wieder Angefeindete konnte hier endlich einen Traum verwirklichen: Ein Leben zu führen, das dem der Landadligen seiner Werke nahekam. „Sudermann siedelte im Sommer auf Sonderlings- und Urväterweise ohne Gas und elektrischen Strom... Abendliche Rezitationen und

Blankensee
Rundtempel, historisches Foto, 1928

Kunstdebatten vollzogen sich bei pseudoromantischem Petroleumlampenschein. Die als überwiegend feindlich empfundene Welt in Gestalt des zwei Wegstunden entfernten Bahnhofs Trebbin war weit ..." (Bellmann 1995).

Nach Sudermanns Tod gerät das Gut in die Verwaltung der SS, nach 1945 wird es zuerst von der Roten Armee und später viele Jahre als Schule genutzt. Seit einigen Jahren beherbergt das restaurierte Herrenhaus ein Gästehaus der Berlin-Brandenburgischen Akademie der Wissenschaften.

Als Peter Joseph Lenné 1832 durch Hermann von Thümen mit der Anlage eines Landschaftsgartens beauftragt wurde, existierte wohl nur eine kleine formal gestaltete Eingangsanlage. Nach neueren Erkenntnissen ist der erhaltene Lenné-Plan möglicherweise nicht vollständig umgesetzt worden, in jedem Fall aber im Gartenbereich westlich der Nieplitz – diesem „Alten Park" steht im Osten der „Neue Park" mit der unmittelbaren Schlossumgebung gegenüber. Dieser Bereich trägt die Handschrift von Hermann Sudermann und seinem Baumeister Otto Stahn. Bei der Neukonzeption griffen sie weitgehend auf die Lenné'sche Grundstruktur der Anlage zurück. Es entstanden mehrere thematisch und formal in sich abgeschlossene Garten-

Blankensee
Kaiserallee, historisches Foto, 1928

räume, in einem Fall auch mit intensiver baulicher Gestaltung. Der restaurierende Gartenarchitekt Armin Henne sieht einen zeittypischen Stildualismus: Die detailreiche Parkausstattung mit Büsten, Säulen, Vasen, Brunnen und allegorischen Figuren sei ein Abbild des Historismus, während etwa der „strenge architektonische Stil" des italienischen Gartens schon auf den „Umbruch zur Moderne" verweise (Henne 1999). Auf der Grundlage des denkmalpflegerischen Konzeptes wurde der Garten von der Brandenburgischen Schlösser GmbH wiederhergestellt – als gut gepflegtes Kleinod der Gartenarchitektur steht er heute allen Besuchern offen.

Noch heute betreten wir den Park durch die barocke Schauarchitektur des imposanten Parkportals mit säulengeschmücktem Hauptdurchgang, der von zwei fast schmucklosen kleineren Durchgangsbögen flankiert wird. Zwischen dem Gartentor und der Nieplitzbrücke am Schloss erstreckt sich die sogenannte Kaiserallee mit sechs Büsten römischer Kaiser, die nach ihrer Restaurierung wieder aufgestellt worden sind. Fünf der Büsten hatte Sudermann 1908 in Venedig erworben und um eine sechste aus dem Parkbestand ergänzt. Vor der Taxushecke finden wir zunächst einen unbekannten Aristokraten der römischen Republik, sodann die Kaiser Caligula, Lucius Verus, Marc Aurel (nicht gesichert), Septimius Severus sowie Caracalla (nicht gesichert). Die historische Fichtenreihe auf der rechten Wegseite ist inzwischen neu gepflanzt worden. Hinter der Taxushecke öffnet sich der sogenannte „Alte Park" mit Pomonafigur, der auf die Lenné-Planung zurückgeht – erschlossen über einen Rundweg, der kurz vor der Nieplitzbrücke nach links von der Kaiserallee abzweigt. Als Teil dieses Weges verläuft hier entlang der Nieplitz in Nord-Südrichtung eine Lindenallee, die auf die Lennézeit zurückgeht und inzwischen weitgehend nachgepflanzt worden ist. Im südlichen Parkbereich diesseits der Nieplitz erschließt ein Rundweg die Venusinsel mit Skulptur der Göttin und umrundet einen Venusteich. Für die Rundwege im gesamten Park wurden sieben Brücken wiederhergestellt, die markante Fixpunkte im Wegenetz bilden und selbst deutliche gestalterische Zeichen setzen.

Nach Überqueren der Nieplitzbrücke führt der Weg nach rechts vor das Schlossgebäude, der Vorplatz ist nach Süden als kurzer Anschluss zum See hin ausgeformt und durch eine Uferbalustrade abgegrenzt. Östlich des Schlosses findet sich ein kleiner Durchgang in den Neuen Park, wo der Blick sofort auf eine Floraskulptur im Zentrum des halbrunden Rasenparterres fällt. Vorbei an der Logietta zur Rechten gelangen wir in den eindrucksvoll inszenierten Bereich der Jahreszeitenwiese, im Südosten vom Monopteros-Ensemble begrenzt. Der Rundtempel wird flankiert von zwei Hermionen, die von kannelierten Säulen mit ionischen Kapitellen herabsehen. Um die Jahreszeitenwiese herum gesellen sich die Skulpturen der vier Jahreszeiten zu Chronos mit der Sanduhr, der die ewige Wiederkehr im Lauf der Zeit symbolisiert.

Im Norden der Jahreszeitenwiese zweigt ein kleiner Stichweg ab, der blind an einem Säulentabernakel mit Marienfigur endet. Der große Rundweg führt weiter zum „Italienischen

Garten", den Otto Stahn wohl nach Entwürfen von Sudermann ausführte. „Ein geometrischer Mikrokosmos von antiker Strenge. Er folgte in der Anlage einem uralten Modell ... An der Nordseite stellte der Dichter eine wuchtige Marmorbank auf, einen zweisitzigen Thron, die Armlehnen mit Füllhörnern verziert; an der Südseite ließ er eine Schauwand errichten, deren Nischen mit Figuren besetzt waren. Zur Linken und zur Rechten wurde der Garten von Säulenreihen begrenzt, die steinerne Urnen und klassische Köpfe trugen. Wie oft mag der Dramatiker hier auf seiner Bank gesessen und einsam das Welttheater heraufbeschworen haben?" (Fischer und Fischer 1996).

Im Baumbestand des Parks dominieren laubtragende einheimische Arten wie Stiel-Eichen, Eschen, Feld-Ulmen, Hainbuchen, Rot-Buchen und Winter-Linden. Eschen treten vor allem im Bereich des Stichweges zur Nieplitz im „Neuen Park" gehäuft auf. Einige Exemplare von Robinie und Eschen-Ahorn könnten natürlichen Ursprungs sein. Nadelgehölze wie Eiben (Taxus spec.), Fichten (Picea spec.) und Lebensbäume (Thuja spec.) sind vor allem im Umfeld der Parkarchitekturen schon zur

BLANKENSEE
Blick in den italienischen Garten

Sudermannzeit selektiv eingesetzt und heute zum Teil erneuert worden. Dendrologisch beachtenswert sind zudem die alten Efeubestände, die bis in die hohen Baumkronen wachsen und dem Park auch im Winter eine besondere Wirkung verleihen.

Die Sammelleidenschaft des Dichters Sudermann, die beständigen Bemühungen der Sudermann-Stiftung um die Erhaltung des Landsitzes, das jüngste Engagement der Brandenburgischen Schlösser GmbH: Ein glückliches Zusammentreffen verschiedener Umstände eröffnet heute ein Szenario, das in seiner Konzentration von kleinräumiger Gartenarchitektur und seiner Fülle von Ausstattungsdetails und Staffagen in Brandenburg seinesgleichen sucht.

Info

Anfahrt A 10 Ludwigsfelde West über Siethen, B 246 von Beelitz oder Trebbin bis Schönhagen, dann Richtung Blankensee
Rad von Trebbin über Glau
Parkzugang von der Ortsmitte ausgeschildert

Grösse 4,5 ha

Eigentümer Brandenburgische Schlösser GmbH, Breite Str. 9, 14467 Potsdam

Ansprechpartner Holger Schulz, Anschrift s.o., Fon 0331 / 279 15 18

Literatur Dreger, H.-J. (1994): Blankensee – Der Sudermannpark und seine sechs „Kaiser". Brandenburgische Denkmalpflege 3,1, S.48-51
Henne, A.; Becker, H. (1999): Der Sudermann-Park Blankensee – Wiederherstellung und Restaurierung. Die Gartenkunst ... S.131-145
Waldschmidt, J. (1996): Park und Schloss Blankensee – Sudermanns Landsitz. Die Mark Brandenburg 21, S.22-25
Fischer, A.; Fischer, B.E. (Hrsg.) (1996): Sudermanns Schloss und Park: Blankensee – Eine Spurensuche. 2. Aufl. Berlin

Tipp

Ein märkisches Mittelflurhaus von 1649 im Dorf Blankensee beherbergt ein Bauernmuseum mit Museumsschänke.

12 LUCKENWALDE (TF), WALDFRIEDHOF

Als Frühwerk Richard Neutras ist die Gesamtkonzeption des Waldfriedhofs in Luckenwalde ein seltenes Beispiel für die Umsetzung expressionistischer Architektursprache in einer kleinstädtischen Friedhofsplanung.

Nach 1900 fehlten auch in den kleineren Städten zunehmend Grabräume für nicht konfessionell gebundene Menschen, vor allem für Feuerbestattungen. Luckenwalde hatte in dieser Zeit nur Friedhöfe in kirchlicher Regie, daher plante der progressiv eingestellte Stadtbaurat Josef Bischof im Rahmen einer größeren Grünflächenkonzeption auch einen kommunalen Friedhof im Norden der Stadt. Als neuer Mitarbeiter des Bauamtes wurde Richard Neutra 1921 mit der Planung der Anlage beauftragt. Die Entscheidung über die Planung entwickelte sich zu einer parteipolitischen Kraftprobe, in der sich die Befürworter des Projektes letztlich durchsetzen konnten. Über die Gesamtkonzeption hinaus konnte Neutra nur noch wenige Details selber planen, da er bereits im Herbst 1921 in das Architekturbüro von Erich Mendelsohn nach Berlin wechselte. Der 1922 eingeweihte Friedhof blieb in seiner Struktur weitgehend erhalten, wenn auch die typischen Bepflanzungen teilweise verlorengegangen sind. Die denkmalpflegerische Konzeption sieht daher eine Wiederherstellung im Sinne des Entwurfes von Neutra vor.

Der Entwurf gibt sich in seltener Klarheit als Werk der künstlerischen Moderne zu erkennen: Bei aller scheinbaren Naturnähe der übernommenen Waldbestände dienen diese doch nur als Unterlage und Gestaltungsmittel für einen streng formalen Grundriss. Ein Bild, das ganz im Geiste des Expressionismus auf eine Gegennatur menschlichen Ursprungs setzt, wird der natürlichen Umgebung eingeschrieben. Den Grundgedanken der isometrischen Anlagen haben die Landschaftsarchitekten Jacobs und Hübinger ausführlich erläutert:

„Entlang einer Mittelachse, die sich von der Kapelle aus zwischen zwei [kleinen, d.V.] Wasserbecken über den Vorplatz durch eine zentrale, hoch gelegene Binnenfläche bis zu einer zur Terrassenanlage hinabführenden Treppe zieht und – die Terrassenanlage zweiteilend – zu einem Querweg führt, werden zwei symmetrische, spiegelbildliche Flügel bezeichnet, die im Grundriss der Gestalt eines Skarabäus folgen: Der halbrunde Platz vor der Kapelle bildet den Kopf, das massive Waldstück beidseits des Pfades den Rücken, die Terrassenanlage den Unterkörper und vier zickzackförmige Seitenlichtungen die Beine ... Der Skarabäus ... galt seit frühägyptischen Zeiten als Symbol der Wiedergeburt. Als Symbolfigur wurde er im Expressionismus im Rahmen einer verstärkten Ägyptenrezeption wiederentdeckt. In diese Grundstruktur des Friedhofs lagerte Neutra eine weitere Symbolebene ein: Von der Kapelle beziehungsweise Rednerkanzel aus sollte die Trauergemeinde zwischen zwei großen Wasserbecken wie über eine Brücke hinweg zu den Begräbnisstätten schreiten. Der Weg zwischen den Wasserbecken wird zur Brücke zwischen der Welt der Lebenden und der der Toten. Die Bezeichnung der Grenze zwischen diesen beiden Welten durch Gewässer findet im Mythos des Charon, der in seinem Kahn die Toten über den Styx schifft, Ausdruck ..."

Die baulichen Elemente sind mit Ausnahme der Terrasse, die in den siebziger Jahren eingeebnet wurde, überwiegend gut erhalten. Neben der Grundstruktur der Anlage gehen noch die beiden schlichten Torbauten auf den Entwurf Neutras zurück. Sie stehen, wie er selbst später bemerkt hat, deutlich in der Tradition seiner Vorbilder Adolf Loos und Frank Lloyd Wright. Einzelne Einbauten späterer Epochen haben das Grundkonzept kaum beeinträchtigen können, so dass die Anlage bis heute ein eindrucksvolles Dokument ihrer Zeit geblieben ist.

Info

Anfahrt B 101 von Berlin oder Jüterbog
Bahn von Berlin
Im Norden der Stadt über die Berkenbrücker Chaussee

Eigentümer Stadt Luckenwalde, Markt 10, 14943 Luckenwalde

Literatur Jacobs, J.W.; Hübinger, P. (1994): Luckenwalde – Der Waldfriedhof – Ein expressionistisches Frühwerk Richard Neutras. Brandenburgische Denkmalpflege 3,1, S.106-112

LUCKENWALDE
Die Waldbestände dienen als Gestaltungmittel

13 LUCKENWALDE (TF), STADTPARK

Als Werk der berühmten Berliner Baumschule und Gartenbaufirma Späth wurde der Neue Teil des Stadtparks Luckenwalde 1936 angelegt und ist ein sehr gut erhaltenes und in Teilen restauriertes Beispiel einer Parkanlage in der Formensprache der ausgehenden 20er Jahre des 20. Jahrhunderts.

Der Stadtpark von Luckenwalde besteht in seiner heutigen Gestalt aus zwei Teilen. Der ältere, bereits 1904 in landschaftlichen Formen angelegte Teil, dient heute als Tierpark und ist durch diese Nutzung weitgehend entstellt. Der sog. Neue Teil wurde 1936 als dessen Erweiterung konzipiert und ist sowohl historisch als auch gestalterisch ein wichtiges Gartendenkmal.

Der Entwurf für den neuen Parkteil stammt von der Berliner Gartenbaufirma Späth, die seit 1720 bestanden hatte und zeitweilig die größte Baumschule der Welt war. Nebenbei gestaltete Späth überall in Europa auch Gartenanlagen, Parks und Sportplätze. 1912 übernahm Hellmuth Späth die Firma und führte sie mit Erfolg weiter. Bereits 1933 in die NSDAP eingetreten, wurde er wegen regimekritischer Äußerungen verhaftet und im KZ Sachsenhausen am 15.02.1945 ermordet.

Der Entwurf Späths sah als Zentrum der nahezu quadratischen Anlage eine große, in landschaftlichen Formen angelegte Wiese vor, die von einem äußeren „Großen Umgangsweg" sowie von einem inneren, „Kleinen Umgangsweg" umzogen war. Die sich in Nordsüdrichtung erstreckende Wiese mündete auf der Nordseite in einen architektonisch gestalteten Platzbereich mit Zierbeet, von dem aus der alte Parkteil erschlossen wurde, der ansonsten wenig mit dem neuen Teil korrespondierte. Spiegelbildlich hierzu ordnete Späth am Südende der Großen Wiese eine ca. 70 m lange Pergolenanlage an, die zum beherrschenden Motiv des Parks wurde. Östlich und westlich der Pergola befinden sich zwei gleichfalls architektonisch gestaltete Eingangsbereiche. Bis auf den Bereich, der westlich der Großen Wiese liegt, dient der Park der stillen Erholung und dem

Spazierengehen. In Ergänzung dazu ordnete Späth auf der Westseite eine Achse mit Liegeweise, Brunnen, Planschbecken, Sandkasten und Turnplatz an.

Der Entwurf Späths steht in der Tradition der Gestaltungsweisen der 20er Jahre. Mit seiner charakteristischen Mischung architektonisch, geometrisch-axialer Strenge der Grundstruktur und der Funktionsbereiche mit den freien landschaftlichen Elementen der Waldsäume, Wiese und der Umgangswege, spricht diese Gestaltung kaum vom „Geist" ihrer Entstehungszeit und ist somit wiederum typisch für Parks und Gärten der NS-Zeit, die meist erst in Verbindung mit Bauten des Regimes zu Trägern von dessen „Botschaften" wurden.

Bis auf einen Rosengarten wurde der Entwurf weitgehend – übrigens durch die Firma Späth – ausgeführt. Nach dem Krieg wurde der kurzzeitig nach Stalin benannte Park aufmerksam gepflegt und erhielt 1965 in der Südostecke ein neues, in typischen Formen der Zeit errichtetes Parkcafé. Zu Beginn der 90er Jahre zeigte sich allerdings, dass wichtige Wegeverläufe und Raumbezüge in Vergessenheit geraten und nicht mehr erkennbar waren. Auch war ein besonders reizvoller Teil des Parks, ein langgezogener, talartig vertiefter Wasserlauf mit Quellanlage, verfüllt worden. Auf der Grundlage eines gartendenkmalpflegerischen Gutachtens wurde der Stadtpark deshalb ab 1996 sukzessive restauriert. So wurde die Pergola mit ihren Sandsteinsteinpfeilern, Böschungsmauern und Zierbeeten wiederhergestellt. Auch wurde der Platzbereich zum Alten Parkteil restauriert, zusammen mit den Wegen auf der Ostseite des Parks. In den kommenden Jahren sollen die Parkteile auf der Ostseite, wie der langgezogene Wasserverlauf und die dortigen Eingangsbereiche restauriert werden. Auch ist beabsichtigt, den Stadtpark durch eine neue Wegeverbindung sowie die Öffnung des Tierparks besser an das Stadtzentrum anzubinden.

Info

Anfahrt B101 von Berlin nach Jüterbog
Zentrum, Färberweg, Meisterweg
Eigentümer Stadt Luckenwalde, Markt 10, 14943 Luckenwalde

14 WIESENBURG (PM), SCHLOSSPARK

Im schlossnahen Bereich des ausgedehnten Landschaftsparks ist heute wieder das kleinteilige Teppichbeetparterre zu erleben, ein bedeutendes Gartenzeugnis aus der zweiten Hälfte des 19. Jahrhunderts.

Schon seit 1456 ist für Wiesenburg als Besitzer zu Lehen die Familie Brandt von Lindau belegt, die trotz folgender Erbteilungen letztlich eine lange Herrschaftstradition begründete. Ein erster großer Renaissancebau wurde unter Benno Friedrich „dem Reichen" Brandt von Lindau (1571-1625) Ende des 16. Jahrhunderts errichtet, der sächsische General Adam Friedrich Brandt von Lindau (1681-1754) ließ bis 1743 erhebliche Um- und Neubauten im Barockstil ausführen. Über eine weibliche Erbfolge gelangte Wiesenburg nach 1743 in den Besitz der Familie von Watzdorf. Der preußische Rittmeister Curt Friedrich Ernst von Watzdorf (1839-1881) ließ die bis heute bestehende Anlage im Stil des Historismus errichten. In ungewöhnlich einfühlsamer Neurenaissancearchitektur entstand unter den Architekten Mothes und Hense als Parkdominante ein repräsentativer Schlossbau, der an den alten Renaissancekörper anknüpft, ohne der oftmals bedrohlichen Gigantomanie der Stadtarchitektur dieser Zeit zu erliegen.

Ob bereits unter Benno dem Reichen ein Renaissancepark bestanden hat, ist nicht belegt. Ein ausgedehnter „Tiergarten" im heutigen äußeren Parkbereich geht auf General Adam Friedrich zurück. Der bestehende Park wurde nahezu vollständig durch Curt von Watzdorf in der Zeit von 1863 bis 1881 konzipiert, und zwar wesentlich von ihm selbst und ohne Planung durch einen Landschaftsarchitekten. Reisebegleiter und Berater war ihm dabei der Förster Carl Ferdinand Gebbers, der über umfassende dendrologische Kenntnisse verfügte. Das streng gegliederte Gartenparterre in einer großzügigen Parklandschaft wurde sofort nach seiner Fertigstellung zu einer der bekanntesten Anlagen seiner Art in Deutschland. Nach einigen Veränderungen in den dreißiger Jahren des 20. Jahrhunderts kam es

Wiesenburg
Das Teppichbeetparterre – seltenes Gartenzeugnis aus dem 19. Jh.

ab 1940 zu Pflegerückständen, so dass die Anlage schließlich zugewachsen war. Schon 1986 konnte aber mit einer denkmalpflegerischen Instandsetzung von Schloss und Garten begonnen werden, die heute weitgehend abgeschlossen ist.

War Curt von Watzdorf ein Meister der Gestaltung oder ist ihm ein zufälliger Glücksgriff gelungen? Die Frage wird unbeantwortet bleiben, denn der Park von Wiesenburg ist sein einziges Werk geblieben. Die Teppichbeetterrasse, Hommage an die italienischen Gärten der Renaissance und doch so klar in der aktuellen Mode ihrer Entstehungszeit verhaftet, bildet gleichermaßen Krone wie Kontrast zur umgebenden Parkanlage. Vom Schlossbalkon über der höchsten Terrassenebene ist die Gesamtanlage vollständig zu übersehen: Einem Parterre von rechteckigem Grundriss sind an den Schmalseiten zwei runde Elemente eingeschrieben – schlossnah eine halbkreisförmige Fläche mit Sternbeeten, am schlossfernen Ende zum Teich hin eine Vollkreisfläche, die neben einem Zentralbeet Zwergkoniferen trägt. Kugelfichten säumen in Längsrichtung das dreiachsige Wegenetz und geben dem gesamten Parterre eine streng regelmäßige Struktur. Beim Weg über die östliche Treppe hinab ins Parterre fällt der Blick zurück auf die Balustraden des

Balkons und der obersten Terrassenebene. Baluster, Vasen, Reliefs und Figuren stammen von dem Berliner Bildhauer Alexander Calendrelli (1834-1903). Die glückliche Hand Watzdorffs hat hier zwei Bäume gesetzt: Auf der Terrasse eine Silber-Linde (Tilia tomentosa), darunter neben der Treppe, deutlich gestaffelt, eine Ahornblättrige Platane (Platanus x hispanica). Ein zweiter Blick auf das Parterre zeigt aus der Nähe die Details der jüngsten Wiederherstellung: Die Wege mit Deckschicht aus Promenadengrant leuchten heute wieder in gelbgrauem Kontrast und sind mit pflegefreundlichen Bandstahlkanten abgegrenzt. Zum See ist das Parterre durch die wiederhergestellte Uferbalustrade begrenzt. An beiden Längsseiten finden sich knapp außerhalb der Parterreflächen Magnoliensolitäre (Magnolia x soulangiana und M. yulan). Über die Teiche hinweg nach Süden und Südwesten öffnen sich zwei Wiesenräume in den weiten Landschaftspark. Der Weg führt zunächst nach Südosten um den Schlossteich, der als letzter Parkteil nach Plänen von Eduard Neide angelegt wurde, und anschließend in weitläufigem Bogen um den Inselteich zurück zum Schloss. Dabei offenbart er neben vielen schönen Sichtperspektiven zurück auf die imposante Neurenaissancefassade des Schlosses auch die dendrologischen Interessen seines Schöpfers. So treffen wir im Uhrzeigersinn auf Gurkenmagnolie (Magnolia acuminata), Österreichische Schwarzkiefer (Pinus nigra var. austriaca), Silber-Ahorn (Acer saccharinum) und eine seltene Geschlitztblättrige Traubeneiche (Quercus petraea ‚Muscaviensis') ganz im Westen. Eine Besonderheit des Parks ist entsprechend der Mode seiner Entstehungszeit und durch die Pflanzenliebhaberei von Watzdorfs – er besaß ein Herbarium mit mehr als 900 Pflanzen – eine reiche Koniferensammlung, aus der einzelne Vertreter inzwischen zu stattlichen Einzelindividuen herangewachsen sind, so etwa eine Kanadische Hemlockstanne (Tsuga canadensis) südwestlich unterhalb des Schlosses oder Mooszypresse (Chamaecyparis pisifera ‚Squarrosa') und Japanische Lärche (Larix kaempferi) am Monopteros Luisenruh im äußersten Nordwesten. Immer wieder finden sich unter den Bäumen im 12 ha umfassenden inneren Parkbereich größere Inseln von Rhododendronbüschen, die alljährlich ab Mitte Mai Besucherscharen in den Park locken.

WIESENBURG
Der Schlossteich und das Schloss mit Neurenaissancefassade

Wiesenburg ist ein schönes Beispiel für lokales Engagement, das schon frühzeitig den Weg zur Erhaltung und Wiederherstellung einer Gesamtanlage aus der Zeit des Historismus möglich machte. Heute engagiert sich auch ein Förderverein für die Belange dieser bedeutenden Parkschöpfung. Das Schloss ist mittlerweile ebenfalls saniert; öffentlich zugänglich sind der Aussichtsturm und die Heimatstube.

INFO

ANFAHRT B 246 von Belzig
Bahn von Belzig, Regionalbahn Berlin/Dessau, Bahnhof Wiesenburg liegt am Südende des Parks
Schloss und Park im südlichen Ortsbereich

GRÖSSE 110 ha

EIGENTÜMER Gemeinde Wiesenburg/Mark, Schlossstr. 1, 14827 Wiesenburg

PARKFÜHRER Fremdenverkehrsverein Hoher Fläming (Hrsg.) (o.J.): Wiesenburg – Schloss, Park und Dorf. Plan mit Erläuterungen und Bildern

LITERATUR Dreger, H.-J. (1994): Wiesenburg – Der Park und seine Restaurierung. Brandenburgische Denkmalpflege 3,1, S.83f.
Hoffmann, R. (2001): Wiesenburg: Der anregende Garten. In: Hoffmann, R. (2001): Gärten, Parks und Grüngelüste. Berlin

FÖRDERVEREIN Parkverein Wiesenburg e.V., Schlossstr.1, 14827 Wiesenburg

15 BRANDENBURG AN DER HAVEL, VOLKSPARK MARIENBERG

Der Freizeit- und Erholungspark mit dem charakteristischen Aussichtsturm ist in der Gestaltung der siebziger Jahre des zwanzigsten Jahrhunderts weitgehend erhalten geblieben. Besondere Bedeutung hat das Gartendenkmal durch die Integration von Gestaltungselementen eines älteren Volksparks der ausgehenden Kaiserzeit.

Kult- und Kulturstätte seit über 1000 Jahren: Für die Slawenzeit wird auf dem Marienberg ein Heiligtum des Gottes Triglaw angenommen, welches angeblich der Slawenfürst Pribislav nach seinem Übertritt zum Christentum um die Mitte des 12. Jahrhunderts beseitigte. Stattdessen ließ er eine Marienkirche errichten, die dem Berg, der ursprünglich Harlunger Berg genannt wurde, seinen heutigen Namen gab. Im 13. Jahrhundert wurde eine spätromanische Wallfahrtskirche errichtet, die bis zur Reformation Bestand hatte: die letzten Steine wurden erst 1722 auf Veranlassung des Soldatenkönigs abgetragen, um beim Bau des Potsdamer Militärwaisenhauses Wiederverwendung zu finden.

Bis in das 19. Jahrhundert sind vor allem Acker-, Obst- und Weinbau überliefert. Eine erste kleinräumige Bepflanzung mit Bäumen geht auf den Brandenburger Schornsteinfegermeister Gottfried Bröse im Jahr 1847 zurück. Der Anekdote nach soll Bröse selbst Hand angelegt haben, indem er das notwendige Gießwasser täglich mit zwei Eseln auf den Berg brachte. Eine ausgedehntere Parkanlage konnte erst entstehen, nachdem die Witwe des Leipziger Kaufmanns und gebürtigen Brandenburgers Robert Leue im Rahmen einer Stiftung erhebliche Mittel zur Gestaltung des Marienberges verfügbar gemacht hatte. Die ursprüngliche Anlage war von einer Bismarckwarte bekrönt, die nach 1945 unter dem neuen Namen Friedenswarte zunächst weiterhin Bestand hatte. Erst im Jahr 1974 wurde im Zuge der Neugestaltung des Aufganges von der Stadt auch die alte Bismarckwarte abgerissen und durch jenen kuriosen Turmzylinder ersetzt, der heute als neue Friedenswarte ein Wahrzeichen der Stadt bildet. Das Architektenkollektiv um Gerhard Herrmann und Werner Falkenberg integrierte in seinem Freiflächenkonzept die bestehenden Anlagen in einen ausgedehnten Kultur-, Freizeit- und Erholungspark. In den letzten Jahren hat die aufwändig gestaltete und bepflanzte Anlage unter den aktuellen Sparzwängen einiges von ihrem sehr guten Pflegezustand verloren.

Von der Straße „Am Rosenhag" her eröffnet sich dem Besucher die ganze Weite der Anlage bergauf zur Friedenswarte. Der Aufgang trägt noch die Züge jenes Terrassengartens, den der Stadtgarteninspektor Kessler bis 1908 nach dem Vorbild italienischer Renaissancegärten entworfen hat. Die einzelnen Etagen im Verlauf der Treppe sind jeweils mit Wasseranlagen aus der Entstehungszeit geschmückt. Auf die Wasserspiele am Fuß des Berges folgt zunächst ein Bassin mit Fontänen, anschließend die „Muschelgrotte" mit Granitwasserbecken und schließlich unterhalb des Gipfels der „Goldfischteich", ein Wasserbecken mit Rückwand in Jugendstilformen. Von der zweiten zur dritten Terrasse rahmen Laubengänge aus Linden eine geneigte Rasenfläche mit der Figurengruppe „Frieden" von Karl Mertens (1963). Das letzte Wegepaar führt hinauf zur Friedenswarte selbst. Die abwechselnd offenen und geschlossenen Stockwerke des Turmes von Günther Franke und Wolfgang Schoppe gestatten einen großartigen Rundblick auf die Stadt und ihre Umgebung. Auf dem Berg weitet sich die Anlage zu einem ausgedehnten Volkspark mit Freilichtbühne von 1956 im nördlichen und dem modernen „Marienbad" im westlichen Bereich, das im Jahr 2000 an der Stelle des ehemaligen Volksbades aus dem Jahr 1969 errichtet wurde. Das wieder hergerichtete Ausflugslokal nahe dem Aussichtsturm ist ein gut erhaltenes Beispiel für die Architektur der späten Kaiserzeit. Wer den Park Richtung Norden verlässt, trifft nahe dem städtischen Krematorium auf das Ehrenmal für die Opfer der nationalsozialistischen Gewaltherrschaft im Zuchthaus Brandenburg-Görden. Vor einem schlichten Backsteinbau steht die Bronzeplastik eines gefesselten Kämpfers gegen den Faschismus von Albert Treyne (1948).

Brandenburg an der Havel
Die Friedenswarte, heute ein Wahrzeichen der Stadt

Mit seinen vielfältigen historischen Bezügen ist der Marienberg eine offene Seite im Bilderbuch brandenburgischer Geschichte. Die Gartenanlage ist heute zugleich ein Dokument des ersten wie des achten Jahrzehnts des 20. Jahrhunderts. Die Gestaltelemente beider Epochen verdienen nach wie vor einen intensiven Pflegeaufwand.

Info

Anfahrt A 2 Ausfahrt Brandenburg/Havel, B1 von Potsdam
Bahn von Berlin
Zugang zum Park von der Straße Am Rosenhag

Eigentümer Stadt Brandenburg, Tiefbau- und Grünflächenamt, Potsdamer Str. 18, 14776 Brandenburg a.d.Havel

Parkführer Heß, K. (1992): Der Marienberg. In: Stadtführer der Chur- und Hauptstadt Brandenburg (Havel). Brandenburg 1992

Literatur Denkmaltopografie

16 NENNHAUSEN (HVL), GUTSPARK

„A Dieu mon ame, Ma vie au Roi, Mon Cœur aux Dames, L'honneur pour moi."
Wahlspruch des Friedrich de la Motte-Fouqué

Untrennbar verbunden mit der Novelle „Undine" von Friedrich de la Motte-Fouqué ist der ausgedehnte Landschaftspark in Nennhausen, der auf die glückliche Hand eines früheren Besitzers aus dem Hause von Briest zurückgeht. Schon die ersten Schritte zu seiner Wiederherstellung haben dem Havelland eine schlichte Perle der Gartenkunst zurückgegeben.

Als Besitzer Nennhausens sind seit dem 14. Jahrhundert zunächst die Familien von Stechow und von Lochow überliefert, bevor der Kurfürst 1694 die Familie von Briest neu belehnt. Friedrich Christoph von Briest errichtet 1735-37 mit Sachmitteln des Königs ein barockes Herrenhaus, das den Kern des bestehenden Baukörpers bildet. Der heutige Zustand geht zurück auf Hofbaurat Ferdinand von Arnim, der das Gutshaus um 1860 im Auftrag des damaligen Gutsherrn Theodor Heinrich Rochus von Rochow-Briest im „normännischen" oder „altdeutschen Stil" – also neugotisch – umgestaltet. Rochow-Briest ist der jüngere Sohn Carolines von Rochow geb. von Briest (1773-1831) und ihres ersten Ehemannes, des Rittmeisters Friedrich von Rochow. Nach dessen Tod heiratet Caroline 1802 in zweiter Ehe den Dichter Friedrich de la Motte-Fouqué, für den dann fast drei Jahrzehnte lang Nennhausen zum Mittelpunkt eines rastlosen dichterischen Schaffens wird. Im patriotischen Geist der Frühromantik ist der junge Fouqué gefeierter Freund vieler Denker seiner Zeit. So sind Chamisso, E.T.A. Hoffmann und Heinrich von Kleist ebenso Gäste auf Nennhausen wie Wilhelm von Humboldt und der Heeresreformer Neidhardt von Gneisenau. Zwei Jahre nach dem Tod seiner Gattin heiratet er ein drittes Mal und muss nach dem Testament Carolines Nennhausen damit für immer verlassen. In Persönlichkeit und Leben des Friedrich de la Motte-Fouqué formen sich die zeitgenössischen Geistesströmungen in Preußen zu einem Bild, das uns heute teilweise grotesk erscheinen mag. Die hugenottische Familie war 1685 aus Frankreich vertrieben worden und hatte dem preußischen Königshaus in hohen militärischen Rängen gedient. Friedrich II. wählte den Enkel des preußischen Kriegshelden August Heinrich de la Motte-Fouqué daher zum Patenkind. Als Preuße aus ganzem Herzen wählte dieser den Soldatenberuf und wurde Kavallerieoffizier. Jahre später, schon in zweiter Ehe auf Nennhausen, trat er 1813 als Freiwilliger im Lützow'schen Freikorps gegen Frankreich an. Als Major kehrte er 1815 nach Nennhausen zurück und widmete sich ganz dem Dichterdasein. Entschieden konservativ, aufklärungsfeindlich und antiliberal, bekannte sich Fouqué stets zu tiefem religiösen Fundamentalismus und hohen ritterlichen Idealen.

Den ersten Garten auf Nennhausen ließ Jakob Friedrich von Briest (1631-1703) als Besitzer schon vor der Belehnung durch den Kurfürsten im Barockstil anlegen. Mit dem Neubau des Herrenhauses wurde auch der Garten erweitert. Philipp August Friedrich Wilhelm von Briest (1749-1822) gestaltete den Garten ab 1780 in landschaftlichem Stil neu. Nach den Erzählungen und Aufzeichnungen seines Schwiegersohnes Fouqué hat er dabei keinen Planer oder Gärtner hinzugezogen, sondern das Säen und die Pflanzarbeiten zusammen mit seinem Freund, dem Hauptmann von Lasberg, höchstselbst durchgeführt. Die fast 40 ha umfassende Anlage war bald weithin bekannt und geschätzt. Auch die Romantiker um Fouqué verbrachten hier wohl viele entspannte und anregende Tage. Soweit bekannt, ist dieser Park nach einigen Ergänzungen in der ersten Hälfte des 19. Jahrhunderts auch von den wechselnden Eigentümern nach 1860 nicht mehr grundlegend umgestaltet worden. Heute hat sich, was die Besitzverhältnisse betrifft, ein Kreis geschlossen: Mit Alexander von Stechow ist die erste Eigentümerfamilie auf das Gut zurückgekehrt.

Noch vor wenigen Jahren hat man es sich kaum vorstellen können: Eine weite, lichte Parklandschaft umgibt wieder ein freundliches strahlendes Haus. Hier ist es gelungen, die Wunden der Vergangenheit zu heilen. Ein Rundweg beginnt nördlich des Herrenhauses und führt zunächst in den inneren Parkraum, der unter Wahrung des wertvollen Altbaumbestandes behutsam geöffnet wurde, um immer wieder Sichtbezüge auf das Gebäude freizugeben. Nach Westen zu wird die Bewirtschaftung extensiver, doch auch hier zeigt ein gelegentliches Mähen der Wiesen zwischen den Gehölzinseln ihre positive Wirkung. Einige dieser Gehölzgruppen werden inzwischen durch Nachpflanzung neuer Bäume gezielt weiterentwickelt. Leider sind die Parkarchitekturen ausnahmslos verschwunden, erhalten haben sich neben der berühmten Fouqué-Eiche nordwestlich des Schlosses die Reste einer Hainbuchenallee, die als „Fouqué-Gang" bezeichnet wird, sowie die Fundamente eines Teehäuschens von 1820.

Info

Anfahrt B 188 von Warsow / Anschluß B 5 oder Rathenow bis Stechow, dann Richtung Nennhausen
Bahn von Berlin
Schloss mit Park im Dorfzentrum

Grösse 40 ha

Eigentümer Dr. Alexander von Stechow, Quellenweg 8, 61348 Bad Homburg

Literatur Karn, S. (2001): Ländliche Gärten und Parks im Havelland – Nennhausen. In: Andreae, A.; Geiseler, U. (Hrsg.) (2001): Die Herrenhäuser des Havellandes. Berlin
Waldschmidt, J. (1994): Friedrich de la Motte-Fouqué – Wanderer durch eine Wunderwelt. Die Mark Brandenburg 15, S.9-13Albert Treyne (1948).

Nennhausen
Vom Park ergeben sich zahlreiche Sichtbezüge zum Herrenhaus

WEITERE SEHENSWERTE PARKS IN DER REGION

Brandenburg an der Havel, Schlosspark Plaue

Der heutige Schlosspark ist aus einem Landschaftspark hervorgegangen, der 1860 in der Nachfolge eines Barockparks parallel zum Ufer des Plauer Sees angelegt wurde. Die Einbeziehung eines Ziegeleigeländes im Südwesten erlaubte 1912 eine Erweiterung. Im zentralen Parkbereich steigt vom Plauer See eine Wiese sanft an zu einer gehölzbestandenen Hochfläche.

Cammer (PM), Gutspark

Um den Standort des verschwundenen Gutshauses von 1829 erstreckt sich ein 12 ha großer Landschaftspark, der auf Albert von Broesigke zurückgeht. Das Gutshaus wurde 1949/50 abgetragen, der Altbaumbestand und die Teiche der Parkanlage blieben weitgehend erhalten. Neben Forsthaus, Gartenhaus und Pferdestall aus dem alten Gutsensemble und einem Eiskeller im Park findet man bis heute auf einem Hügel auch das Grab Heino von Broesickes (gestorben 1924).

Diedersdorf (TF), Gutspark

Nur wenig ist über die Geschichte des Parks bekannt, der jetzt den größten Biergarten der Region beherbergt. Literarische Zeugnisse lassen eine barocke Gartenanlage schon vor Errichtung des klassizistischen Baus unter Ernst Friedrich Wilhelm von Bandemer um 1800 vermuten. Altbaumbestand und Schlossteich deuten auf einen späteren Landschaftspark hin. Nach 1945 wurde die Anlage durch Aufsiedelung weitgehend entstellt. Ab 1990 erfolgte eine weitgehende Neugestaltung von Schloss, Gutsensemble und Garten. Der engagierte Schlossherr Thomas Worm betreibt Erlebnisgastronomie im großen Stil. Neben dem Biergarten ist vor allem die Musikantenscheune im ehemaligen Kuhstall als Fernsehsendung der ARD und des ORB bundesweit bekannt geworden.

Genshagen (TF), Gutspark

Zu dem stattlichen Gutshaus von Genshagen gehört ein 7 ha großer Landschaftspark, der um 1878 angelegt worden ist. In diesem Jahr ließ Freiherr von Eberstein einen Vorgängerbau errichten, der um 1910 aufgestockt und abgewandelt worden ist. Der Park erstreckt sich mit einer Wiesenfläche beginnend vom Gutshaus nach Osten und wird inzwischen wieder durch einen Rundweg erschlossen, der an zwei verbundenen Teichen entlang führt. Der vielfältige Baumbestand ist in den letzten Jahren teilweise mit Artnamen ausgezeichnet worden.

Kleßen (HVL), Gutspark

Der kleine Garten südwestlich des Bredow'schen Herrenhauses von 1730 ist erstmals Anfang des 20. Jahrhunderts als neobarocke Anlage durch Postkarten dokumentiert. Wahrscheinlich wurden Elemente einer älteren Anlage mit einbezogen. Die neuen privaten Eigentümer haben den Garten mit großem Aufwand nach einem formalen Entwurf wiederherstellen lassen. Auf der Nordseite blieben eine alte Eiche und eine imposante Linde erhalten, die Gebhard Ludwig Friedrich von Bredow (1720-1772) zur Zeit des Schlossbaus gepflanzt haben soll. Zum Gut gehört auch ein sogenannter Englischer Park südwestlich des Schlosses am Fuße des Weinberges. Dieser Park ist vollständig zu einem Wald durchgewachsen, seine Architekturelemente sind verlorengegangen.

Märkisch Wilmersdorf (TF), Gutspark

Der ausgedehnte Park um das jüngst in Privathand verkaufte neugotische Schloss trägt die Handschrift des begeisterten Dendrologen Fritz Graf von Schwerin (1856-1934). Er legte eine regional wohl einmalige Gehölzsammlung an, von der inzwischen viele Einzelexemplare zu imposanten Baumindividuen herangewachsen sind. Als Präsident der Deutschen Dendrologischen Gesellschaft und langjähriger Herausgeber ihrer „Mitteilungen" begründete Fritz Graf von Schwerin wesentlich die wissenschaftliche Reputation dieser Fachzeitschrift. Die berühmte und einst vielbesuchte Parkanlage wird auch in Zukunft eingeschränkt zugänglich sein.

Potsdam, Garten Villa Henkel

Die Villa ist benannt nach ihrem Bauherrn, dem Hauptdirektor der Berliner Hypothekenbank Hermann Henkel (1826-1889). Er ließ das Gebäude bis 1869 wohl nach Entwurf des Berliner Baumeisters Eduard Titz mit einem Turm im Potsdamer italienischen Villenstil errichten. Die heute stark überwachsene landschaftliche Gartenanlage am Südosthang wurde zeitgleich vom Schweriner Kunstgärtner Carl Vollert gestaltet. Einige alte Buchen, Eiben, Linden und Eichen haben die dichte Sukzession überlebt. Während von einer Wasseranlage im nordöstlichen Bereich nur noch Reste der Teicheinfassung erkennbar sind, ist das Winzerhaus mit Säulenvorbau zur südlichen Grenze hin erhalten.

Potsdam, Garten Villa Ingenheim

Das exponierte Havelgrundstück westlich des Schafgrabens in der Brandenburger Vorstadt war seit 1791 zunächst in der Erbpacht der wohlhabenden Familie Kaehne. Schon zu dieser Zeit wurden im Umfeld eines Wohnhauses fast 10 ha gartenkünstlerisch gestaltet. Den heutigen Villenbau ließ ab 1849 der Geheimrat Gustav Adolf Graf von Ingenheim (1789-1855), ein unehelicher Sohn Friedrich Wilhelms II., errichten. Der Park geht allerdings auf die jüngere Vergangenheit zurück: 1894 durch Kaiser Wilhelm II. erworben, war die Villa bis 1918 Wohnsitz des Prinzen Eitel Friedrich (1883-1942) und wurde entsprechend repräsentativ mit Tennisplatz und Bootshaus hergerichtet. Während die Parkbauten verschwunden sind, ist die Buchenallee, ausgerichtet auf den Wasserturm von Herrmannwerder, erhalten geblieben. Als Sitz des militärgeschichtlichen Archives ist der gesamte Park jetzt militärisches Sperrgebiet und damit nicht mehr zugänglich. Vom Uferweg aus ist die Anlage zum Teil einzusehen.

Potsdam, Hermann-Göritz-Garten

Der Göritz-Garten in Potsdam ist ein lebendes Dokument über das Schaffen des Gartenarchitekten Hermann Göritz im 20. Jahrhundert. Der 0,25 ha große Garten versammelt ein interessantes dendrologisches Sortiment neben Parkbildern von großer Ausdruckskraft: „Da bildet ein riesiges freistehendes Prachtexemplar einer Hybrid-Lärche (Larix x eurolepis) eine bildbeherrschende Dominante. Diesem Solitär vorgelagert, bewusst mit Kontrastwirkung angelegt, steht eine Miniatur-Pflanzengesellschaft von Stauden und Kleingehölzen mit dezenten Form- und Farbvariationen. Benachbart befindet sich ein halbdunkler Bereich unter Baumkronen. Dort existieren mehrere enorme Bambusbüsche von 2 bis 3 m Höhe und Breite, die – prächtig entwickelt – schon viele Jahre unseren Wintern trotzen. Kleine Wasserlöcher vermitteln die Illusion eines Dschungels. Einem Fremdling gleicht in dieser Versammlung erlesener Park- und Gartengehölze ein prachtvoller alter Apfelbaum. Er symbolisiert die Erinnerung an die einstige Nutzfunktion der Gartenfläche. Eine passende Erinnerung zu diesem Baummotiv ist ein pilzförmiger Steintisch, als dessen Platte ein alter Mühlstein verwendet ist... Erwähnung verdienen aber auch ein besonders schöner und wüchsiger Urwelt-Mammutbaum (Metasequoia glyptostroboides) sowie ein Gingko (G.biloba) und das seltene Exemplar eines baumkronenartig entwickelten Haselbusches (Corylus avellana) von etwa 10 m Höhe sowie ein herrlicher Schneeball (Viburnum rhytidophyllum). Aufmerksamkeit verdient auch eine Komposition schöner Stauden um ein kleines Wasserbecken mit Fischen. Es ist ein üppiges, kontrastreiches Vegetationsbild von Ufer- und Wasserstauden, das wiederum die Beherrschung der Standortansprüche des Pflanzenmaterials sowie die Kunst bildlichen Arrangements erkennen läßt" (MELF 1997).

Reckahn (PM), Gutspark

Nach fast sechshundert Jahren ohne Besitzerwechsel ist Reckahn Ausdruck steingewordener Geschichte der märkischen Familie von Rochow. Das Herrenhaus ließ 1721 der preußische Etats- und Kriegsminister Friedrich Wilhelm von Rochow (1690-1764) errichten und wohl schon um 1730 von einem Park umgeben. Die Struktur geht wohl auf die Gartengestaltung unter

Reckahn
Herrenhaus von 1721

Friedrich Eberhard von Rochow (1734-1805) zurück. Er wurde als Vordenker, Begründer und Organisator des vorbildlichen preußischen Landschulwesens der wohl berühmteste Sohn seiner Familie. Seinem Schüler und Weggefährten Julius Heinrich Bruns, der jahrelang in Reckahn unterrichtete und noch vor ihm selbst verstarb, setzte Rochow im Park ein kleines Denkmal mit den schlichten Worten: „Er war ein Lehrer." Im Süden des Landschaftsparks ist das Erbbegräbnis der Familie von Rochow erhalten. Inmitten eines mauergefassten Familienfriedhofes befindet sich eine notgesicherte Kapelle in Bauformen des Jugendstils.

Sacrow (PD), Schlossgarten

Gegenüber von Glienicke und dem Neuen Garten liegt auf der anderen Havelseite der Sacrower Garten. Er schließt damit den Kranz der Anlagen, die den Jungfernsee zu einem Parksee inmitten der Potsdam-Berliner Gartenlandschaft machen. Unter dem Grafen von der Hordt, der ab 1773 das Schlösschen baute, entstand auch ein spätbarocker Garten. Dieser hatte eine gerade Kastanienallee, die vom Rondell mit Sonnenuhr beim Schloss bis zu einem massiven Lusthaus an der Havel führte. Außerdem gehörten zwei Maulbeerplantagen, ein Kruggebäude und ein Karpfenteich zum Gartenbestand. 1787 kam Graf August Ferdinand von Haeseler in den Besitz von Sacrow und begann ab 1800 mit der Anlage eines frühen landschaftlichen Gartens. Das Kruggebäude wurde als Eremitage mit Eiskeller umgenutzt, am Schloss ein großes Gewächshaus angefügt. Die Maulbeerplantagen verschwanden zugunsten von Obst- und Gemüseland. Neuartig waren vor allem viele geschwungene Spazierwege beiderseits der alten Allee. Nach verschiedenen am Park weniger interessierten Besitzern erwarb Friedrich Wilhelm IV. gleich nach seinem Regierungsantritt 1840 Sacrow wegen der bevorzugten Lage. Sofort danach begann auf der am weitesten in den Jungfernsee ragenden Landspitze nach Plänen von Ludwig Persius der Bau der Heilandskirche. Lenné fertigte einen Verschönerungsplan für den Garten, der jedoch aus Sparsamkeitsgründen nur an einigen besonders markanten Stellen umgesetzt wurde. Unter kleinen Korrekturen blieben die Wege bestehen und nur wenige akzentuierende Gehölzgruppen wurden gesetzt. Ein Fächer von Sichten geht von der Gartenseite des Schlösschens auf Jägerhof und

Große Neugierde in Glienicke, den Flatowturm Babelsberg und die Potsdamer Zentrumssilhouette. Auch auf die Umgebung erstreckten sich die aufwertenden Pflanzungen; abwechslungsreiche Laubbaumgruppen am alten Fahrweg durch den Kiefernforst nach Krampnitz waren auch aus den Anlagen auf der anderen Havelseite zu erleben. Nach einem für den Sacrower Garten unspektakulären Jahrhundert, Jahren extensiver Bewirtschaftung und Pflege, begann der Einschnitt durch den Bau der Berliner Mauer ab 1962; 8 ha Parkgelände wurden als Grenzgebiet völlig zerstört, das Hinterland verkam durch Einbauten einer Zollhundeschule und unterlassene Pflege. Im Jahre 1994 begann die Beseitigung der verschandelnden Zutaten und die Wiederherstellung des Gartens, was mangels eigenen örtlichen Personales jedoch langsamer voran kommt. Inzwischen sind die Wege im östlichen Parkbereich und entlang des Ufers wieder erlebbar, zwei feuchte Senken wurden ausgegraben und auf dem ehemaligen Todesstreifen wieder Gehölzgruppen gepflanzt. Schrittweise werden die alten, parkprägenden Bäume wieder freigestellt. Eine nach mehreren Astabbrüchen selbst in den verbliebenen Resten noch imposante Eiche westlich des Schlosses ist sehr sehenswert und wohl der älteste Baum auf dem Potsdamer Stadtgebiet. Direkt daneben liegt eine mehr als 100 Jahre alte Streuobstwiese, deren Fehlstellen wieder mit historischen Apfel-, Pflaumen-, Birnen- und Kirschsorten nachgepflanzt wurden. Auch wenn das Schloss selbst noch seiner endgültigen Nutzung harrt, ist ein Besuch des Gartens und der Heilandskirche jederzeit zu empfehlen.

Senzke (HVL), Gutspark

Das Gut befand sich von seiner ersten urkundlichen Erwähnung an bis 1945 im Besitz der Familie von Bredow. Das heutige Herrenhaus hat Wolf Dietrich Otto von Bredow (1834-1920) bis 1874 errichten lassen. Den Park hatte schon vor 1750 der Gärtner Joachim Heinrich Fintelmann (1700-1752) für den Domherrn Otto Friedrich von Bredow angelegt – Sohn und Enkel Fintelmann sollten später als königliche Hofgärtner in Potsdam und auf der Pfaueninsel berühmt werden. Noch Otto Friedrich von Bredow selbst ließ den Park um 1790 landschaftlich umgestalten. Reste dieser Phase und einer späteren Überarbeitung prägen das Bild bis heute. Hinter dem Schloss beginnt eine baumgerahmte

Senzke
Platanenallee im Waldpark

Wiese, auf der eine große Blutbuche den point de vue bildet. Der anschließende Waldpark mit verzweigtem Wegesystem ist heute weitgehend durchgewachsen. Aus der Fintelmann-Zeit ist eine alte Platanenalle erhalten geblieben, die vordem auf das Schloss zuführte, heute aber am Saum der zentralen Wiese endet. Im östlichen Parkteil findet sich auf der ehemaligen Insel eines verschwundenen Teiches das Mausoleum Otto Friedrich von Bredows, das sogenannte Domherrnhäuschen. Der klassizistische Bau ist nach einer Restaurierung in den neunziger Jahren des vorigen Jahrhunderts heute schon wieder stark vom Vandalismus betroffen. Mag die üppige Vegetation am verlandenden Schwanenteich auch manchen reizvollen Aspekt bieten, insgesamt werden zur Erhaltung des Gartencharakters in naher Zukunft konsequente Pflegemaßnahmen erforderlich sein. Rechts vor dem Schloss ist direkt an der Straße das alte Gärtnerhaus wiederentstanden. Als „Fintelmann-Haus" dient es heute vor allem Ausstellungen. Auf der gegenüberliegenden Straßenseite hat sich ein schönes Ensemble aus Kirche, Linde und einem Wirtschaftsgebäude erhalten, das den Standort des älteren Barockschlosses markiert. Leider wird der Anblick durch ein Transformatorenhäuschen empfindlich gestört.

Stülpe (TF), Gutspark

Schloss und Gut Stülpe waren seit 1648 im Besitz der Familie von Rochow. Das barocke Herrenhaus mit reich gegliederter Fassade und einer Freitreppenanlage mit Rokokogeländer zur Hofseite wurde nach 1750 unter Adam Ernst von Rochow (1705-1759) errichtet. Die Umwandlung und Erweiterung des Barockgartens in einen Landschaftspark von 10 ha Größe veranlasste vor 1812 dessen jüngster Sohn Adolf Friedrich August von Rochow.

Wagenitz (HVL), Gutspark

Wagenitz, heute seines Schlosses beraubt, war von 1427 bis 1945 ein Gut der Familie von Bredow. Bis heute ist unklar, ob der großzügige Schlossbau aus der Mitte des 19. Jahrhunderts 1945 durch ehemalige Zwangsarbeiter, sowjetische Truppen oder von den letzten Bewohnern vor ihrer Flucht niedergebrannt worden ist. Erhalten ist ein ausgedehnter und heute waldartiger Park, der wohl auf eine landschaftliche Anlage vom Ende des 18. Jahrhunderts zurückgeht. Im Ort direkt vor dem Zugangsweg zum Schloss ist die Ruine des alten Schwedenturms erhalten geblieben, in dem 1634 der elfjährige Hans Christoph von Bredow (1623-1691) als einziger das Massaker an seinem Vater und dessen Dienstleuten überlebt haben soll.

PRIGNITZ/RUPPINER LAND

Weitere sehenswerte Parks in der Region

Prignitz
Ruppiner Land

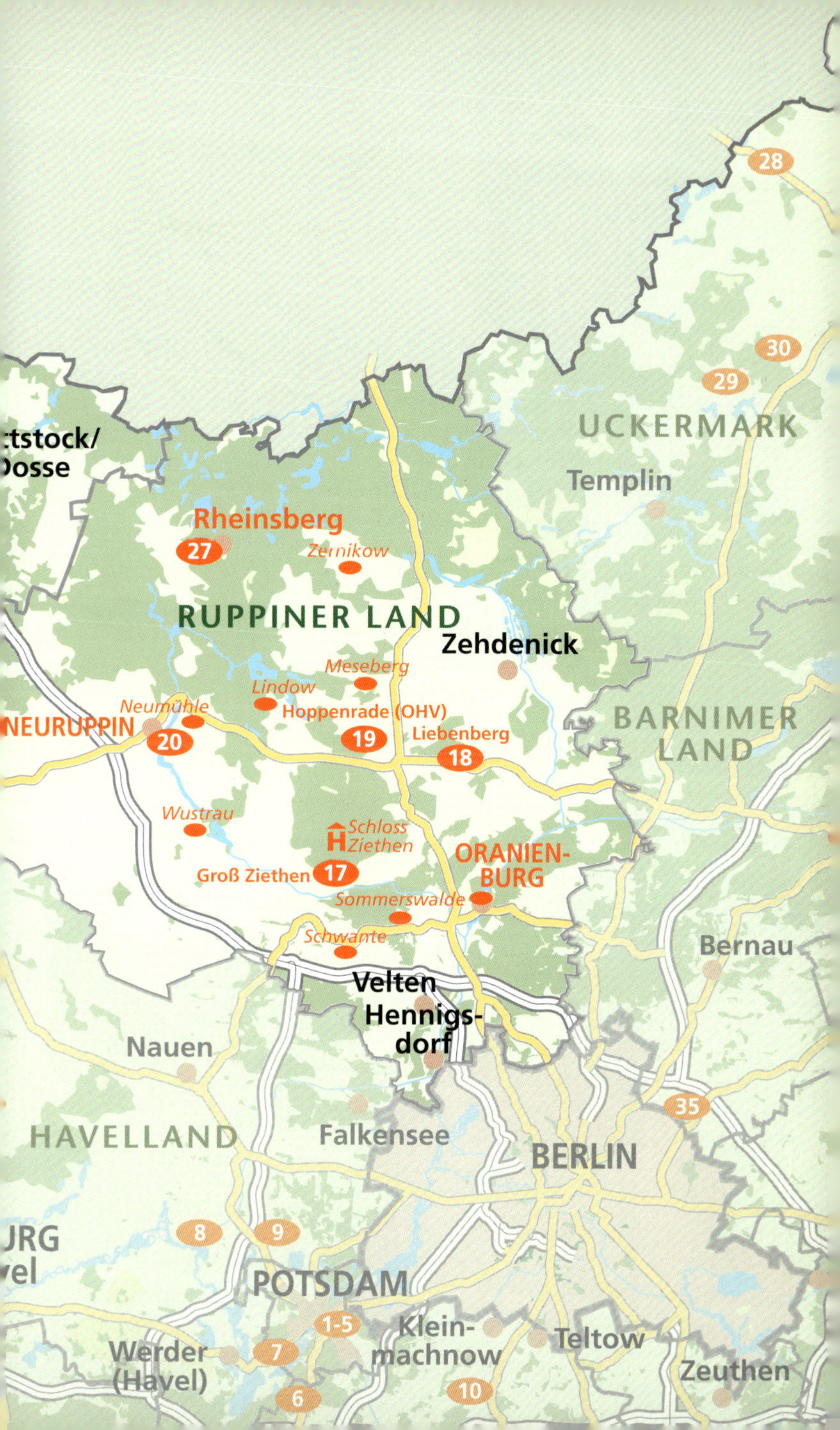

28
30
29
UCKERMARK
Templin
tstock/
Dosse
Rheinsberg
27
Zernikow
RUPPINER LAND
Zehdenick
Meseberg
Lindow
Neumühle
Hoppenrade (OHV)
NEURUPPIN
20
19
Liebenberg
18
BARNIMER
LAND
Wustrau
Schloss
Ziethen
ORANIEN-
BURG
Groß Ziethen
17
Sommerswalde
Schwante
Bernau
Velten
Hennigs-
dorf
Nauen
35
HAVELLAND
Falkensee
BERLIN
8
9
URG
vel
POTSDAM
1-5
Klein-
machnow
Teltow
Werder
(Havel)
7
6
10
Zeuthen

17 GROß ZIETHEN (OHV), GUTSPARK

„...beim alten Blücher, der dazumal Groß-Ziethen hatte."
Fontane in den Wanderungen... Band III: Spandau und Umgebung

Auf der Parkterrasse des Hotels Schloss Ziethen entschädigt die liebevolle Gestaltung des schönen Landschaftsparks den Besucher dafür, hier vielleicht nicht ein Gartendenkmal ersten Ranges vor sich zu haben. Gleichwohl hat der preußische Marschall Blücher an diesem Ort seine Anekdotenspur in durchaus weltgeschichtlicher Dimension hinterlassen.

Über dreihundert Jahre war Groß Ziethen im Besitz der Familie von Bredow, ehe es 1649 an den Generalmajor Marcus von der Lütke überging. Lütke war nach Verdiensten beim Kampf gegen die Türken im Dreißigjährigen Krieg 1643 in den Reichsgrafenstand erhoben worden. Ab 1718 ließ die Familie von der Lütke auch das Barockschloss errichten, das heute noch den Kern der baulichen Anlage ausmacht. Die älteste Park-

GROSS ZIETHEN
Schlossansicht von der Parkseite

Gross Ziethen
Blick in den wiederhergestellten Landschaftspark

anlage entstand auf Veranlassung von Marcus Ehrenreich von der Lütke um 1757 als Barockgarten. Nach knapp zwei Jahrzehnten unter der Herrschaft des Grafen von Schlippenbach kam Groß Ziethen 1798 in die Hände seines wohl berühmtesten Besitzers, des späteren preußischen Generalfeldmarschalls Gebhard Lebrecht Fürst Blücher von Wahlstatt, der in den Kriegen gegen Napoleon als „Marschall Vorwärts" zu großer Popularität gelangte. Der Anekdote nach soll er noch Jahre nach dem Sieg über die Franzosen in der Orangerie von Groß Ziethen eine Kutsche aufbewahrt haben, die er Napoleon auf einem Feldzug abgenommen hatte. Über die Nachfahren Blüchers und andere Eigentümer trat 1879 mit Ottonie von Massow geb. von Bülow die Familie von Bülow in die Reihe der Herren von Groß Ziethen. Die Bülows unterhielten Haus und Park bis zur Flucht 1945.

Gross Ziethen
Viele alte Bäume wurden behutsam freigestellt

Schon vor der neoklassizistischen Überarbeitung des Schlosses unter Ottonie von Massow 1898 war wohl der Barockgarten landschaftlich überformt worden – mit den Baumaßnahmen am Schloss erfolgte dann auch die vollständige Umgestaltung zum Landschaftspark. Nach 1945 wurde durch Parzellierung und die Anlage eines Kinderspielplatzes eine systematische Umnutzung betrieben, die erhaltenen Parkreste waren dem Verfall preisgegeben. So grenzt es fast an ein Wunder, dass die Anlage nach intensiver Beräumung und vorsichtiger Ergänzung heute wieder im Zusammenhang und in gutem Pflegezustand besichtigt werden kann.

Auf der Straßenseite lädt ein neugestaltetes Rondell die Besucher ein, sich im gastfreundlichen Schlosshotel der neuen Besitzerin Edith Freifrau von Thüngen geb. von Bülow auch einen ersten Überblick über die Gartenanlagen zu verschaffen. Lässt das Wetter den Besuch der Terrasse nicht zu, so steht die ehemalige Orangerie, die seit der neoklassizistischen Erweiterung den östlichen Erdgeschossraum bildet, als schön gestaltetes Restaurant mit Panoramablick zur Verfügung. Auf der Parkseite fällt das Gelände nach Süden hin leicht ab, der Blick fällt auf einige Baumveteranen, die nach behutsamer Freistellung wieder als Solitäre erlebbar sind. Dem Weg von der Westseite des Schlosses her in den Park folgend, treffen wir auf die Betonplastiken aus „The New York Project", eine Arbeit der Tochter der Besitzerin, Janine von Thüngen. Vorbei am gut erhaltenen Eiskeller führt der Weg hin zu einer Insel, die von schmalen Gräben umflossen heute über neue Brücken erreichbar ist. Während der rekonstruierte Rundweg im Bogen auf die Südostseite des Schlosses mit der Orangerie zurückführt, öffnet sich der Park nach Süden allmählich in die freie Landschaft des Ziethener Luches.

Info

Anfahrt A 24 Ausfahrt Kremmen, Staffelde rechts Richtung Groß Ziethen
Rad von Schwante oder Kremmen
Schloss liegt direkt an der Straße, Parkzugang links am Schloss vorbei

Grösse 3 ha

Eigentümer Pächterin Edith Freifrau von Thüngen, Alte Dorfstr. 33, 16766 Kremmen OT Groß-Ziethen, Fon 033 0555 / 950

Literatur Maether, B.; Podewils, G. (o.J.): Groß Ziethen. Schlösser und Gärten der Mark

Tipp

Warum die Störche ausgerechnet das Dorf Linum lieben? Zumindest über die Lebensraumansprüche des volkstümlichen Vogels hält das Storchenzentrum in Linum viele Informationen bereit.

18 LIEBENBERG (OHV), GUTSPARK

„... vom Kaiser verstoßen, von den Freunden verlassen, von der Gesellschaft geächtet, in Liebenberg lebendig begraben bis zum Tod am 17. September 1921 ..."
Christian Graf von Krockow über Philipp Fürst Eulenburg in: Fahrten durch die Mark Brandenburg. Wege in unsere Geschichte. Kap.5: Ein Deutscher Gral.

Ein ausgedehnter Landschaftspark, entstanden unter dem Einfluss Lennés, der besonders im Zentralbereich noch deutlich barocke Ursprungsstrukturen zeigt. Heute allerdings erzählt der Park vor allem jene düstere Geschichte aus den ersten Jahrzehnten des 20. Jahrhunderts.

Oberjägermeister Jobst Gerhard von Hertefeld (1594-1663) erwarb in Jahr 1652 das Gut aus der Konkursmasse des Besitzes der Familie von Bredow, deren Liebenberger Linie 1640 ausgestorben war. Für Hertefeld stand zunächst die Kolonisation des Landes im Mittelpunkt: Deutsche und holländische Landarbeiter, von ihm angesiedelt, machten das Havelbruch urbar und legten damit die Grundlage für die spätere landwirtschaftliche Nutzung. Über 200 Jahre blieb Liebenberg im Besitz der Familie von Hertefeld, deren Wirken Theodor Fontane mit dem Kapitel „Liebenberg" in seinen „Wanderungen durch die Mark Brandenburg" ein literarisches Denkmal gesetzt hat. Nach Aussterben der Hertefelds im Jahr 1867 geht Liebenberg durch Erbe und Heirat in die Herrschaft der Grafen von Eulenburg über. Philipp Graf zu Eulenburg (1847-1921) wurde als persönlicher Freund schnell zum engen Vertrauten des Kaisers Wilhelm II. 1900 in den Fürstenstand erhoben galt Eulenburg als einflussreichste Person im Umfeld des Kaisers und wurde als Graue Eminenz zur Zielscheibe von Neidern und politischen Gegnern. Im Rahmen eines beispiellosen publizistischen Feldzuges gelang es dem Journalisten Maximilian Harden ab 1906, den Fürsten über den Verdacht der Homosexualität gezielt zu diskreditieren. Der Moralkodex der wilhelminischen Zeit forderte sein Opfer: Eulenburg verlor die Gunst des Kaisers und verbrachte die letz-

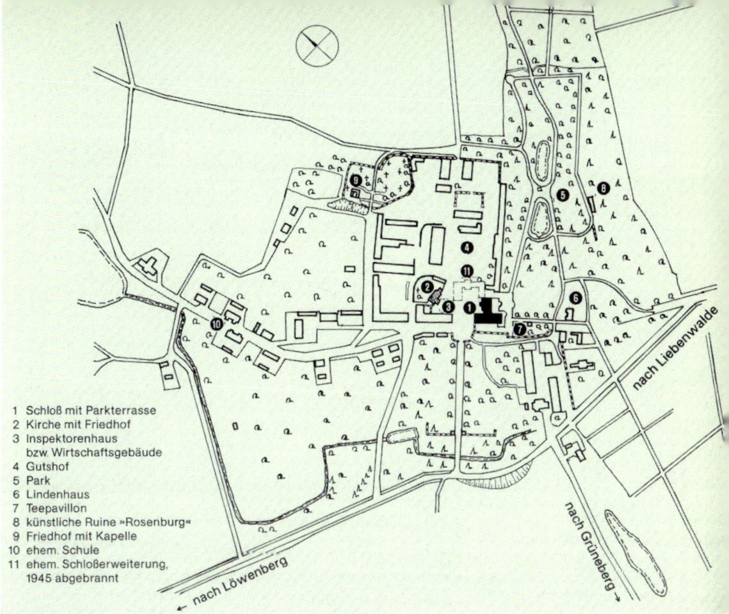

LIEBENBERG
Übersichtsplan

ten Jahres seines Lebens als kranker und gebrochener Mann auf Liebenberg.

Der Kammerherr Kasimir von Hertefeld (1709-1790) veranlasste ab 1743 den Neubau des Liebenberger Schlosses und damit verbunden die Anlage eines Barockgartens. Karl Adolf von Hertefeld (1794-1867) war nach 1814 im Zuge der Befreiungskriege zu einem Verehrer Englands und der englischen Landwirtschaft geworden; er beauftragte daher Lenné mit der landschaftlichen Umgestaltung des Gesamtensembles. Diese Planung von 1829 ist allerdings wohl nie konsequent umgesetzt worden – spätere Darstellungen zeigen nach wie vor stark formale Strukturen. Wichtige Elemente des heutigen Gartens sind jüngeren Ursprungs: Philipp Conrad zu Eulenburg (1820-1889) ließ ab 1875 mit der Erweiterung des Schlosses auch einen neubarocken Teepavillon als Abschluss der barocken Zentralachse anlegen. Unter dessen Sohn, dem erwähnten Fürst Philipp von Eulenburg, kam es zu weitreichenden Neugestaltungen des gesamten Schlossareals. Neben erneuten Erweiterungen des Schlosses wurde vor allem der Hof durch Ergänzungsbauten umgeben und sollte so das „Bild eines Marktplatzes einer mittelalterlichen Kleinstadt mit Fachwerk- und Feldsteinbauten, Türmen und Toreinfahrten bewusst assoziieren" (Beeskow o.J.). Auch die Veränderungen im Garten sind als Element dieser historisierenden Umgestaltungen zu verstehen: So ließ der Fürst 1901 im Park die künstliche Ruine Rosenburg errichten, die mit voll möblierten Zimmern seinen Kindern zum Spielen diente. Nach der Bodenreform waren Schloss und Park bis 1989 in den Händen eines landwirtschaftlichen Schulgutsbetriebes der SED. Während Renovierungsmaßnahmen am Schloss erhebliche Eingriffe in die historische Bausubstanz verursachten, blieb der Garten in seinen Grundstrukturen erhalten.

Der Besucher findet heute im Kernbereich eine recht gepflegte Anlage, deren denkmalgerechte Wiederherstellung allerdings noch weitgehend aussteht. Vom neubarocken Teepavillon (1875/76) aus fällt der Blick vom Schlossareal entlang der alten Zentralachse auf eine Erhebung im Wald, die sogenannte Kappholzhöhe; der höchste Punkt trägt einen leeren Sockel, den einst eine Nachbildung der Artemis von Versailles krönte. Über dem vorderen zentralen Teich liegt verwunschen am Waldhang die Rosenburg. Ganz zur Rechten bildet das Lindenhaus aus der ersten Hälfte des 18. Jahrhunderts mit benachbarter großer Linde eine fast heitere ländliche Kulisse. Nach erneuter Renovierung wird es in Zukunft für eine gastronomische Nutzung zur Verfügung stehen. Im Lindenhaus wohnte nach 1900 eineinhalb Jahrzehnte der Komponist Sigwart Graf zu Eulenburg und Hertefeld, dessen Grab sich unter alten Eichen in der Nordwestecke des Parks befindet.

Wer den Rundweg durch den Park geht, wird neben der Parkarchitektur manche dendrologische Besonderheit entdecken. Neben einer schönen Hänge-Buche (Fagus sylvatica ‚Pendula') am südwestlichen Ufer des zweiten, schlossferneren Teiches zieht an dessen Nordostecke unweit einer Sumpfzypresse (Taxodium distichum) ein regelmäßig gewachsener Berg-Ahorn (Acer platanoides) von beeindruckender Größe die Blicke auf sich.

Liebenberg
Ausgedehnter Landschaftspark mit vielen sehenswerten Details

Wen der Rundgang angeregt hat, sich etwas tiefer mit der Geschichte Liebenbergs auseinander zu setzen, der wird in der engagiert gestalteten Ausstellung im Infoladen auf seine Kosten kommen. In den nächsten Jahren ist eine komplette Rekonstruktion des Hofbereiches vorgesehen. Angesichts des stark gestörten Bauensembles eine Aufgabe für das nächste Jahrzehnt! Im Hinblick auf die zukünftigen Baufortschritte wird Liebenberg also immer wieder einen zweiten Blick wert sein.

Info

Anfahrt B 167 von Liebenwalde oder Neuruppin
Rad von Löwenberg
Parkzugang vom Schloss im Dorf
Eigentümer DKB Wohnen GmbH, Seeburger Chaussee 2
Haus 3, 14476 Groß Glienicke
Parkführer Verein für Strukturentwicklung und Qualifizierung im ländlichen Raum e.V. (Hrsg.) (o.J.): Liebenberg – Schloss, Gut, Park. Broschüre, 14 S., mit kurzen Angaben zum Park
Literatur Beeskow, A. (o.J.): Liebenberg. Schlösser und Gärten der Mark

Tipp

Anlässlich des Preußenjahres 2001 entstand eine Regionalausstellung zur Geschichte Liebenbergs, die nach wie vor in einem Gebäude des Gutshofes zu besichtigen ist.

19 HOPPENRADE (OHV), GUTSPARK

„Nicht ohne Neugier und Erregung war es, dass ich nach dem ‚verwunschenen Schlosse' hin aussah, als wir in unserer hin- und herschwankenden Halbchaise die große Rüsterallee hinauffuhren. Aber der Gegenstand unserer Neugier verbarg sich bis zuletzt und wurde erst sichtbar, als wir unmittelbar vor ihm hielten. Er lag da wie herrenloses Eigentum."
Fontane in den Wanderungen ... Band III: Fünf Schlösser

So eindrücklich mit Fontanes „Wanderungen" die Figur der Charlotte von Kraut auch Gestalt angenommen haben mag, so sehr ist die Gartengeschichte von Hoppenrade bis heute im Dunkel geblieben. Der zurückhaltend gepflegte Park, der heute wieder den Besuchern offensteht, lässt Ursprünge schon in der Zeit des frühen Landschaftsgartens Ende des 18. Jahrhunderts vermuten.

Schon Jahrhunderte vor dem Bau des heutigen Herrenhauses war Hoppenrade Standort einer Wasserburg. Johann Heinrich von Bredow (1676-1739) lässt 1724 eine einstöckige Dreiflügelanlage im Barockstil errichten, später erfolgt eine klassizistische Überarbeitung mit Erweiterung auf ein zweites Stockwerk. Noch der Barockbau war die Kulisse für jene Geschichte der „Krautentochter", die Fontane so ausführlich erzählt: Luise Henriette Charlotte von Kraut (1762-1819), Tochter des preußischen Hofmarschalls Karl Friedrich von Kraut und seiner Frau Else Sophie von Platen, ist Erbin eines großen Vermögens und hat dazu alles, was sie in der höfischen Gesellschaft attraktiv machen kann: „Schönheit, Esprit und Charme" (Fontane). Sie wird jung mit dem britischen Gesandten Hugh Elliot verheirat und erlebt eine Ehe voller Spannungen. Das freundschaftliche Verhältnis zu ihrem Verwandten Georg Anton Freiherr zu Inn- und Knyphausen, genannt „Le beau Knyphausen", eskaliert zum Eklat: Elliot fordert Knyphausen zum Duell, wird dabei leicht verwundet, die Ehe wird wenig später geschieden. Charlotte heiratet Knyphausen, wird jedoch durch dessen frühen Tod bald Witwe. In dritter Ehe heirate sie den

Rittmeister Karl Heinrich von Arnstedt. Die anfangs wohl recht glückliche Verbindung wird wegen geistiger Umnachtung ihres Mannes nach einigen Jahren geschieden. Die „Grande Dame" der Hofgesellschaft Prinz Heinrichs verbringt danach noch ein Jahrzehnt auf Hoppenrade, nach Fontanes Auskunft in vertrau-

HOPPENRADE
Fontanes Rüsterallee erweist sich vor Ort als Lindenallee

ter Nähe zu ihrem Oberförster Görwitz, und stirbt 1819 während eines Besuchs in Berlin. Die spröden Fakten webt der märkische Wanderer zu einem Höhepunkt seiner biographischen Reisebeschreibungen – sicher zu diesem Ort bis heute die beste Reiseliteratur für jeden, der Histörchen und Anekdoten liebt. Infolge eines Konkurses gelangt Hoppenrade 1836 in die Hände eines Schwiegersohns der Charlotte von Kraut, den Kammergerichtsrat Otto Rudolph von Wülknitz. Seit 1991 sind Schloss und Park im Eigentum der Berliner Familie Fehsenfeld, die einzelne Bereiche für Feste vermietet.

Mit dem Schlossbau unter Johann Heinrich von Bredow ist nach heutigem Stand der Forschung sehr wahrscheinlich auch ein Barockgarten entstanden. Die Ideen des englischen Gartenstils haben von Rheinsberg ausgehend Hoppenrade wohl schon früh erreicht, denn sowohl die Familie von Kraut als auch Georg Anton von Knyphausen unterhielten enge Beziehungen zum Rheinsberger Hof. Vermutlich erfolgte die Umgestaltung zum Landschaftspark im Zusammenhang mit den baulichen Veränderungen zwischen 1788 und 1802. Die Details dieses Parks sind nicht überliefert, doch gibt es Hinweise auf eine Anlage im Stil des „sentimentalen Gartens", deren Grundstruktur bis heute raumbestimmend sein dürfte. Im Baumbestand sind neben einigen Alteichen vor allem die Linden der Alleen westlich und südöstlich des Schlosses aus dieser Frühzeit erhalten. Andere Altbäume sind sicher späteren Ursprungs, wobei einige große Platanen auf Otto Rudolph von Wülknitz zurückgehen könnten, der sich um die Mitte des 19. Jahrhunderts wiederum intensiv mit der Parkgestaltung beschäftigte.

Wer Hoppenrade besucht, hat „seinen Fontane" im Gepäck. Immer wieder eine Enttäuschung, wenn sich die Rüsterallee als Lindenallee erweist. Nur noch ein bescheidener Fußweg führt durch die Allee zum Schloss. Da der Besucher Schloss und Garten heute über die seitliche Auffahrt von Westen erreicht, führen die ersten Schritte auf der alten Allee meist vom Schloss weg, Richtung Rheinsberg, dessen geistiger Hintergrund für Hoppenrade soviel bedeutet hat. Der Weg zurück zum Schloss lässt dann doch noch ein wenig Fontane'sche Stimmung aufkommen und bietet das klassische Fotomotiv. Vor dem Herrenhaus nach Westen führt der Weg in den Park, der heute wieder deutlich eine pflegende Hand erkennen lässt. Der Rundweg wendet sich allmählich nach Süden und gibt über den Teich hinweg den Blick frei zurück auf das Schlossgebäude, das mit der ausgedehnten Rasenfläche zum Ufer hin Abstand hält. Direkt am schlossseitigen Ufer fällt der Blick auf eine große Linde, die mit einem geschätzten Alter von 270 Jahren als ältester Baum des Parks angesprochen wird. Ungefähr auf der Hälfte des Rundweges liegt im südwestlichen Parkbereich der schlichte Grabstein der Clara von Wülknitz (1826-1850) – jener Enkelin der Charlotte von Kraut, deren früher Tod schon Fontane über den harten Kontrast zum ereignisreichen Leben der „Grandmama" nachsinnen ließ.

In den Händen der Familie Fehsenfeld hat der Gutspark Hoppenrade heute gute Chancen, das zu bleiben, was Renate Hoffmann im Geiste Fontanes in ihm sieht: Der verwunschene Garten.

Info

Anfahrt B 96 von Oranienburg oder Gransee bis Abzweig Hoppenrade
Rad von Löwenberg
Parkzugang vom Schloss am Dorfrand

Grösse 10 ha

Eigentümer Klaus und Barbara Fehsenfeld, Klaus-Groth-Str. 8, 14050 Berlin

Ansprechpartner Barbara Fehsenfeld, Anschrift s.o., Fon 030 / 3030 0513

Literatur Hoffmann, R. (2001): Hoppenrade: Der verwunschene Garten. In: Hoffmann, R. (2001): Gärten, Parks und Grüngelüste. Berlin

Tipp

Im südöstlichen Seitenflügel Schlosskapelle von 1724, reichgeschmückter Kanzelaltar aus der Erbauungszeit, hölzernes Muldengewölbe von 1899; Besichtigung auf Nachfrage bei den Eigentümern.

20 NEURUPPIN (OPR), TEMPELGARTEN

„Den 25. gehe ich nach Amalthea, meinem lieben Garten in Ruppin. Ich brenne vor Begierde, meinen Wein, meine Kirschen, meine Melonen zu sehen; ruhig und frei von allen unnützen Sorgen werde ich dort nur mir leben."
Kronprinz Friedrich, der spätere König Friedrich II., am 22. Juni 1737 in einem Brief aus Rheinsberg

Vor dem stark veränderten Apollotempel im Amaltheagarten wird Preußens Geschichte lebendig: Gebaut von Knobelsdorff für den Kronprinzen Friedrich war er als offener Rundtempel Treffpunkt vieler Gesellschaften, die der junge Regimentskommandeur zu Musik und Gespräch um sich versammelte.

Im Juni 1732 traf Kronprinz Friedrich in Neuruppin ein, um auf Befehl seines Vaters als Oberst das Kommando eines Regimentes zu übernehmen. Nach den Vorstellungen des Soldatenkönigs sollte sich der Thronfolger hier ganz den militärischen Pflichten widmen. Er wohnte in einem Haus in der Baustrasse zwischen Rosen- und Prinzenstrasse, das an die Stadtmauer und die dahinter liegende mittelalterliche Wallanlage grenzte. „Der König hatte 1730 angewiesen, die Wälle zu schleifen, um Gärten für die Bürger der Stadt anzulegen. Doch Kronprinz Friedrich erkannte den Reiz der baumbestandenen Wälle und ließ die Abholzung beenden. Er erwarb ein kleines Areal und nutzte es selbst als Garten. Im Jahr 1735 beauftragte er seinen Freund Knobelsdorff, in diesem Garten einen Tempel zu errichten. Das ... kleine Bauwerk brachte einen Hauch Antike in die Mark: Dorische Säulen trugen ein gewölbtes Dach. Auf diesem fand eine Apollo-Statue ihren Platz. Der Tempel – zwar baulich verändert, jedoch noch heute die Zierde des Gartens – wurde allabendlicher Treffpunkt der kronprinzlichen Gesellschaft. Im „Amalthea"-Garten suchte und fand Friedrich Muße und Besinnung" (MELF 1997). Friedrich blieb dem Garten treu: Auf seine Veranlassung hin erhielt die Stadt Neuruppin zweimal einen erheblichen Geldbetrag zur Erhaltung

Neuruppin
Apollotempel mit den sächsischen Barockskulpturen

der nunmehr städtischen Bausubstanz. Im Jahr 1796 ging der Garten im Erbbaupachtverhältnis an Oberst von Tschammer, der ihn 1800 auch als Eigentum erwarb – bereits 1803 verkaufte er die Anlage aber an einen Neuruppiner Kaufmann weiter, der das Grundstück an das Bürgerkasino verpachtete. Nach Einrichtung von Kegelbahn und Billardsalon dauerte diese gastronomische Nutzung bis 1853 – in diesem Jahr erwarb den Garten Johann Christian Gentz, der im Torfabbau ein beträchtliches Vermögen erworben hatte.

Mit dem großen Stadtbrand von 1787 war auch Friedrichs Amalthea verlorengegangen. Gentz folgte der Idee, einen Garten als Erinnerungsstätte für Friedrichs Neuruppiner Zeit neugestalten zu lassen und ihn der Bevölkerung zugänglich zu machen. In diesem Sinne beauftragte er den Architekten Carl von Diebitsch, am Parkeingang eine kleine Villa mit Gärtnerhaus in der zeitgenössischen Orient-Mode zu errichten und den gesamten Garten mit einer schützenden Mauer im maurischen Stil zu umgeben. Entsprechend der Orientbegeisterung des

Vaters entwickelte sich der Sohn Wilhelm Gentz zu einem Reise- und Orientmaler von europäischem Rang. Die barocken Sandsteinfiguren, die bis heute den Garten zieren, standen ursprünglich im Türkischen Garten und im Marcolini'schen Palais in Dresden, bevor Alexander Gentz, der Bruder des Orientmalers, sie im Jahr 1856 erwarb und nach Neuruppin schaffen ließ. Ganz in diesem Stil gestaltete schließlich der Berliner Gartenarchitekt Gustav Meyer die Anlage zu einem „Pflanzen- und Baummuseum" mit vielen exotischen Gehölzen um, von denen einige bis heute erhalten sind. Vandalismusschäden machten im Jahr 1995 eine Schließung des Gartens unumgänglich. Im Mai 1996 konnte er nach ersten Instandsetzungsarbeiten mit Unterstützung des Vereins „Tempelgarten e.V." wiedereröffnet werden.

Links und rechts der zentralen Wegachse und am Rondell findet der Besucher heute wieder die alten sächsischen Barockskulpturen: Flora (1764) und Bacchus (1769) von Gottfried Knöffler, zwei Satyrn (um 1719) von Christian Kirchner sowie weitere Figuren, die man Benjamin Thomae zuschreibt: Zunächst eine Fürstengruppe mit den Habsburgern Karl V. und Philipp II. von Spanien, Sultan Soliman III. (alle um 1718), weiterhin einen russischen Bojaren sowie neun Putten, die die Jahreszeiten verkörpern. Der Apollotempel, heute weitgehend verändert durch umfangreiche Ergänzungen, vielleicht auch weitgehenden Neubau und spätere Purifizierung, bildet nach wie vor den Mittelpunkt des hinteren Gartenbereichs – die Raumwirkung wird hier von Gehölzen bestimmt, die zum Teil noch aus der Zeit Gustav Meyers erhalten sind. So finden wir neben heimischen Formen mit hohem Zierwert wie Pyramiden-Eiche (Quercus rubur ‚Fastigiata') und Hänge-Buche (Fagus sylvatica ‚Pendula') vor allem Exoten wie Mammutbaum (Sequoiadendron giganteum) und Lebensbaum (Thuja spec.).

Die große Anteilnahme der Neuruppiner Bevölkerung und das Engagement des Fördervereins lassen hoffen, dass die Erhaltung und Pflege dieser Perle der brandenburgischen Gartenkunst auch in Zukunft eine hohen Stellenwert einnehmen wird.

Info

Anfahrt A 24 bis Ausfahrt Neuruppin
Bahn von Berlin
Zugang von der Präsidentenstraße, westlicher Altstadtausgang

Grösse 1,3 ha

Eigentümer Stadt Neuruppin, Wichmannstr. 18,
16816 Neuruppin

Parkführer Tempelgarten e.V. (Hrsg.): Tempelgarten Neuruppin – Lustwandeln durch preußische Geschichte. Faltblatt mit Bildern und Plan.

Literatur MELF des Landes Brandenburg (Hrsg.) (1997): Gärten Land Brandenburg. Potsdam.
Schüttauf, H. (1973): Parke und Gärten in der DDR. Leipzig.

Förderverein Tempelgarten e.V., Präsidentenstr. 64,
16816 Neuruppin, Fon 033 91 / 21 22

Tipp

Direkt in der alten Villa befindet sich das Restaurant Tempelgarten, dessen Betreiber sich Garten und Förderverein sehr verbunden fühlen.

21 RÜHSTÄDT (PR), GUTSPARK

„Rühstädt ist ein altes von Quitzow'sches Lehn; dieses berühmte Geschlecht besass Rühstädt schon in den frühesten Zeiten und behauptete sich zur Regierung weiland Sr. Majestät des Königs Friedrich Wilhelm I. im Besitz."
Alexander Duncker in seinem Werk „Herrenhäuser in Brandenburg und der Niederlausitz".

Neben dem sanierten Schloss Rühstädt und den beeindruckenden Resten der Gutsanlage ist auch der Landschaftspark in der Elbaue einen Besuch wert. Nach ersten Sanierungsmaßnahmen erreicht der Blick von der gartenseitigen Freitreppe Richtung Westen heute auch wieder den Grumbkow'schen Sandstein-Obelisk, der die Grenze zur offenen Elbniederung markiert.

Fast dreieinhalb Jahrhunderte lang befindet sich Rühstädt ab 1384 in den Händen der Familie von Quitzow, die Mitte des 16. Jahrhunderts ein stattliches Renaissanceschloss errichten lässt. Ins Blickfeld landesherrlicher Politik rückt das Elbdorf ab 1719, als Friedrich Wilhelm I. einen seiner wichtigsten Beamten und engsten Vertrauten, den geheimen Staats- und Kriegsrat Friedrich Wilhelm von Grumbkow mit Rühstädt belehnt. Das alte Quitzowschloss wird bis auf den Treppenturm niedergerissen, neu entsteht ein barocker eingeschossiger Dreiflügelbau, dem freilich nur eine kurze Existenz beschieden ist – schon 1780 gelangt Rühstädt zur Versteigerung, neue Eigentümerin wird Magdalene Charlotte von Jagow. Noch im gleichen Jahr brennt das Grumbkow'sche Schloss weitgehend nieder. Der Mittelteil des heutigen Schlosses entspricht dem Neubau von 1782. Die jeweils zweiachsigen Anbauten im Süden und im Norden sind jüngeren Datums, auch wenn sie heute mit dem Mittelbau eine stimmige Einheit bilden: Nachdem mit dem südlichen Anbau seit 1911 eine einseitige Verlängerung den Bau geprägt hat, wird 1990 (!) mit einer entsprechenden Südverlängerung eine annähernde Symmetrie des Gebäudes hergestellt. Die Familie von Jagow, die zum Uradel der Altmark zählt,

Rühstädt
Blick über den See

hat Rühstädt bis zur Bodenreform bewirtschaftet. Nach Einzug der Roten Armee war das Schloss zunächst von Flüchtlingen bewohnt, bevor es nach Übergabe an den Kreis bis 1998 als Altenpflegeheim genutzt war. Nach weitgehender Restaurierung beherbergt es heute ein Wellness-Hotel.

Schon das Quitzow'sche Renaissanceschloss zierte ein kleiner Garten. Die große Gartenkunst hielt freilich erst mit Friedrich Wilhelm von Grumbkow Einzug, der auch hier eine repräsentative Gestaltung anstrebte. Im Jahr 1782 erfolgte mit dem Jagow'schen Schlossneubau auch eine Neuanlage des Gartens nach dem erhaltenen Plan von J. Wichmann. Auch von dieser Anlage ist nur wenig geblieben, da Friedrich von Jagow 1823 eine Umgestaltung zum Landschaftspark veranlasste. Dieser Park hatte bis 1945 Bestand und wurde auch danach trotz weitgehender Vernachlässigung nicht aktiv zerstört oder umgenutzt. Seit 1990 wird die Anlage von der Gemeinde Rühstädt als Landschaftspark wieder instand gesetzt.

Von der Kirche führt der Weg auf das Herrenhaus zu. Obwohl nach 1945 einige Gutsgebäude beseitigt worden sind, beeindruckt das Ensemble noch immer durch einen Rest von optischer Geschlossenheit: Zur Linken beherbergt das alte Amtshaus heute das Hotel Storchenkrug, schräg gegenüber wird die Auffahrt begrenzt durch den ehemaligen Pferdestall und Speicher. Nach Wiederherstellung des zeitweise verfüllten hofseitigen Wassergrabens scheint sie wieder auf eine Schlossinsel zu führen, wenngleich der Graben nach Norden kurz hinter der Brücke endet. Nördlich am Schloss vorbei führt der Weg in den weiten Park, der mit der wiederhergestellten Lindenallee im hinteren Bereich präzise nach Westen ausgerichtet ist. Auf der Gartenseite vor dem Schloss befinden wir uns auf einer Terrasse mit Balustrade und Freitreppe, die Carl von Jagow ab 1856 anlegen ließ. Der Blick wandert von hier durch die Lindenallee hin zum Sandsteinobelisken am westlichen Parkende, der auf Friedrich Wilhelm von Grumbkow zurückgeht und an dessen Belehnung erinnert. Der Rundweg, zunächst in westlicher Richtung, zeigt über den langgestreckten See hinweg das jenseitige Ufer als eindrucksvolle Baumkulisse. Am Ende des Sees liegt das Erbbegräbnis der Familie von Jagow aus der Zeit nach 1863. Das schmiedeeiserne Gittertor öffnet sich in eine kleine Grünanlage, die von einer Backsteinmauer mit den Grabtafeln der Familienmitglieder umgeben ist. Vis-à-vis der Pforte eine als Apsis ausgeformte Nische mit Altar, der ein schmiedeeisernes Kruzifix trägt. Den Rahmen bilden zwei Reliefs nach Bertel Thorwaldsen. Von der Altarnische aus fällt der Blick zurück über den weit gestreckten See zu seiner Schmalstelle mit der Weißen Brücke südwestlich des Herrenhauses. Unweit dieser Brücke nördlich des Sees blieb bis heute ein kleiner Hügel mit Eiskeller erhalten. Der Weg von hier zur Südecke des Herrenhauses ist zum Teil noch von einem alten Hainbuchengang gesäumt.

Die einmalige Lage in der Elbniederung, die vorhandene historische Substanz und nicht zuletzt die angenehme touristische Umgebung lassen hoffen, dass das Erreichte hier sorgfältig erhalten wird und vor allem im südlichen Parkbereich noch manche Ergänzung erfährt.

Rühstädt
„Findling" in der Elbniederung

Info

Anfahrt Landstraße von Havelberg bis Legde oder von Wittenberge bis Klein Lüben, dann jeweils Richtung Rühstädt
Rad von Bad Wilsnack
Schloss mit Park im Dorfzentrum

Grösse 5 ha

Eigentümer Gemeinde Rühstädt vertreten durch das Amt Bad Wilsnack, Am Markt 1, 19336 Bad Wilsnack

Literatur Hermann, O.; Rust, E.; Mertens, M. (2001): Rühstädt. In: Hahn, P.M.; Lorenz, H. (2000): Herrenhäuser in Brandenburg und der Niederlausitz. Berlin
Foelsch, T. (o.J.): Rühstädt. Schlösser und Gärten der Mark

Tipp

Rühstädt wurde 1996 als „Europäisches Storchendorf" ausgezeichnet. Informationen zum Thema bietet das Storchenzentrum mit angeschlossenem kleinen Landwirtschaftsmuseum. Im ehemaligen Amtshaus bietet das Landgasthaus Storchenkrug heute regionale bürgerliche Küche.

22 LENZEN (PR), BURGPARK

In der Umgebung der Burg Lenzen, die nach jüngsten Untersuchungen Reste spätslawischer Bebauung birgt, blieb ein Park aus dem 19. Jahrhundert erhalten. Bis heute trägt er die Züge einer Neugestaltung durch die Berliner Firma Späth in den zwanziger Jahren des vorigen Jahrhunderts.

Der mehr als tausendjährige Burghügel über der malerischen Elbtalaue steht seit einigen Jahren im Zeichen einer archäologischen Sensation: Slawische Siedlungsreste wurden entdeckt, ein mittlerer von drei gefundenen Ringwällen präzise auf die Zeit vor dem großen Slawenaufstand von 983 datiert. Nach aktuellem Stand der Forschung haben die Limnonen eine hölzerne Wehrburg mit Namen Lunzini schon vor 850 zum Schutz vor den Franken errichtet. Nach der Schlacht bei Lenzen 929 unter deutsch-sächsischer Herrschaft, war der Ort von 983 bis 1147 wieder in slawischer Hand. Ende des 12. Jahrhunderts stand wohl eine steinerne Burg, die unter starkem Ausbau mehrfach die Besitzer wechselte und bis zum Ende des 14. Jahrhunderts zu einem berüchtigten Raubritternest herunterkam – schließlich wurde sie durch Herzog Albrecht von Mecklenburg erobert und zerstört. Dem ausgedehnten Neubau aus dem 15. Jahrhundert nahm man nach 1700 die Wehranlagen, ergänzend wurde ein barockes Amtshaus errichtet. Mit dem Verkauf durch König Friedrich II. im Jahr 1768 begann eine lange Phase wechselnder privater Eigentums- und Pachtverhältnisse bis 1945. Seit 1953 Volkseigentum, beherbergte der Bau bis 1993 ein Parteiveteranenheim. Eine Nachfahrin der letzten privaten Eigentümerfamilie übereignete die Burg 1993 dem Bund für Umwelt- und Naturschutz in Deutschland e.V. (BUND), der die Anlage Schritt für Schritt unter Wahrung der denkmalpflegerischen Belange zu einem Zentrum für Auenökologie, Umweltbildung und Besucherinformation ausbaut.

Lenzen
Auch der Park wird Teil des Zentrums für Umweltbildung

Lenzen
Der Froschbrunnen wartet auf seine Restaurierung

Die Burgumgebung wurde erst im 19. Jahrhundert parkartig gestaltet. Der heutige Zustand geht noch wesentlich auf eine Arbeit der Firma Späth für die Familie Isermann im Zeitraum von 1922 bis 1930 zurück. Nach Erwerb durch die Architektenfamilie Renner im Jahr 1931 bleibt die Gartenanlage nahezu unverändert erhalten. Zu DDR-Zeiten steht sie zwar unter Denkmalschutz, der langsame Verfall ist aber nicht aufzuhalten. Erst in der Zeit von 1981 bis 1989 finden umfangreiche Restaurierungsarbeiten statt, bei denen Veränderungen in der Denkmalsubstanz vorgenommen werden. Heute hat der BUND als Eigentümer den Anspruch, auch den Park entsprechend der Bedeutung als Gartendenkmal zu bewahren und zu pflegen.

Nördlich der Löcknitz erstreckt sich der Park zwischen der Burganlage im Westen und der Straße Richtung Gandow im Osten. Der sogenannte Fluthgraben, der die Löcknitz mit dem Rudower See verbindet, trennt einen regelmäßig gestalteten burgnahen Bereich von einem mehr landschaftlich geprägten Außenbereich mit alten Stiel-Eichen (Quercus robur) und Feld-Ulmen (Ulmus minor). Unmittelbar unterhalb der Burg liegt ein kleiner Garten in neobarocken Formen mit symmetrischen Beetanlagen und einem hübschen Froschbrunnen, der dringend intensiverer Pflege bedürfte. Der benachbarte Hang zeigt im Frühjahr ausgedehnte Vorkommen des Winterlings (Eranthis hyemalis). Eine südlich angrenzende Auwiese wird im höher gelegenen, hochwassersicheren Bereich als Streuobstwiese genutzt. Ein Ausläufer des Fluthgrabens endet südlich des Burgberges im Karpfenteich, hinter dem das neoklassizistische Teehaus von 1927 sichtbar ist – ursprünglich diente es der Überwinterung von Kübelpflanzen. Heute ansprechend wiederhergestellt, soll es in Zukunft für Lesungen, Konzerte und Ausstellungen genutzt werden.

Info

Anfahrt B 195 von Wittenberge oder von Dömitz
Rad von Dömitz
Burg von der Ortsmitte ausgeschildert, Park rundherum

Grösse 3 ha

Eigentümer BUND LV Niedersachsen e.V., Goebenstr. 3a, 30161 Hannover

Ansprechpartner Edelgard Taepke, Trägerverbund Burg Lenzen (Elbe) e.V., Burgstr.3, 19309 Lenzen (Elbe),
Fon 038 792 / 12 21

Parkführer BUND (Hrsg.) (o.J.): Ökoburg Lenzen (Elbe). Faltblatt

Tipp

Auf der Burg lohnt das Europäische Zentrum für Auenökologie einen Besuch. Für die Pause zwischendurch empfiehlt sich das Burgcafé mit gemütlicher Terrasse. Über die große Vergangenheit informiert das Stadtmuseum „Alte Burg" in der Putlitzstraße.

23 GADOW (PR), GUTSPARK

„Da die nachgeahmten Tempel bey uns keinen bestimmten Gebrauch haben, indessen sich besonders durch einen gewissen Charakter des Edlen und Ehrwürdigen auszeichnen, so scheinen sie gerade die Art von Gebäuden zu seyn, die sich am besten als Denkmäler gebrauchen läßt."
Christian Cay Lorenz Hirschfeld in seiner „Theorie der Gartenkunst" von 1779-1785

Der bedeutende Landschaftspark von Gadow in der Prignitz ist heute weitgehend zu einem Waldpark durchgewachsen. Mit der Sammlung dendrologischer Raritäten und dem klassizistischen Mausoleum hat aber seine Attraktivität für botanisch wie kunsthistorisch Interessierte kaum gelitten.

Ob Gadow schon vor seinem Wiederaufbau im Jahr 1525 Standort eines festen Hauses gewesen ist, liegt im Dunkel der

GADOW
Vom Landschaftspark zum Waldpark

Geschichte verborgen. Seit diesem Jahr war das Gut ununterbrochen in den Händen der Familie von Moellendorff, ab 1835 nach einer Adoption allerdings in der Linie Wilamowitz-Moellendorff. Die scheinbare Besitzkontinuität darf nicht darüber hinwegtäuschen, dass seine Geschichte von schweren wirtschaftlichen Krisen, Konkursen und Verkäufen innerhalb der Familie gezeichnet ist. Das massige und schmucklose Herrenhaus geht im Kern noch auf einen Bau aus dem 18. Jahrhundert zurück. 1813 gründet der vormalige Generalfeldmarschall Wichart Joachim Heinrich von Moellendorff (1724-1816) in der Abendsonne seines Kriegsruhmes das Majorat Gadow. Über die Adoption der drei Söhne eines Theodor von Wilamowitz gibt es fortan eine Linie Wilamowitz-Moellendorff. Zwei Jahre nach dem Tod des Generals erhält der Bau seine großzügigen Ausmaße. Die heutige Fassade ist das vereinfachte Relikt einer neugotischen Überarbeitung mit Mittelrisalit von 1853. In dieser Zeit erlangte Gadow durch die Pferdezucht des Grafen Hugo von Wilamowitz-Moellendorff (1806-1865) Weltruhm. Nach 1945 diente das Herrenhaus zunächst Wohnzwecken, bevor es jüngst zu einem privaten Jugendfreizeitheim für Reiturlaub ausgebaut wurde.

Die erste Landschaftspark entstand unter Hugo von Wilamowitz-Moellendorf, der einen älteren Barockpark nach 1830 erweitern und landschaftlich neu gestalten ließ. Schon damals wurden die Wohn- und Ökonomiegebäude in die Gesamtplanung einbezogen und zum Teil im damals populären Schweizerstil neu errichtet. In der heutigen Struktur geht der Park zurück auf Wichard von Wilamowitz-Moellendorff, der in den Jahren 1865 bis 1905 viele exotische Gehölze einbrachte und eine fließende Verbindung zwischen Park und Wirtschaftswald herstellte – schon früh wurde Gadow damit zu einem Wallfahrtsort für Dendrologen. Wir finden hier über 200 Baum- und Straucharten. Heute sind zwar die Sichtachsen in die Landschaft ausnahmslos zugewachsen, doch bemüht sich die Oberförsterei nach Kräften um Erhaltung, Pflege und Verjüngung der botanischen Raritäten. Auf einem Naturlehrpfad werden in Zusammenarbeit mit der Waldschule Gadow besonders auch Kinder an diese seltenen Pflanzen herangeführt.

Guter Startpunkt für einen Rundgang ist die angeblich tausendjährige Heideneiche in der Außenkurve der Dorfstraße. Hier hatte der Sage nach ein Slawenfürst 926 während der Schlacht bei Lenzen seinen Goldschatz vergraben und den Ort mit fünf Eichen bepflanzt, von denen eine bis heute überlebt hat und den Schatz mit ihrem Wurzelwerk behütet. Auf dem Weg zur Löcknitzbrücke liegt zur Linken ein flacher Teich, in dem die „Liebesinsel" über eine Brückenkonstruktion aus wenig bearbeiteten Naturmaterialien zu erreichen ist. Diese Insel „Liebe zur Natur" ist nicht historisch und Bestandteil der jüngsten ökologisch orientierten Parkgestaltung, die dem Besucher die Bedeutung des 427 ha umfassenden Naturschutzgebietes vermittelt. Von der Brücke fällt der Blick zurück auf die vordere Schlosswiese, die als Rasenparterre heute Baumsolitäre und Baumkleingruppen zeigt, nahe der Brücke zunächst einen Tulpenbaum (Liriodendron tulipifera). Schräg hinter der Löcknitzbrücke liegt heute eine Gaststätte im alten Eiskeller, der noch auf die erste landschaftliche Anlage zurückgeht. Entlang der Löcknitz führt der Weg vorbei an einer Schlitzblättrigen Rot-Buche (Fagus sylvatica ‚Laciniata') Richtung Schloss und an dessen Vorderfront vorbei zur ältesten Douglasie (Pseudotsuga menziesii) Mitteleuropas – Wichard von Wilamowitz-Moellendorff ließ sie vor über 100 Jahren pflanzen. Mit einer Höhe von 46 m ist sie der volumenreichste Baum des Schlossparks. Auf der eigentlichen Parkseite des Herrenhauses wird der waldartige Außenbereich über den Rhododendron-Weg erschlossen. Die Rhododendron-Bestände im Wald, ein Anziehungspunkt zur Blütezeit, sind ursprünglich zur Schnittblumenproduktion plantagenmäßig angepflanzt worden. Vorbei am Schlossteich, in dem bis heute die Europäische Sumpfschildkröte (Emys orbicularis) lebt, führt der Weg zum Mausoleum des Generalfeldmarschalls, das den baulichen Höhepunkt des Parks bildet. Das fast quadratische Gebäude wurde 1816 im Sinne der Forderung Hirschfelds als schlichter klassizistischer Tempel gestaltet: Vor der Wand tragen vier toskanische Säulen unter schmucklosem Architrav mit Namensinschrift den Giebelkranz mit glattem Tympanon. Der Bau, dessen Schöpfer nicht überliefert ist, steht in der Tradition ähnlicher Gebäude wie die Bibliothek in Steinhöfel und das Mausoleums im Charlottenburger Schlosspark. Da ein Bauwerk dieses Stils nicht in einem französischen Garten angelegt worden wäre, ist zu vermuten, dass die landschaftliche Gestaltung noch vor 1830 erfolgte. Wer für einen Gutspark nicht unbedingt die Grundsätze denkmalpflegerischer Instandsetzung vor Augen hat, wird sich an den botanischen, landschaftlichen und kunsthistorischen Details in Gadow nach wie vor erfreuen können.

Info

Anfahrt B 195 von Wittenberge oder Dömitz bis Abzweig Lenzersilge, dann Richtung Gadow
Rad von Perleberg oder Wittenberge
Schloss und Park bilden den Mittelpunkt der kleinen Siedlung

Grösse 120 ha

Eigentümer Jugendschloss Gadow, „Stiftung Wälder für Morgen", vertreten durch die Oberförsterei Gadow, 19309 Gadow

Ansprechpartner Oberförster Galonska, Anschrift s.o., Fon 038 780 / 73 20

Parkführer Oberförsterei Gadow (Hrsg.) (o.J.): Park Gadow. Faltblatt

Literatur Hermann, O.; Rust, E. (2000): Gadow. In: Hahn, P.M.; Lorenz, H. (2000): Herrenhäuser in Brandenburg und der Niederlausitz. Berlin

Tipp

Das Elbegebiet ist auch das Land der Rundlinge: Das Runddorf Lanz unweit von Gadow war Geburtsort des Turnvaters Friedrich Ludwig Jahn, an den hier eine Gedenkstätte erinnert.

Gadow
Die Liebesinsel: Ergebnis der ökologisch orientierten Parkgestaltung

24 HOPPENRADE (PR), GUTSPARK

„Aus den grossen Flächen ... schuf, trotz der hemmenden Kriegsjahre, der Amtsrath Johann Wilhelm von Freier, mit unermüdlicher Thätigkeit, Umsicht und Ausdauer, die jetzt in hoher Cultur befindlichen, umfangreichen Aecker und Wiesen ..."
Alexander Duncker in seinem Werk „Herrenhäuser in Brandenburg und der Niederlausitz"

Den Landschaftspark von Hoppenrade ließ der Havelberger Arzt Dr. med. Johann Paul Freyer als Umfeld für einen repräsentativen Familiensitz anlegen. Dem späteren Direktor des Berliner Tiergartens, Eduard Neide, gelang mit diesem Jugendwerk von 1847 ein großer Wurf, der seine gestalterische Qualität bis in unsere Tage bewahrt hat.

Jahrhunderte hinweg verliefen die großen Ereignisse der Geschichte jenseits von Hoppenrade. Erstmals erwähnt um 1344 – als Hoppenrode im Besitz des Bischofs von Havelberg – war der Ort offenbar spätestens um 1550 wieder eine Wüstung. Auch die Neugründung eines Vorwerks im Jahr 1729 war zunächst wenig erfolgreich. Schon 1743 erfolgte wegen mangelnder Rentabilität die Verpachtung an Hans Georg Heinrich von Quitzow, unter dessen Herrschaft ab 1747 ein Kolonistendorf entstand. Nach Quitzows Tod zog sich dessen Witwe jedoch schon 1760 wieder aus der Bewirtschaftung des Gutes zurück; erneut folgte eine Zeit des wirtschaftlichen Niedergangs. Einen Wendepunkt in der Geschichte Hoppenrades brachte erst der Havelberger Arzt Dr. Johann Paul Freyer – nach achtjähriger Pacht erwarb er das Gut 1803 als Eigentum. Ab 1830 ließ Freyer ein klassizistisches Herrenhaus errichten, das mit entstellenden Anbauten bis heute erhalten ist. 1840 in den Adelsstand erhoben, bewirtschaftete die Familie von Freyer das Gut bis 1945. Nach der Bodenreform wurde das Haus zunächst als Flüchtlingswohnheim und Schule, später als Behindertenheim genutzt. In Fortführung der sozialen Nutzung befindet es sich heute in der Trägerschaft des Christlichen Jugenddorfwerkes.

HOPPENRADE
Gestalterische Qualität als Umfeld für repräsentativen Familiensitz

Den ersten landschaftlichen Park von 3 bis 4 ha Größe ließ Freyer schon ab 1803 anlegen. Erst nach 1840 führte das Bedürfnis nach einer repräsentativeren Gesamtanlage zu weitergehenden Plänen: Die Familie, gartenbaulich und botanisch interessiert, beauftragte den späteren Tiergartendirektor Eduard Neide mit dem Entwurf für einen fast 20 ha umfassenden Landschaftspark. Der 29-jährige Neide hat hier noch als Gärtnergehilfe ein frühes Meisterwerk geschaffen. Nach Enteignung der Familie Freyer 1945 wurde der Park weitgehend devastiert. Entwässerungs- und Wegebaumaßnahmen zugunsten der landwirtschaftlichen Nutzung veränderten das räumliche Gesamtkonzept erheblich und führten zum Absterben oder zur Beseiti-

HOPPENRADE
Blick auf das restaurierte Palmenhaus

gung von vielen alten Bäumen. Die Umgebung des Herrenhauses wurde bis in die Nachwendezeit hinein im Interesse sozialer Nutzungszwecke umgestaltet. Erst nach Erarbeitung einer detaillierten Restaurierungsstudie im Jahr 1994 konnte mit der Wiederherstellung des Parks begonnen werden. Da der Originalplan Neides verschollen ist, musste die Planerin Anja Brückner auf ältere Veröffentlichungen über Neide und den Park zurückgreifen. So wird jetzt ein Konzept verfolgt, das der ursprünglichen Planung recht nahe kommen dürfte.

Die Gesamtanlage erstreckt sich in Ost-West-Richtung entlang des unregelmäßig ausschwingenden Cederbaches. Vom Herrenhaus nach Westen öffnet sich heute wieder der weite Pleasureground, auf dem junge Solitäreichen in einem Schutzmantel aus schnellwachsenden Bäumen und Sträuchern als

Gehölzinseln sichtbar sind. Im Norden bildet die alte Eichenallee Richtung Westen eine kulissenhafte, wenngleich durchlässige Begrenzung der Szene. Im Süden findet sich, inzwischen sorgfältig herausgearbeitet und ergänzt, noch viel von der für Neide typischen Pflanzenauswahl: Dunkle immergrüne Gehölzpflanzungen aus Thuja und Taxus werden einerseits gern im Hintergrund eingesetzt, andererseits auch immer wieder geschickt durch Öffnungen unterbrochen, um Durchsichten auf den Karpfenteich und den durchfließenden Cederbach zu ermöglichen. Das Wegenetz konnte inzwischen zum großen Teil rekonstruiert werden, von den ehemals vier Brücken über den Cederbach warten aber drei noch auf ihre Wiederherstellung. Umweit des Teiches wurde der alte Eiskeller freigelegt und mit Informationstafeln ausführlich dokumentiert. Wenig einladend ist bisher allein die Umgebung des Herrenhauses geblieben, wobei an der gartenseitigen Ecke des südlichen Wirtschaftsgebäudes schon das kleine Palmenhaus freundlich restauriert hervorsticht.

Wer diesen Park verlässt, wird den positiven Eindruck mitnehmen, dass hier in den letzten Jahren etwas wiedererstanden ist, das weiteren Einsatz lohnt.

Info

Anfahrt B 107 von Havelberg oder von Pritzwalk bis Garz, dann Richtung Hoppenrade
Rad von Pritzwalk oder Perleberg
Parkzugang im Dorf links vom Schloss

Grösse 20 ha

Eigentümer Förderverein Landschaftspark Hoppenrade e.V., Gutshof, 16928 Hoppenrade

Ansprechpartner Frau Hacker, Anschrift s.o., Fon 033 982 / 60 278

Parkführer Förderverein Landschaftspark Hoppenrade (Hrsg.) (o.J.): Der Landschaftspark Hoppenrade. Faltblatt

Literatur Brückner, A. (1996): Hoppenrade – Der Landschaftspark. Brandenburgische Denkmalpflege 5,2, S.31-38

25 MEYENBURG (PR), GUTSPARK

„Im Jahr 1359 erhält Alard von Rohr zusammen mit seinem Bruder Konrad Freyenstein und vier Dörfer als Pfand und später als Lehn. Wichtiger noch ist die Burg Meyenburg, die Alard in dieser Zeit als Lehn für Vasallendienste bekam."
Elisabeth von Falkenhausen in „Die Prignitz entdecken"

Mitten im alten Grenzstädtchen Meyenburg erstrahlt der Landschaftsgarten des Hofgärtners Fink um das Schloss der Familie von Rohr in neuem Glanz: Mit großem Engagement hat die Gemeinde den Schlosspark restaurieren und zu einem modernen Stadtpark erweitern lassen.

Mitte des 14. Jahrhunderts gelangt die Familie von Rohr im Gefolge des ersten brandenburgischen Kurfürsten aus dem Hause Wittelsbach erstmals in märkischen Grundbesitz. Schnell gelingt über Pfand und Lehen die Besitzausdehnung vor allem in der Prignitz. Die Städte Freyenstein und Meyenburg mit umliegenden Dörfern verbleiben über Jahrhunderte im Besitz der Familie von Rohr. Das heutige Schloss ist erst Mitte des 19. Jahrhunderts aus der Überarbeitung von zwei Herrenhäusern im historisierenden Stil der Neurenaissance hervorgegangen. Diese waren zuvor durch Erbteilung aus einer Burg am Rande der wichtigen Grenzstadt nach Mecklenburg entstanden. Bis heute finden sich im östlichen Schlossbereich Reste der mittelalterlichen Bausubstanz, die einen auffallenden Kontrast zum farblich neu gefassten Schlossbau bilden.

Der Schlosspark, der für die jüngste Wiederinstandsetzung Vorbild war, wurde um 1860 nach Plänen des Hofgärtners Fink angelegt. Fink gehörte zu den Gründungsmitgliedern der „Gesellschaft zur Förderung und Verschönerung der Landeskultur", an deren Spitze Peter Joseph Lenné stand. Infolge der engen Zusammenarbeit ist Fink trotz eigener Handschrift stark von Lennés Ideen beeinflusst. Schon vor Anlage des Landschaftsparks war das Gesamtareal durch hohe Grundwasserstände und artesische Brunnen geprägt. Den natürlichen Standortvorteil

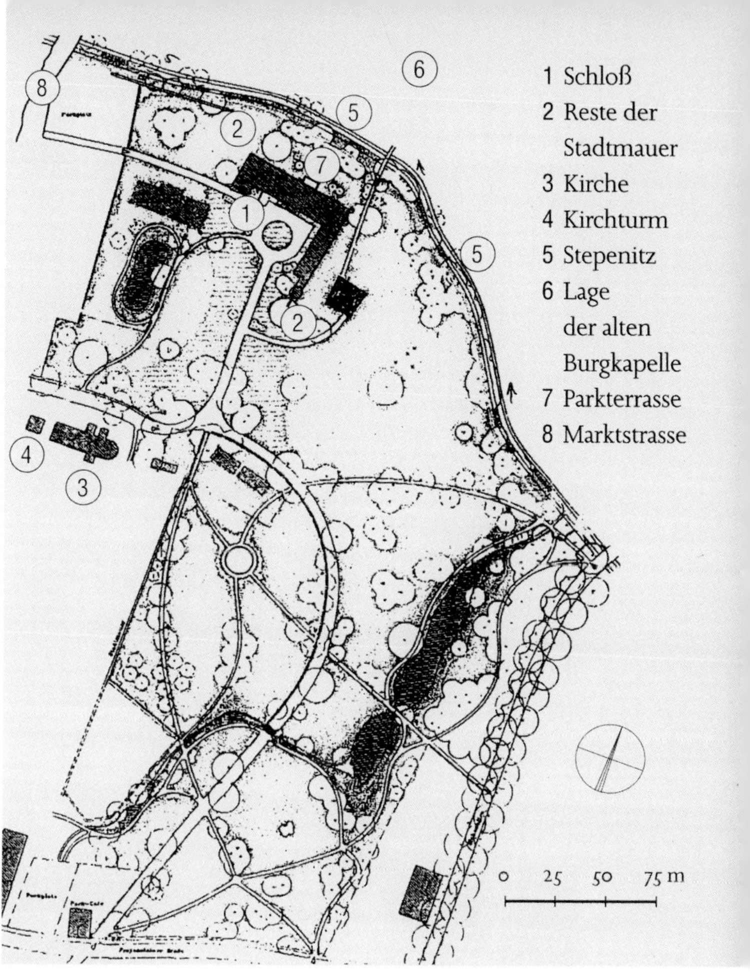

MEYENBURG
Übersichtsplan

ausnutzend hat man offenbar schon früh intensive Teichwirtschaft betrieben. Im Rahmen der landschaftlichen Gestaltung wurden die bestehenden Wasserflächen zum Teil in das Gesamtkonzept einbezogen, so dass schließlich mehrere große Teichanlagen den Park dominierten wurde. Alle Teiche sind nach dem Krieg zugeschüttet, der sie durchziehende Bachlauf verrohrt worden. Von 1992 bis 1995 wurde nach ausführlicher Bestandserfassung durch das Büro Belvedere ein Restaurierungsplan erarbeitet, dessen Umsetzung von 1996 bis 1999 erfolgte. Im alten Schlosspark wurden das Teich- und Grabensystem wiederhergestellt sowie Wege und Plätze vollständig neuangelegt.

Heute ist das Wasser als prägendes Gestaltungselement in die Parklandschaft zurückgekehrt. Ein Rundweg quert den Bachlauf und die Teiche an fünf Punkten. Drei weiße Holzbrücken vermitteln freundliche Leichtigkeit, zwei gemauerte Steinbrücken mit schmiedeeisernen Geländern scheinen in ihrer ruhenden Horizontalen darauf zu warten, dass der neue Park ein wenig Patina ansetzen darf. Mehr als 200 Bäume und 2.800 Sträucher sind geschickt in den Bestand eingebracht worden: Hier eine Gruppe von drei Birken, dort sechs Rotbuchen, heute freilich noch gut vom Altbestand zu unterschieden. Im neuen Parkteil treffen wir einen modernen Pavillon – achteckige Backsteinpfeiler tragen einen luftigen Baldachin, den lebhaft wuchernde Rankenpflanzen zu überwachsen beginnen. Einige Rosenbeete schaffen jene beschauliche Atmosphäre, die vielen Erholungssuchenden so wichtig ist.

MEYENBURG
Schloss, Mitte des 19 Jh. aus zwei Herrenhäusern neu erbaut

MEYENBURG
Bestehende Wasserflächen sind in das Gesamtkonzept einbezogen

Wenn Grün Lebensqualität in eine Stadt bringen soll, dann ist das hier gelungen. Dieser Stadtpark könnte für Meyenburg ein Stück Heimat werden. Wünschen wir ihm gute Pflege und verständnisvolle Benutzer.

INFO

ANFAHRT A 24 Ausfahrt Meyenburg
Bahn von Pritzwalk
Parkzugang vom Schloss direkt an der B103
GRÖSSE 6 ha
EIGENTÜMER Stadt Meyenburg vertreten durch das Amt Meyenburg, Freyensteiner Str. 42, 16945 Meyenburg
ANSPRECHPARTNER Uta Nebert, Anschrift s.o.
Fon 033 986 / 82 512
FÖRDERVEREIN Freundeskreis Schloss Meyenburg e.V., Freyensteiner Str. 42, 16945 Meyenburg

26 HEILIGENGRABE (OPR), KLOSTER STIFT ZUM HEILIGENGRABE

1287 als Zisterzienserinnenkloster gegründet, wurde das Kloster nach der Reformation in ein evangelisches Damenstift umgewandelt und bis heute kontinuierlich genutzt und bewirtschaftet. Die Anlage mit den im Kern mittelalterlichen Gebäuden Stiftskirche, Klausur und Heiliggrabkapelle sowie den Gärten und Plätzen innerhalb der Klostermauern und den ehemals drei Teichen außerhalb davon erhielt ihre heute noch erkennbare Gestalt Ende des 19. Jahrhunderts. 2001 wurde mit der Restaurierung der Außenräume begonnen.

Das Kloster Heiligengrabe wurde an der Handelsstraße nach Lübeck, im nördlichen Grenzgebiet der Mark Brandenburg zum Herzogtum Mecklenburg errichtet. Einer der ökonomischen und strategischen Gründe für diesen Standort war die Schaffung einer einträglichen Wallfahrtsstätte. In diesem Zusammenhang wurde dem Kloster eine antijüdische Gründungslegende sprichwörtlich angedichtet. Danach war ein durch einen Juden begangener Hostienfrevel Ursache für ein Wunderblutereignis, an dessen Stelle die Wallfahrtstätte eingerichtet wurde. Im 16. Jahrhundert, 1531, wird ein zwölfteiliger Bilderzyklus zur Illustrierung der Gründungslegende fertiggestellt. Die sieben erhaltenen Bildtafeln stellen heute die kunsthistorisch bedeutendste Ausstattung des Kloster Stifts dar. Die Legende wurde jedoch bereits während der Aufklärung zum Aberglauben erklärt.

Während des Dreißigjährigen Krieges 1618-48 wird die Stiftsanlage schwer beschädigt. Bei einem großen Brand 1719 wird das Stift nochmals verwüstet, wobei selbst die festen, ziegelgemauerten Häuser wie Kirche, Klausur und Kapelle große Schäden davon tragen. Infolge des Brandes werden ab 1722 die Häuser am heutigen Damenplatz errichtet. Damit entsteht innerhalb der Klostermauern, unmittelbar auf der Ostseite der Klausurgebäude, ein geschlossenes Bauensemble der Barockzeit.

Nach der Thronbesteigung Friedrich Wilhelm IV. 1840 vollzieht sich ein grundlegender Wandel in der Bestimmung und in der Gestalt der Stiftsanlage. Die Heiliggrabkapelle wird erstmals restauriert, der Nordflügel der Abtei wird nach Entwürfen Friedrich August Stülers umgebaut und Ferdinand von Quast, 1843 als erster preußischer Denkmalkonservator eingesetzt, überwacht die denkmalpflegerischen Aspekte. Für die Zeit des Umbaus sind auch erstmals schmuckgärtnerische Anlagen innerhalb der Klostermauern überliefert, die mit geschwungenen Wegen und Beeten den Formen des zeittypischen landschaftlichen Stils entsprechen. Bereits einige Jahre zuvor, 1838, war der klassizistische Bau des Stiftshauptmannshauses westlich der Kapelle errichtet worden. Dieser ist in den letzten Jahren restauriert worden und beherbergt nun das wieder eröffnete Museum des Klosterstifts. Ab 1847 werden im Klosterstift eine Schule und eine Erziehungsanstalt für Mädchen aus verarmten adeligen Familien eingerichtet, womit der Grundstein für den späteren Status von Heiligengrabe als die weiterbildende Schule für die Töchter des märkischen Adels gelegt wird.

HEILIGENGRABE
Eingangsbereich mit Kapelle und Stiftskirche, Stahlstich 1843

Heiligengrabe
Heute die besterhaltene Zisterzienserklosteranlage Brandenburgs

Ihre bis heute prägende Gestalt erhält die Stiftsanlage jedoch mit der Umgestaltung der Gartenanlagen ab 1890. Hierbei wird ein Abschnitt der nördlichen Klostermauer abgetragen, wodurch zwei kleinere Teiche erstmals in den Erlebnisraum des Äbtissinnengartens, dem repräsentativsten Garten des Stifts, einbezogen werden. Zugleich entsteht damit eine neue Sichtachse von einer Insel zwischen den beiden Teichen auf Klausur und Kirche. Der Äbtissinnengarten, der Klausur westlich vorgelagert, wird mit geschwungenen Wegen und z. T. regelmäßigen, buchsgefassten Schmuckbeeten, Blühsträuchern und Obstbäumen intensiv gestaltet. Trotz seiner repräsentativen Formen erhält dieser vor allem durch die Bepflanzung mit Obstgehölzen auch ländlichen Charakter.

Heute ist das Kloster Stift zum Heiligengrabe die besterhaltene ehemalige zisterziensische Klosteranlage in der Mark Brandenburg. Klausurgebäude, Stiftskirche und Heiliggrabkapelle sowie die zum großen Teil erhaltene ehemalige Klostermauer weisen im Kern noch mittelalterliche Bausubstanz auf. Wahrscheinlich stammt sogar der Ursprung der bis in die DDR-Zeit vollständig und derzeit nur noch in Resten erkennbaren ehemaligen drei Teiche aus zisterziensischer Zeit. Gebäude und Außenräume der

Anlage spiegeln damit sowohl die Kontinuität als auch die Brüche in der nunmehr fast 800-jährigen Geschichte des Stifts. Nach 1945 gingen die gestalterischen Details der Außenräume zunehmend verloren. Vor allem aber wurden Teile der Klostermauern abgetragen, die Teiche weitgehend verfüllt, und der Haupteingang zum inneren Abteigelände wurde verschlossen.

Nach der Neugründung und Wiederbelebung des Stifts in den 90er Jahren wurde mit der schrittweisen Sanierung und Restaurierung zunächst der Gebäude und seit 2001 auch der Außenanlagen begonnen. Ziel ist die Wiederherstellung der bis 1945 intakten Außenraumbereiche, in der die Entwicklungsphasen der Anlage seit der Klosterzeit deutlich ablesbar waren. In einem ersten Schritt konnte der historische Haupteingang mit dem Prospekt auf die beiden Schaugiebel von Heiliggrabkapelle und Stiftskirche wieder geöffnet werden. Von diesem durch eine ergänzte Formschnitthecke getrennt, wurde der Äbtissinnengarten in vereinfachten Formen und einer Bepflanzung von Ziergehölzen sowie Obstbäumen wiederhergestellt und ist nun wieder als Gartenraum erlebbar. Um das räumliche Verhältnis von innerem und äußerem Klostergelände – vor allem im Zusammenhang mit den noch zu restaurierenden, in ihrem Ursprung wahrscheinlich mittelalterlichen Teichen – wieder ablesbar zu machen, wurde der nach 1945 abgetragene nördliche Abschnitt der Klostermauer auf den erhaltenen Fundamenten wieder errichtet. Der bereits bei der Umgestaltung 1890 abgetragene Teil wurde durch eine Auflage aus Feldsteinen auf den erhaltenen Fundamenten in der Geländeoberfläche nachgezeichnet und wieder sichtbar gemacht. In den nächsten Jahren sollen der Klausurhof, der Friedhof, die Teiche und der Damenplatz restauriert und wiederhergestellt werden.

Info

Anfahrt A 24/ E 26 Berlin-Hamburg, Abfahrt Pritzwalk, L 15 ca. 2 km Richtung Pritzwalk

Eigentümer Kloster Stift zum Heiligengrabe, Stiftsgelände, 16909 Heiligengrabe

Literatur Kloster Stift zum Heiligengrabe (2002). Hrsg. vom Kloster Stift zum Heiligengrabe, veröffentlicht von der Kulturstiftung der Länder

27 RHEINSBERG (OPR), GARTEN UND PARK

„Rheinsberg macht dem Prinzen Heinrich Ehre. Alles strahlt hier Geist, Anmut und Philosophie aus."
Fürst von Ligne 1781

Der Garten von Rheinsberg ist ein eindrucksvoller Spiegel der geistigen und gesellschaftlichen Umbrüche des 18. Jahrhunderts. Er gehört zu den wenigen Gärten Deutschlands, in denen der Wandel vom Rokokogarten zum frühen Landschaftsgarten deutlich spür- und ablesbar ist. Eingebettet in eine stille Seen- und Waldlandschaft 100 km nordwestlich von Berlin, ließen nach dem Tode des Prinzen Heinrich 1802 alle Gartenmoden dieses Kleinod unverändert.

1734 erhielt der Kronprinz und spätere König Friedrich II. Rheinsberg als Geschenk. Grundlegend für Gestalt von Schloss und Garten war die kurze Zeit des Wirkens seines Architekten G. W. von Knobelsdorff zwischen 1737 und der Thronbesteigung Friedrichs 1740. Der Umriss der Schlossinsel, die nach Süden gerichtete Hauptachse des Gartens mit dem in Sanssouci wiederholten, von Knobelsdorff erbauten charakteristischen Gartenportal und die lange Querachse entlang dem See entstanden. 1744 schenkte Friedrich Rheinsberg seinem Bruder Heinrich. Die unter dessen Leitung ab 1752 in dem halben Jahrhundert bis zu seinem Tode ausgeführten Umformungen des Gartens und dessen Erweiterungen zu einem über 300 ha großen Gartenreich mit Boberow-Park und Remusinsel sind für das heutige Bild von Rheinsberg prägend. 1752 wurde der Boberow-Wald durch bis heute bestehende Schneisen zum Park geformt. Seit 1753 entstanden die Feldsteingrotte und das Heckentheater. 1762 wurden als bühnenartiger Prospekt für die Schlossinsel jenseits des Grienericksees die Erdterrassen angelegt, deren Mitte seit 1790 der Obelisk für unbesungene Helden des siebenjährigen Krieges betont. Zu den 1772 im Umfeld der Erdterrassen angepflanzten Alleen, die sich als eindrucksvolles Zeugnis erhalten haben, zählt die hinter dem Obelisken beginnende, in Brandenburg einzigartige Perspektivallee. Seitlich von ihr sind zwei für Rheinsberg charakteristische Trauer- und Erinnerungsmäler mit ihren vom Prinzen verfassten französischen Inschriften erhalten, die Katakombe und die Malesherbes-Säule. Prinz Heinrich wurde 1802 in seinem Garten in der von ihm dafür bestimmten Grabpyramide beigesetzt. Ein Gartenrundgang sollte auf der Schlossinsel mit ihren Marmorstatuen des Apollo und der vier Elemente und den erstmals 1769 geschaffenen und 1998 rekonstruierten Blumenkörben beginnen. Der Blick schweift links von der Feldsteingrotte im Garten zu den Erdterrassen mit dem Obelisken und der Perspektivallee. Weiter geht er über den Einschnitt der Meiereiallee zu den Resten einer roten Backsteinwand, die einst mit der Ansicht des Concordia-Tempels bemalt war, in die Weite des waldumkränzten Grienericksees. Von der Mitte des Südflügels des Schlosses geht die Hauptachse des Gartens aus. In ihrer Flucht erkennen wir in der Ferne den um 1790 erbauten Wartturm außerhalb des Gartens (kann bestiegen werden). Die Hauptachse führt über den Rhin in das von zwei Sphingen bewachte, im Sommer mit 50 Citrusbäumchen im Schachbrettmuster bestellte Orangerieparterre. Zuvor führt links ein geschwungener Weg zur Grabpyramide und zum Heckentheater. Rechts finden wir in einem Heckenrondell Urne und Büste des Prinzen August Wilhelm. Der Querachse des Gartens folgend, gelangen wir zu dem in der Mitte eines ellipsenförmigen Platzes stehenden Salon und weiter zum Heckenparterre, zur Feldsteingrotte und zur Egeriagrotte. Der Besuch des Obelisken mit dem einmaligen Blick zurück zum Schloss ist unverzichtbar. Das Durchwandern der anschließenden Alleen erfordert Zeit, für die der Gartenkenner jedoch reich entschädigt wird. Der angebotene Gartenplan ist dafür zu empfehlen.

INFO

GRÖSSE 18,75 ha

PARKFÜHRER Seiler, M. (1998): Der Schlosspark in Rheinsberg

LITERATUR Das Rheinsberger Gartenreich des Prinzen Heinrich von Preußen auf 3 historischen Gartenplänen. Potsdam 2002
SPSG (Hrsg.) (2002): Prinz Heinrich von Preußen, ein Europäer in Rheinsberg. München, Berlin
Karg, D. (1981): Der Schlosspark von Rheinsberg. Rheinsberg

Rheinsberg
Eindrucksvoller Spiegel der geistigen und gesellschaftlichen Umbrüche des

WEITERE SEHENSWERTE PARKS IN DER REGION

Demerthin (PR), Gutspark

Bis heute wird der kleine Ort nordwestlich von Kyritz vom charakteristischen Bau des alten Renaissanceschlosses von 1604 geprägt. Über 500 Jahre waren Schloss und Gut seit 1438 in der Hand der Familie von Klitzing. Durch einen Fußballplatz auf dem ehemaligen Pleasureground fast abgeschnitten, grenzt der ausgedehnte Landschaftspark nur noch mit einem kleinen Zipfel an die Südwestseite des Schlosses. Die Anlage, die bis heute einige schöne Altbäume birgt, ist infolge einer intensiven Waldsukzession kaum noch als Park erlebbar.

DEMERTHIN
Renaissanceschloss von 1604

Freyenstein (PR), Gutspark

Das Neue Schloss bildet eine Tordurchfahrt am östlichen Rande des Städtchens. Benachbart im kleinen Stadtpark liegt etwas verwunschen die Ruine des Alten Schlosses. Der Park hat seinen Reiz vor allem durch die verschiedenen Aspekte dieses Renaissancebaus von 1556 mit auffälligen Giebelornamenten. Ab 1968 und nach 1981 erfolgten in der Anlage Wiederherstellungs- und Neugestaltungsarbeiten nach Plänen von Hugo Namslauer vom Institut für Denkmalpflege. Stimmungsvolle Fotomotive entfalten sich vor allem zur Zeit der Rosskastanienblüte.

Groß Pankow (PR), Gutspark

Im Norden des wiederhergestellten Gutshauses von Groß Pankow liegt ein gepflegter 4 ha großer Landschaftspark. Die heutige Anlage ist recht jungen Ursprungs: Anstelle eines Rittersitzes im Dorf ließ Carl Theodor Gans Edler Herr zu Putlitz 1827 eine neue Gutsanlage diesseits der Panke errichten. Dabei entstand ein vierseitiges Gutsensemble mit zentralem Wirtschaftshof, Gutshaus und Park. Das biedermeierliche Gutshaus wurde mehrfach verändert: Konrad Gans Edler Herr zu Putlitz veranlasste 1891 eine Umgestaltung im historisierenden Stil, nach einem Brand 1923 erfolgte der Wideraufbau in wesentlich schlichteren Formen. Prof. Dr. Bernhard v. Barsewisch, dessen Mutter der Familie Gans zu Putlitz entstammt, nach Kauf Eigentümer von Schloss und Park, ließ das Haus 1992/93 umfassend rekonstruieren. Das Haus berherbergt eine renommierte Augen-Tagesklinik sowie private Wohnräume. Der ältere Parkteil umfasst etwa 2 ha und ist im Norden durch die Panke begrenzt. Eine erhaltene Reihe von sechs ehemals beschnittenen Linden deutet darauf hin, dass dieser Bereich ursprünglich durch eine zentrale Lindenallee gegliedert wurde. In die Parkanlage einbezogen wurden zwei ältere Eichen, die 1860 schon imposante Solitärbäume waren – eine davon, etwa dreihundert Jahre alt, steht bis heute. Aus der biedermeierlichen Epoche sind zwei zerfallende Silber-Ahorne und eine mächtige Sumpf-Eiche an der Nordwestseite des Gutshauses erhalten. Nach Quellen des Eigentümers bestand der erste Park vor allem aus Nadelgehölzen, vorrangig Fichten, die aber nach 1945 mehr und mehr von heimischen Laubbäume verdrängt worden sind. Konrad Gans Edler Herr zu Putlitz, der Großvater des Eigentümers, ließ den Park nach 1885 vom Herrenhaus Richtung Osten auf die doppelte Größe hin erweitern. Dabei wurde der Familienfriedhof, der vorher in der freien Feldmark lag, in den Park einbezogen und mit einer Lindenallee erschlossen. In dieser Parkerweiterung entstand auch ein neuer Teich, den unterirdische Quellen von Süden her speisen. Ein reizvolles Bild vermittelt hier die fast abgestorbene Alteiche, die schon in den Park übernommen wurde. Die Brücke aus Ästen über Granitfundamenten hat der Eigentümer ebenfalls rekonstruieren lassen. Ganz im Osten des Parks liegt der Familienfriedhof, eingeschlossen von einer quadratischen Einfriedung aus gesprengten Feldsteinen mit pultförmiger Ziegelabdeckung. Die Einzelgräber bestehen aus schlichten Steineinfassungen und sind ausschließlich mit Efeu bepflanzt, an die Toten erinnern gusseiserne Namenstafeln. Zum Ausklang des Parkrundganges empfiehlt sich ein Besuch im freundlichen Hofladen-Café.

Horst (OPR), Gutspark

Den Landschaftspark ließ 1858 Ernst Friedrich von Moellendorf anlegen, der das früher Blumenthal'sche Gut sechs Jahre zuvor erworben hatte. Ein innerer Rundweg um das weitgehend offene Wiesenparterre und ein äußerer um den südwestlich gelegenen Schlossteich mit Insel erschließen heute die Anlage mit ihrem wertvollen alten Baumbestand. Auf der Nordseite findet sich dem Herrenhaus gegenüber die Ruine des Alten Schlosses. Der bedeutende Renaissancebau ist seit dem Dreißigjährigen Krieg langsam verfallen. Das aktuelle Projekt „Landschaftspark Horst-Blumenthal" sieht eine Wiederherstellung des Parks und seine Einbeziehung in die überörtliche Landschaftskonzeption vor.

Lindow (OPR), Außenanlagen im Klosterbereich

Als Rest des Zisterzienser-Nonnenklosters aus dem 13. Jahrhundert liegt die Ruine des Konventshauses heute in einer kleinen Parkanlage. Das Kloster war von der Reformation bis 1945 ein evangelisches Damenstift und diente Fontane als Vorbild für das Kloster Wutz im Roman „Der Stechlin". Erhalten geblieben ist der verwunschene Friedhof mit Grabsteinen der Stiftsdamen.

Meseberg (OHV), Schlosspark

Den Fontaneleser wird vor allem die illustre Figur des Majors Friedrich Ludwig von Kaphengst nach Meseberg führen. Der historische Blick geht aber zunächst weiter zurück: Nach zwei Jahrhunderten unter der Herrschaft der Familie von der Groeben geht Meseberg 1737 durch Heirat in den Besitz des Reichsgrafen Hermann von Wartensleben über. Er lässt in den Folgejahren ein Barockschloss errichten, das 1774 Friedrich Ludwig von Kaphengst käuflich erwirbt. Als Günstling des Prinzen Heinrich hat der junge Offizier nach Ende des siebenjährigen Krieges schnell Karriere gemacht. Im Range eines Majors wird er eine der einflussreichsten Persönlichkeiten in Heinrichs Rheinsberger Hofstaat. Der König missbilligt die Beziehung scharf und zwingt seinen Bruder, sie zu beenden. Kaphengst heiratet und wird großzügig entschädigt: Prinz Heinrich ermöglicht ihm den Kauf des überschuldeten Gutes Meseberg, wo er nach elf Ehejahren an den Folgen seines ausschweifenden Lebens 1800 verstirbt. Für die Geschichte der Parkanlage war die kurze Herrschaft des Majors allerdings von großer Bedeutung: Von Rheinsberg beeinflusst schuf er eine üppige Anlage mit Sichtachsen – noch vor Lenné – die teilweise von den späteren Besitzern wegen des großen Aufwands nicht mehr erhalten werden konnte und daher verwaldete. Nach mehrfachem Besitzerwechsel wird Meseberg ab 1885 zum Wohnsitz der bürgerlichen Familie Lessing, die dem literarischen Erbe ihres berühmten Ahnen Gotthold Ephraim Lessing intensive Pflege widmet. Damit findet auch der eigenartige Gedenkstein im Park nahe dem Huwenowsee seine Erklärung, auf dem drei Ringe über den Buchstaben GAL mit dem Datum 26.02.1891 abgebildet sind. Der Park wird nach Restaurierung des Schlosses durch die Messerschmitt-Stiftung aufwändig rekonstruiert und wieder in die barocke Form gebracht.

Mesendorf (PR), Gutspark

In der Nachbarschaft des Gutshauses von 1760 liegt ein alter Park von etwa 3 ha Größe, der auf einer Halbinsel eine malerische alte Burgruine einschließt. In seiner heutigen Struktur wurde der Park wohl erst Anfang des 20. Jahrhunderts gestaltet, einige Alteichen sollen aber über 500 Jahre alt sein – ein Baum nahe der Ruine wird sogar als 1000-jährige Eiche bezeichnet.

Neumühle (OPR), Gutspark

Eine bedeutende Mühle ist seit dem Mittelalter belegt, im Jahr 1838 erwarb sie der Kaufmann Carl Friederich Kohlbach aus königlichem Besitz. Neben einem klassizistischen Herrenhaus ließ er damals einen Park nach Entwurf von Lenné anlegen. Während das Herrenhaus 1905-07 durch einen neoklassizistischen Dreiflügelbau mit Treppenturm und Turmschornsteinen ersetzt wurde, blieb der Park erhalten. Von der Freitreppe des Hauses erstreckt sich zunächst eine weite Wiesenfläche mit zwei markanten Baumgruppen aus Rot-Buchen und Hainbuchen. Eine schmale Blickachse nach Süden ist noch gut erkennbar. Den Park durchzieht in Längsrichtung ein unregelmäßig angelegter Teich, der mit dem Rhin in Verbindung steht.

Oranienburg (OHV), Schlosspark

Die schrittweise Restaurierung des Schlossparks von Oranienburg orientiert sich an der Planung des Potsdamer Gartendirektors Ferdinand Jühlke aus dem Jahr 1878. Der frühe holländische Lustgarten der Kurfürstin Luise Henriette von 1651 war bis 1756 bereits mehrfach umgestaltet und erweitert worden. Schon seit Beginn des 19. Jahrhunderts ist er verfallen. Da der Jühlke-Plan anerkannte gartenarchitektonische Qualität aufweist und überdies gut dokumentiert ist, bietet er sich heute als geeignete Neugestaltungsgrundlage an. Wesentliche Kernelemente wurden schon früher umgesetzt und wirken bis heute raumprägend: Anstelle der barocken Mittelachse wird die Anlage durch einen weiten, zentralen Freiraum dominiert, einige Wiesenflächen zeigen gruppenweise gepflanzte Gehölzinseln. Der großzügige Wegering wurde zwar nur zum Teil realisiert, die ausgeführte alleeartige Bepflanzung einiger Wege ist aber zum Teil bis heute sichtbar. Die barocke Grundstruktur des Parks mit Wassergräben, Achsen und Alleen ist dennoch sichtbar geblieben. Nachdem die militärische Nutzung im nordöstlichen Parkbereich entfallen ist, wird jetzt die Chance zu einer erheblichen Aufwertung des Gartendenkmals durch Wiederherstellung des Jühlke-Grundrisses genutzt. Nach der Rekonstruktion des schmiedeeisernen Parktores von Johann Arnold Nering wird dann auch der Garten wieder ganz den Erwartungen entsprechen, die das aufwändig sanierte Barockschloss und das imposante Gartenportal beim Besucher wecken.

Schwante
Landschaftspark mit reizvollen Blickbezügen

Schwante (OHV), Gutspark

Hinter einem barocken Herrenhaus in neobarocker Überformung, an dessen Ursprungsentwurf Knobelsdorff mitgewirkt haben soll, erstreckt sich ein fast 25 ha großer Landschaftspark Richtung Westen. Vor allem im Grenzbereich zur Feldmark eröffnen sich reizvolle Blickbezüge. Nach einigen Erschließungs- und Pflegemaßnahmen der Gemeinde seit 1995 ist das Anwesen heute wieder in einen Tiefschlaf gefallen, zumal auch der private Eigentümer ausgeschieden ist.

Sommerswalde (OHV), Park

Kein adliger Landsitz, sondern die spleenigen Hinterlassenschaften eines Berliner Immobilenhändlers begegnen uns in Sommerswalde. Richard Sommer war Erbe eines beträchtlichen Vermögens aus der Landwirtschaft seines Großvaters. In der wachsenden Industriestadt Berlin gelang es ihm seit Mitte des 19. Jahrhunderts, seinen Reichtum durch Grundstücksspekulationen um den Pariser Platz und im Bereich des späteren Reichstagsgeländes beträchtlich zu vermehren. Nach 1888 erwarb Sommer zunächst das Rittergut Schwante und veranlasste dort verschiedene Umbauarbeiten. Schon wenig später ließ er zwischen Schwante und Germendorf durch die Berliner Architekten Hans Abesser und Jürgen Krüger ein Gebäudeensemble errichten, das bis heute Erstaunen auslöst: Das Herrenhaus, das bis Ende der zwanziger Jahre eine Kuppel trug, scheint eine verkleinerte Kopie des Reichstages von Paul Wallot zu sein, der Pferdestall ist dem Roten Rathaus nachempfunden und die Orangerie erinnert an eine Moschee. Nach Abschluss der Bauarbeiten wurde der vordere Parkteil mit üppigem Blumenschmuck formal gestaltet, während sich hinter dem Schloss ein Landschaftspark ausdehnte. Die Anlage ist weitgehend erhalten geblieben, wobei die inzwischen ausgewachsene Zierkoniferensammlung auf den Wiesen vor dem Hauptgebäude die Wirkung des ganzen Ensembles ins Groteske verzerrt.

Tornow (OPR), Gutspark

Das Gut Tornow mit dem klassizistischen Herrenhaus von 1805 ist heute wieder im Eigentum der Familie von Dallwitz, die das Gut schon 1860 erworben hatte. Der kleine Lennépark von 1862 wurde behutsam wiederhergestellt. Auf einem Rundweg sind inzwischen wieder verschiedene schöne Sichtbezüge auf das Herrenhaus, die Kapelle sowie die ausgestellten zeitgenössischen Kunstwerke zu erleben. Die Eigentümer betreiben ökologische Landwirtschaft mit eigenem Hofladen und vermieten modern eingerichtete Ferienwohnungen in einem Neubau unmittelbar gegenüber vom alten Gutshaus.

Wolfshagen (PR), Gutspark

Die sanierte zweiflügelige Schlossanlage ist Teil eines früher vierseitigen Gebäudekomplexes um einen Wirtschaftshof, der seinen Ursprung in einer Wasserburg aus dem 12. Jahrhundert hat. Schloss und Gut waren durchgehend bis 1945 im Besitz der Familie Gans zu Putlitz. Seit 1840 wurde die Umgebung des Schlosses beiderseits der Stepenitz von Lenné zu einem ausgedehnten Landschaftspark gestaltet, von dem aber nur geringe Teile erhalten blieben. Der heutige zentrale Parkbereich südöstlich des Schlosses wurde im wesentlichen um 1850 angelegt, als Hermann Gans Edler Herr zu Putlitz den alten Wirtschaftshof auflöste und durch eine ausgedehnte Hofanlage westlich des Herrenhauses ersetzte. Der Park war infolge der Zwischennutzung der letzten Jahrzehnte weitgehend entstellt, wird aber zur Zeit mit dem tatkräftigen Engagement des Nachfahren der Alteigentümer, Prof. Dr. Bernhard v. Barsewisch, sowie des Fördervereins Schlossmuseum Wolfshagen e.V. rekonstruiert. In der unmittelbaren Umgebung des Hauses sind einige stattliche Eschen, Linden und Kastanien erhalten geblieben, die zur Zeit behutsam ergänzt werden. Das Schlossmuseum hat zudem mit der Neuanlage eines sogenannten „Porzellan-Gartens" begonnen, in dem wichtige Motivpflanzen der Porzellanmalerei Chinas wie Bambus, Baumpäonie, Chrysantheme und Hibiskus Abbildungen auf Porzellan gegenübergestellt werden.

Wolfshagen (PR)
Schlossmuseum

Wustrau (OPR), Gutspark

Der große Barockbau am Ufer des Ruppiner Sees mit seiner umgebenden Parkanlage wurde für den Husarengeneral Hans-Joachim von Ziethen (1699-1786) um 1750 errichtet und Ende des 19. Jahrhunderts unter dem Grafen Albert-Julius von Ziethen-Schwerin (1835-1922) neubarock umgestaltet. Der große Landschaftspark nach Ideen von Lenné geht ebenfalls auf den „Alten Ziethen" zurück und hatte mit den Details aus Fontanes Beschreibung wohl bis 1945 Bestand. Alle Parkarchitekturen und Schmuckdetails sind danach verlorengegangen. Der zentrale Bereich wurde innerhalb einer Umzäunung neugestaltet; er ist heute Bestandteil der Bildungsstätte der Deutschen Richterakademie und im Rahmen vereinzelter Termine der Öffentlichkeit zugänglich. Der äußere Parkraum wird als Gemeindepark gepflegt, hat aber seine gartenarchitektonische Anbindung zum Kernbereich verloren.

Zernikow (OHV), Gutsanlage mit Erbbegräbnis

Gut und Dorf Zernikow sind vor allem durch die Romane „Der grüne Baum des Lebens" und „Das bunte Band des Lebens" der letzten Gutsherrin Clara von Arnim (geb.1909) bekannt geworden. Der Gutspark ist durch Aufsiedlung verlorengegangen. Neben dem ausgedehnten waldartigen Tiergarten am östlichen Ortsausgang sind die sechs alten Alleen erhalten geblieben, die die Wege und Straßen von Zernikow aus in alle Richtungen begleiten. Dendrologische Rarität ist dabei die Maulbeerallee von 1751 an der Straße nach Burow, die 1999 durch 15 Jungbäume ergänzt werden konnte. Im Dorf ist außerdem noch das gut dokumentierte Friedersdorff'sche Erbbegräbnis zu besichtigen.

UCKERMARK/BARNIMER LAND/ MÄRKISCH ODERLAND

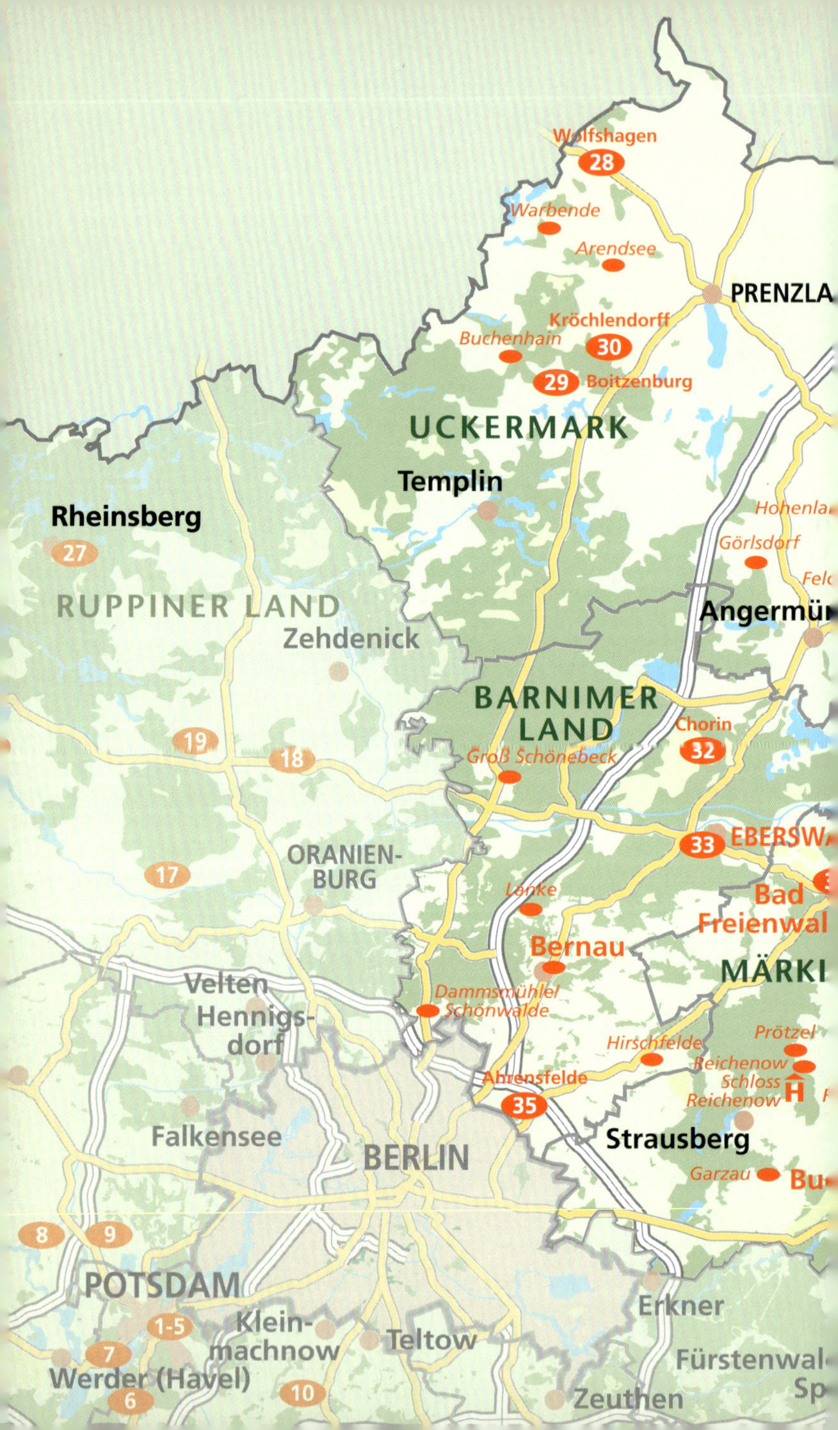

Wolfshagen
28
Warbende
Arendsee
PRENZLA
Kröchlendorff
Buchenhain
30
29
Boitzenburg
UCKERMARK
Templin
Rheinsberg
27
RUPPINER LAND
Hohenla
Görlsdorf
Angermün
Zehdenick
BARNIMER LAND
Chorin
32
Groß Schönebeck
19
18
33
EBERSWA
17
ORANIEN-BURG
Lanke
Bad Freienwal
Bernau
MÄRKI
Velten
Hennigs-dorf
Dammsmühle/ Schönwalde
Prötzel
Hirschfelde
Reichenow
Schloss Reichenow
Ahrensfelde
35
Falkensee
BERLIN
Strausberg
Garzau
8
9
POTSDAM
1-5
Klein-machnow
Teltow
Erkner
7
Werder (Havel)
Fürstenwal
6
10
Zeuthen

Uckermark
Barnimer Land
Märkisch-Oderland

28 WOLFSHAGEN (UM), GUTSPARK

Auch nach dem Verlust des Schlosses der Grafen von Schwerin ist der landschaftlich gestaltete Seeuferbogen von Wolfshagen ein Höhepunkt Lenné'scher Planung geblieben.

Jahrhundertelang bildete der Ort Wolfshagen die Grenze zwischen Brandenburg und Mecklenburg. Schloss und Gut waren seit 1326 fast dreihundertfünfzig Jahre im Besitz der Familie von Blankenburg. Schräg gegenüber der alten Burg wurde wohl im 16. Jahrhundert am anderen Seeufer ein neues Renaissanceschloss erbaut, das nur durch einen Merian-Stich überliefert ist. Nach einem Konkurs im Dreißigjährigen Krieg gelang es dem Reichsfreiherrn Otto von Schwerin, das Gut zu erwerben. Als Oberpräsident des geheimen Rates, Hofmeister der Kurfürstin und späterer Erbkämmerer war Otto von Schwerin eine der einflussreichsten Persönlichkeiten am Hof des großen Kurfürsten. Sein Enkel gleichen Namens ließ um 1730 jenes barocke Herrenhaus errichten, das bis 1945 optische Dominante der Gesamtanlage war. Das heutige Ortsbild geht wesentlich auf Johann Christoph Hermann von Schwerin (1776-1858) zurück, der Wolfshagen zu einem landwirtschaftlichen Musterbetrieb mit höchstem technischen Standard ausbaute. Bis 1945 war das Gut in der Hand der Familie von Schwerin. Während das Herrenhaus mit Orangerie, Reithalle und Schweizer Haus bei Kriegsende nach Brandschäden abgerissen worden sind, haben sich verschiedene Gutsgebäude bis heute erhalten.

Höchstwahrscheinlich entstand mit dem Schlossneubau um 1730 auch eine barocke Parkanlage, die aber nicht überliefert ist. Der heutige ausgedehnte Park ist Teil einer großartigen landschaftlichen Gesamtkonzeption, die Lenné 1832 für Hermann von Schwerin entworfen hatte. Die Planung gilt als eines seiner Meisterwerke, da ihm auf eng begrenztem Raum mit starken topografischen Beschränkungen ein harmonischer Landschaftsraum gelang, der Dorf und Gut vollständig integriert. Zur Weiterentwicklung des Dorfes und seiner Freiflächen ist eine weitgehende Orientierung an der Lennéplanung vorgesehen.

Wolfshagen
Ein geniales Gesamtkonzept

Ein Rundgang durch den Park beginnt idealerweise am Ortseingang aus Richtung Woldegk. Die Königssäule ließ Hermann Graf von Schwerin 1834 zum Dank an König Friedrich Wilhelm III. errichten, welcher der Familie durch die Wiederaufnahme des Verfahrens die Klärung eines alten Grundstücksstreites ermöglicht hatte. Der Obelisk mit roten Ziegelkanten trägt auf hellen Putzfeldern Inschriften, die an die wichtigsten Stationen der Stein-Hardenberg'schen Reformen erinnern. Im oberen Teil sind über den Schriftfeldern zwei Halbrelief-Figuren dargestellt – im Westen unter dem Wappen des Hauses Schwerin Themis, die Göttin der Gerechtigkeit, im Osten der Kriegsgott Ares. Die Säule konnte 1997/98 im Originalzustand wiederhergestellt werden. In der Umgebung ist ein Gebäudeensemble erhalten, dass auf die nahe Grenze hindeutet: Neben dem Gasthaus „Zur Königssäule" – vermutlich direkt nach der Säule errichtet – eine zeitgleich gebaute Schmiede sowie ein neugotisches Zollhaus von 1831, schließlich die Fassade einer Zollwaage. Wer den Landschaftspark von hier aus betritt, wird zunächst über eine Freilichtbühne aus der DDR-Zeit stolpern, die noch immer den Eingangsbereich entstellt. Zwischen den schönen alten Bäumen, vor allem Eichen, Linden, Platanen und Rosskastanien, sind inzwischen wieder wichtige Blickbezüge nach Westen und zum See hin geöffnet worden. Nach Nordosten ist schnell die Ruine der Alten Burg erreicht, die sogenannte Blankenburg. Nach Zerstörung im Dreißigjährigen Krieg hat sich zwischen großen Bäumen der Fangelturm mit Resten der Umfassungsmauer erhalten. Am Ufer entlang nach Süden und später nach Osten und Nordosten ist der Gesamtentwurf von Lenné mit vielen Perspektiven über den See noch immer gut zu erkennen. Am Südufer erstreckt sich zwischen See und Straße ein Rosengarten; anstelle einer älteren Anlage wurde er in den sechziger Jahren in genauer Ausrichtung auf das Gärtnerhaus jenseits der Dorfstraße angelegt. Der neugotische Giebel, das außengewölbte Bohlendach und die Mischbauweise aus geschnittenem Naturstein mit Ziegeln machen das Gebäude gemeinsam mit dem Fischerhaus nahe der Kirche zu einem bedeutenden Zeugnis seiner Zeit. Der Rosengarten wurde mit der denkmalpflegerisch orientierten Gesamtplanung etwas verkleinert wiederhergestellt. Am weiteren Uferweg markiert eine halbkreisförmige Bastion bis heute den Standort des neuen Schlosses, das sich von hier zur Straße erstreckte. Von hier schweift der Blick über den See zur Burgruine und zum weiter nördlich gelegenen Forsthaus mit neugotischer Schaufassade. Vom ehemaligen Schlosseingang nach Süden fällt er in eine Lindenallee, auf der nach 1871 eine Ehrenpforte als früher Stahlbetonbau errichtet wurde. Weiter nach Osten wird der Uferweg über eine sehr sauber gearbeitete Steinbrücke geführt, deren Bedeutung sich heute nicht mehr erschließt – der Wasserspiegel ist nämlich gesunken, so dass die darunterliegende ehemalige Ausbuchtung des Haussees nicht mehr existiert. Von hier aus führt der Weg über den Köhntop, den einzigen Abfluss des Haussees, zum Denkmal der Befreiungskriege. Unweit des Uferweges auf einer Anhöhe am nordöstlichen Ortsende gelegen, bildet es vom gegenüberliegenden Seeufer – vor allem von der alten Burg aus – einen wichtigen point de vue. Hermann von Schwerin ließ das Denkmal zum Andenken an die Gefallenen der Schlachten von 1813 bis 1815 in aufwändigen neugotischen Formen errichten. Dabei ist der Einfluss von Schinkels

Berliner Kreuzbergdenkmal trotz der Verwendung anderer Baustoffe unübersehbar: am quadratischen Sockel befinden sich vier gusseiserne Gedenktafeln, auf der Spitze ein Eisernes Kreuz.

Als Bestandteile des landschaftlichen Gesamtkunstwerkes dürfen auch die reich gestaltete neugotische Kirche von 1858 mit ihrem markanten Turm und das benachbarte neuromanische Erbbegräbnis nicht ausgelassen werden. Das Erbbegräbnis ließ der Sohn des Parkbauherrn, Alexander Carl von Schwerin, errichten. Die Gruft selbst ist ein Kubus aus gelben Klinkern mit Rundbogenportal unter einem doppelten Fries mit abschließendem Kranzgesims. Hermann von Schwerin und seine Frau Rosalie Ulrike haben hier bis heute ihre letzte Ruhestätte gefunden. An die Gruft grenzen zwei symmetrische L-Mauern, die profilierte Rundbogennischen mit Grabtafeln für 16 Mitglieder der Familie tragen. Wolfshagen beeindruckt den Besucher heute weniger durch gartenkünstlerische Detailsituationen, als vielmehr durch ein noch immer geniales Gesamtkonzept und einige vorbildlich sanierte Einzelbauwerke.

Info

Anfahrt B 198 von Prenzlau
Rad von Prenzlau
Parkanlage zwischen Bundesstraße und Haussee auf ganzer Länge des Dorfes

Grösse 12 ha

Eigentümer Gemeinde Uckerland, Hauptstr. 35, 17337 Lübbenow

Parkführer Biadacz, B. (1998): Wolfshagen – Zur Geschichte eines uckermärkischen Dorfes. Gemeinde Wolfshagen im Selbstverlag

Literatur Dreger, H.-J. et al. (1997): Wolfshagen. Arbeitshefte des Brandenburgischen Landesamtes für Denkmalpflege Nr.8. Potsdam
Herman, O.; Mertens, M. (2001): Wolfshagen. In: Hahn, P.M.; Lorenz, H. (2000): Herrenhäuser in Brandenburg und der Niederlausitz. Berlin
Gründel, O. (1999): Wolfshagen – Ein architektonisch reizvolles Gutsensemble. Die Mark Brandenburg 34, S.28-31

29 BOITZENBURG (UM), SCHLOSSPARK

„Es ist ein reizender Ort, England in Vollendung: Wälder, Wasser, natürliche Wasserfälle und Rasenplätze..."
Graf Lehndorff 1777 über Boitzenburg

Wie der Schlossbau ist auch die erhaltene Substanz des Parks von Boitzenburg von herausragender Bedeutung und Qualität. Der unbefriedigende Zustand vor allem der äußeren Anlage ist allerdings nicht zu übersehen – gartenbegeisterte Besucher werden daher die ersten Instandsetzungsarbeiten auf der Schlossinsel mit großen Hoffnungen für die ausgedehnte Gesamtanlage verbinden.

Wer das uckermärkische Boitzenburg mit seiner Klosterruine, dem eindrucksvollen Schloss und dem großen Park besucht, hat das Buch alter Brandenburger Geschichte aufgeschlagen. Eine bäuerliche Siedlung als Vorläufer des heutigen Ortes ist bereits im Gefolge der Gründung des Zisterzienserinnen-Nonnenklosters im Jahre 1270 überliefert. Eine Burg wurde als „festes Haus Boycenborch" schon 1276 erwähnt, nachdem die Uckermark gerade brandenburgisch geworden war. Nach dem ersten Lehensherrn Dietrich von Kerkow war Boitzenburg zunächst wieder landesherrliche Vogtei, später sind verschiedene Pfandinhaber überliefert, unter anderem bereits die Familie von Arnim. Erst 1528 ging Boitzenburg aber endgültig durch Tausch in das Eigentum von Hans VIII. von Arnim über. Für über 400 Jahre ist der Ort danach bis 1945 Sitz dieser Familie geblieben.

Auf die Zeit nach 1528 geht der ältere Teil des zweigeteilten Schlossbaukörpers zurück, das sogenannte Oberhaus. Bis heute sehen wir einen rechteckigen, zweigeschossigen Bau mit drei charakteristischen Zwerchgiebeln im Renaissancestil. Demgegenüber hat das Unterhaus, erstmals 1585 im Gefolge einer Erbteilung als selbständiger Herrensitz errichtet, mannigfache Veränderungen erfahren. Nach einem Spätbarockbau von 1732 und neugotischer Umgestaltung durch Stüler ab 1838 wurde der Bau zuletzt ab 1881 nach Entwürfen von Carl Doflein im Stil der Neurenaissance dem Oberhaus angepasst. In der DDR wechselten verschiedene Nutzungen, die jeweils mit Eingriffen in die historische Substanz einhergingen, ohne die Grundstruktur des Gebäudes zu zerstören. Zunächst war das Schloss Genesungsheim, später Standort der Volkspolizei und schließlich NVA-Erholungsheim. Die aktuelle Restaurierung der Außenfassade geht in den Grundzügen von einer Wiederherstellung des letzten überlieferten Zustandes ab 1884 aus. Erhalten ist leider auch ein dreigeschossiger Neubautrakt aus der NVA-Zeit im Südosten des Schlosses, der das Freiraumgefüge bis heute stört.

Die ältere spätbarocke Parkanlage ist unter Friedrich Wilhelm von Arnim (1739-1801) ab 1761 im Stil des frühen Landschaftsgartens weiterentwickelt und ausgestaltet worden, ohne einige barocke Kernstrukturen völlig zu beseitigen. Dieser Zustand – überliefert durch den Gartenplan von 1780 – war es dann, der zeitgenössische Reisende wie den Grafen Lehndorff und Johann Bernoulli zu euphorischem Lob veranlasste. Für die heutige Gestalt entscheidend wurde die Überarbeitung des gesamten Parkareals nach dem erhaltenen „Verschönerungs-Plan der Umgebung von Boitzenburg" von Lenné ab 1827. Auftraggeber war Adolph Heinrich von Arnim (1803-1868), der neben seiner erfolgreichen politischen Karriere intensiv gartenbauliche Interessen pflegte. Lennés Plan ist eines seiner umfassendsten großräumig angelegten Werke, das auch tatsächlich zur Ausführung gelangte. „Lenné nutzte die bewegte, eiszeitlich geprägte Moränenlandschaft vorteilhaft aus und überhöhte mit natürlicher Einfachheit in den Gestaltungsmitteln den landschaftlichen Reiz dieser Gegend" (von Heydebrand o.J.). Spätere Planungen haben das Lenné-Konzept zwar ergänzt, jedoch nicht mehr grundsätzlich verändert. Auch in der zweiten Hälfte des zwanzigsten Jahrhunderts blieb die Struktur des Parks trotz aller Pflegedefizite zumindest in seiner Grobstruktur erhalten.

Der Park ist heute nicht mehr im Zusammenhang erschlossen – wer ihn vollständig erleben will, wird zwei getrennte Rundgänge unternehmen müssen. Von der Boitzenburger Kirche „St. Maria auf dem Berge" kommend führt der Weg durch das

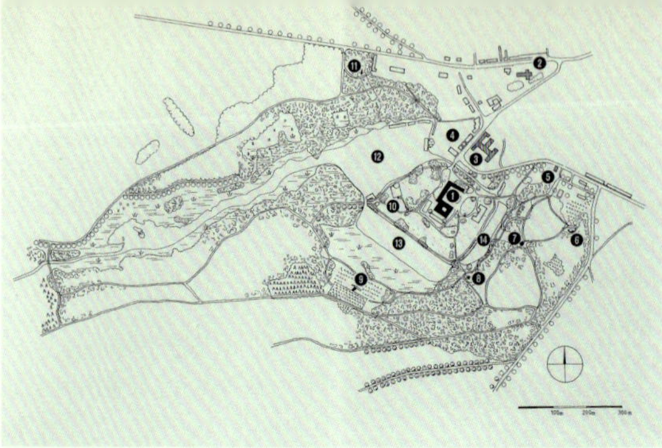

1 Schloß 2 Kirche 3 Marstall 4 ehem. Beamtenhäuser 5 Gärtnerhaus 6 Erbbegräbnis 7 Apollotempel 8 Schlangentempel 9 Rote Kapelle 10 Gartenhäuschen mit neuer Terrasse 11 Obelisk 12 Küchenteich 13 Großer Karpfenteich 14 Kleiner Karpfenteich

BOITZENBURG
Übersichtsplan

alte Tor auf einen Betonplattenweg, der das Schloss unmittelbar umrundet. Am Ufer der alten Schlossinsel entlang gelangen wir am Küchenteich zu einem heruntergekommenen Gartenhaus, bevor der Weg scharf nach Südosten abbiegt. Nach Südwesten fällt der Blick auf das gegenüberliegende Ufer des Großen Karpfenteiches, wo eine ausgedehnte Röhrichtsukzession heute einen naturnahen Verlandungsaspekt bildet. Nach der Kehre Richtung Nordosten lassen die erhaltenen Sichtachsen über den Kleinen Karpfenteich auf zwei Staffagebauten noch die Handschrift der ursprünglichen Planung erkennen. Genau am südlichsten Punkt des gegenüberliegenden Teichufers finden sich die weitgehend erhaltenen Reste des Schlangentempels, der nach einem Entwurf von Carl Gotthard Langhans 1804 zur Erinnerung an den preußischen Finanzminister Friedrich Wilhelm von Arnim errichtet worden war. In antikisierendem Stil flankierten zwei stilisierte dorische Säulen eine Nische, in der sich die Marmorskulptur der „Trauernden Gattin" von Johann Gottfried Schadow befand. Die Figur ist heute in der Friedrichswerderschen Kirche in Berlin zu besichtigen. Kurz vor Rückkehr zum Ausgangspunkt richtet sich der Blick nach Südosten bergan auf einen Monopteros aus der Zeit nach 1761. Um diese Rotunde oder den Schlangentempel zu erreichen, muss der äußere Parkbereich vom unscheinbaren Weg westlich des Gärtnerhauses aus betreten werden. Bergan nach Südwesten treffen wir dort zunächst auf das Erbbegräbnis der Familie von Arnim, das ursprünglich den oberen Abschluss einer heute nicht mehr sichtbaren Terrasse bildete. Die imposante Anlage im Stil des Historismus hat Carl Doflein nach 1880 geschaffen. Wenig südwestlich ist der Rundtempel erreicht, der einen eindrucksvollen Blick hinab auf die ausgedehnte Anlage eröffnet – leider auch auf die beschriebenen Bausünden der jüngsten Vergangenheit. Vorbei am Schlangentempel erreicht man auch die Rote Kapelle jenseits des Großen Karpfenteiches. Die neugotische Gedächtniskapelle in rotem Backstein wurde 1875 von Martin Gropius entworfen und ist dringend restaurierungsbedürftig. Der gesamte äußere Parkbereich ist heute zu einem mehr oder weniger geschlossenen Waldbestand durchgewachsen, in dem immerhin einige Flächen freigehalten werden. Zu Recht wird immer wieder gefordert, die bedeutende Parkanlage schnellstmöglich in ihrer Grundstruktur zu sichern und nach einem gartendenkmalpflegerischen Entwicklungskonzept stufenweise zu sanieren.

Info

Anfahrt B 109 von Prenzlau oder Berlin bis Hassleben, dann über Wichmannsdorf
Rad von Prenzlau
Zugang zu Schloss und Park von der Kirche in der Ortsmitte aus abwärts Richtung Wichmannsdorf

Eigentümer Schloss Boitzenburg KG, Templiner Str. 13, 17268 Boitzenburg

Ansprechpartner Oliver Erbacher, Anschrift s.o.

Parkführer Dahlke, G. (o.J.): Schloss Boitzenburg – Das größte Schloss der Uckermark. Prenzlau. Broschüre mit Bildern, 14 S., darin nur wenige Angaben zum Park

Literatur Von Heydebrand, D. (o.J.): Boitzenburg. Schlösser und Gärten der Mark

Tipp

Am südwestlichen Ortseingang von Boitzenburg liegt in einem Tal die Ruine des Benediktinerinnenklosters Marienfließ von 1269. Die Klostermühle kann als technisches Kulturdenkmal besichtigt werden, Gelegenheit zum Essen und Trinken im Garten oder in historischen Räumen bietet das Wirtshaus „Zur Klostermühle".

30 KRÖCHLENDORFF (UM), GUTSPARK

Seit der Wiederherstellung erlebt der Besucher im Landschaftspark um das Arnim'sche Schloss wieder schöne Landschaftsbilder zwischen ausgedehnten Wiesenräumen und altem Baumbestand. Die Sportanlagen für das Outdoor-Training des Pächters konnten in angemessener Weise in das Gartendenkmal integriert werden.

Das beeindruckende Ensemble aus Schloss, Park und Dorf hat einen wenig spektakulären geschichtlichen Hintergrund: Kröchlendorff zeigte zunächst zwei Jahrhunderte zersplitterte und wechselnde Besitzverhältnisse, bevor ab Mitte des 15. Jahrhunderts erstmals die Familie von Arnim in den Besitz von Flurteilen kam. Zwischenzeitlich wüst gefallen, wurde ab 1573 wieder ein Vorwerk erwähnt. Adliger Wohnsitz war Kröchlendorff erst ab 1682 infolge einer Erbteilung. Ein Herrenhaus, über das wenig bekannt ist, entstand wohl nach einer weiteren Erbteilung im Jahr 1711, welche die Boitzenburger Linie der Arnims begründete. Dieser Barockbau wurde 1806 im Zuge der napoleonischen Kriege geplündert und zerstört. Das heutige Herrenhaus ließ der Landrat und königliche Kammerherr Baron Oskar von Arnim (1813-1903) erst ab 1846 durch den Berliner Architekten Eduard Knoblauch im Stil der englischen Neugotik errichten. Nach Enteignung der Familie von Arnim-Kröchlendorff sollte das Schloss 1948 zunächst zugunsten einer vollständigen Neubebauung beseitigt werden, ging dann aber wohl aus wirtschaftlichen Überlegungen an die Sozialversicherungsanstalt des Landes Brandenburg, so dass der Bestand bis 1989 in sozialer Nutzung erhalten werden konnte. Von 1994 bis 1996 wurde das Schloss von seinem neuen Besitzer Outward Bound – DGEE e.V. unter Einsatz erheblicher Fördermittel aufwändig wiederhergestellt und durch ein separates modernes Wohngebäude für Seminarbesucher ergänzt.

Ein Barockgarten aus der Zeit um 1700 ist nach 1806 wohl aufgegeben worden, wobei sicher viele Altbäume erhalten blieben. Mit den Plänen zum Neubau des Schlosses fertigte

Kröchlendorff
Schlosskirche

Knoblauch 1845 einen Plan zur Wiederherstellung oder Neuanlage eines streng formalen Parks an. Da statt des Knoblauch-Plans unmittelbar mit Bau des Schlosses ein Landschaftspark angelegt wurde, ist ein Einfluss Lennés wahrscheinlich, der im nahen Boitzenburg einen ausgedehnten Park geschaffen hatte. Ein Lenné-Plan ist aber für Kröchlendorff weder überliefert noch indirekt belegbar. Die Parkanlage wurde danach nur noch in Details verändert, so im Bereich der Wege mit Errichtung der Schlosskirche ab 1861; Oskar von Arnims Enkel Detlev ließ das hohe Gittertor zum Dorfanger anlegen sowie Park und Anger mit neuen Baumarten anreichern. Nach der Bodenreform wurde der Park zwar erhalten, das Wegenetz aber stark verdichtet. Im

Park entstanden Spielflächen und ein Fußballplatz, vor dem Schloss ein quadratischer Springbrunnen. Alle Veränderungen aus dieser Zeit sind inzwischen zurückgebaut worden.

Nach Restaurierung von Schloss, Kirche und Park ist das Gesamtensemble heute wieder ein lohnendes Reiseziel. Vom Dorf kommend fällt zunächst die restaurierte neugotische Kirche im vorderen Bereich des Schlossparks auf, ab 1861 im Auftrag von Oskar und Malvine von Arnim nach Plänen des königlichen Hofbaurates Ferdinand von Arnim errichtet – ein Bau der späten, streng historistischen Neugotik. Von der Kirche kommend fällt der Blick auf mehrere große Koniferen südöstlich des Schlosses, die sich als Moderelikte der Wende zum 20. Jahrhundert erhalten haben. Das Rondell aus der Erbauungszeit des Hauses, wurde wiederhergestellt und mit Prunus-Hochstämmchen um ein zentrales Rosenbeet mit kleinwüchsigen Sorten bepflanzt. Auf der Gartenseite des Schlosses lädt die restaurierte Veranda von 1911 mit Sitzplätzen zum Verweilen ein. Über das ausgedehnte Rasenparterre nach Südwesten schweift der Blick entlang einer gelungenen Sichtachse durch den Waldbereich weiter in die Feldflur – eine Perspektive, die den überschaubaren Park in die Weite der offenen Landschaft hineinwachsen lässt. Das Wegenetz wurde inzwischen wieder auf wenige Rundwege reduziert, die dem historischen Bestand nahezukommen versuchen. Im nordwestlichen Bereich ist der Rosengarten als einziger intensiv gepflegter Gartenbereich neu

KRÖCHLENDORFF
Rekonstruierter Rosengarten mit Hainbuchenhecken

erstanden, wobei die alten Hainbuchen der Laubengänge erhalten und ergänzt worden sind. Direkt am Rosengarten, ist der schlichte, aber ästhetisch ansprechende Neubau des Wohnheims von Outward Bound entstanden. Die Zimmer öffnen sich mit kleinen Plattformen direkt in den Rosengarten. Südöstlich des zentralen Wiesenparterres wurde der dichte Altbaumbestand nur stellenweise ausgedünnt, so dass freundliche Waldlichtungen entstanden sind. Verschiedene Trainingsbereiche für Outdooraktivitäten – wie etwa eine große Seilkletterwand – sind einfühlsam in den Parkraum integriert worden. Gegenüber vom Schloss sind die beiden Flügel des Gutshofes erhalten und lassen einen optisch geschlossenen Gesamteindruck entstehen.

Kröchlendorff zählt aus seiner Geschichte heraus nicht zu den bedeutendsten Gutsparks der Mark. Die restaurierte Gesamtanlage lohnt aber in Zusammenhang mit dem interessanten wirtschaftlichen Nutzungskonzept auf jeden Fall einen Besuch. Der Träger unterhält an Wochenenden im Sommerhalbjahr auch ein kleines öffentliches Gastronomieangebot, mit dem die Besichtigung ausklingen kann.

Info

Anfahrt B 109 von Prenzlau oder Berlin bis Abzweig Kröchlendorff, dann über Beenz
Rad von Prenzlau
Schloss liegt im Park und bildet Mittelpunkt und Dominante des Dorfes

Grösse 10 ha

Eigentümer Outward Bound Deutsche Gesellschaft für Europäische Erziehung e.V., Nymphenburger Str. 42, 80335 München

Ansprechpartner Thorsten Lindner, Oskar-von-Arnim-Str.1, 17291 Nordwestuckermark, Fon 039 856 / 609 11

Literatur Knoblauch, P. (o.J.): Kröchlendorff. Schlösser und Gärten der Mark

Tipp

Das winzige Dorf lädt zu einem geschichtlichen Rundweg ein, der auf einem informativen Faltblatt erläutert ist.

31 CRIEWEN (UM), GUTSPARK

Als Sitz der Nationalparkverwaltung Unteres Odertal und des Deutsch-Polnischen Umweltbildungs- und Begegnungszentrums wird das restaurierte Schloss Criewen in Zukunft auch viele Besucher in den kleinen Lennépark führen. Sowohl als Rahmen für das historische Gesamtensemble wie auch als eigenständiges Gartendenkmal verdient er Beachtung.

Das Rittergut war von 1816 bis 1945 im Besitz der Familie von Arnim. Rittmeister Otto Franz von Arnim ließ kurz nach Erwerb das bestehende Herrenhaus klassizistisch überarbeiten und mit einem Landschaftspark umgeben. Zur Zeit der letzten neubarocken Veränderung des Hauses hatte Criewen bereits als Saatzuchtgut nationale Bedeutung erlangt. Nach dem Freitod der letzten Criewener Arnims am 12. Mai 1945 und der folgenden Bodenreform war die landwirtschaftliche Tradition Aus-

CRIEWEN
Lenné schuf einen Park mit Sicht in die freie Landschaft

Criewen
Mit Fachwerkkirche, auf ein altes Feldsteingemäuer gesetzt

gangspunkt eines Neuanfangs: Als Ausbildungsstätte für Landwirte und später als Landschulheim wurde das Gebäude kontinuierlich erhalten und 1968 gründlich restauriert. Seit einigen Jahren beherbergt es das Nationalparkzentrum Unteres Odertal und ist damit öffentlich zugänglich.

Otto Franz von Arnim war als Mitglied des „Vereins für die Beförderung des Gartenbaus" gartenkünstlerisch sehr engagiert. Bald nach Erwerb des Gutes beauftragte er daher Peter Joseph Lenné, anstelle einer älteren Gartenanlage in regelmäßiger Form einen 15 ha umfassenden Park neu zu gestalten. Durch Abriss und Neubau des Dorfes stand in unmittelbarer Umgebung des Herrenhauses der entsprechende Freiraum zur Verfügung, wobei die alte Dorfkirche mit einem Kern aus dem 13. Jahrhundert in die Parkanlage einbezogen werden konnte. Die Parkkonzeption Lennés ist trotz Ausbau des Hohenzollernkanals und kleineren Veränderungen im Wegenetz bis 1945 weitgehend erhalten geblieben. Auch danach konnte mit der landwirtschaftlichen Nutzung durch einen zentralen Staatsbetrieb zumindest die Grundstruktur der Anlage erhalten werden. Schon ab 1976 gab es Wiederherstellungsarbeiten im Sinne der Lenné'schen Planung. Seit 1990 wurden das Wegesystem weitgehend rekonstruiert, Brücken repariert und die zentralen Vegetationsflächen zum Teil neu angelegt. Mit der Nutzung durch das Nationalparkzentrum kann die Zukunft des Parks als gesichert angesehen werden.

Nach Freistellung der Sichtachsen ist der Park heute wieder im Spannungsfeld zwischen den Gebäuden und der offenen Landschaft erlebbar. Von der Westecke des Herrenhauses geht der Blick über den Teich zum sogenannten „Kleinen Schloss", vom corps de logis aus nach Nordwesten zum Gärtnerhaus. Hier wie in den übrigen Achsen öffnet sich die Sicht auch weiter in die freie Landschaft, so dass sich die recht überschaubare Anlage in die Weite hinein auszudehnen scheint.

Info

Anfahrt B 2 von Angermünde oder Schwedt bis Abzweig Criewen
Rad von Schwedt
Parkzugang unmittelbar von der Ortsmitte aus

Grösse 10 ha

Eigentümer Land Brandenburg vertreten durch den Nationalpark Unteres Odertal, Bootsweg 1, 16303 Schwedt

Literatur Volkmann, T. (1994): Criewen – Der Gutspark und seine Restaurierung. Brandenburgische Denkmalpflege 3,1, S.65-68
MLUR (2001): Nationalparkverwaltung zieht nach Criewen. Brandenburger Agrar- und Umweltjournal 12/2001 S.10

Tipp

Im umgebauten Schafstall des Gutes lädt das Besucherzentrum des Nationalparks dazu ein, sich ausführlich über die Natur und Nutzungsgeschichte des unteren Odertals zu informieren. In der ehemaligen Arnim'schen Schlossgärtnerei betreibt die Umweltwerkstatt Unteres Odertal e.V. einen ökologischen Schau- und Lehrgarten.

32 CHORIN (BAR), AUßENANLAGEN IM KLOSTERBEREICH

„Ruinen, wenn sie nicht bloß, als nähme man ein Inventarium auf, nach Pfeiler- und Fensterzahl beschrieben werden sollen, müssen zugleich ein Landschafts- oder auch ein Genrebild sein."
Fontane in den Wanderungen... Band II: Chorin

Chorin bietet heute keinen Park nach einem einheitlichen Entwurf. Dennoch stand die malerische Ruine schon früh im Blickpunkt des Landschaftsinteresses der Romantik. Die Spuren landschaftlicher Verschönerungsbestrebungen prägen den Raum bis heute, auch wenn der Lenné-Plan von 1832 in der Schublade verschwand.

CHORIN
Schinkel: eine bemerkenswerte „Construction mit gebrannten Stein"

Chorin
Innenhof, Blick von Süden auf Langhaus und Querschiff

Als eines der letzten Zisterzienserklöster in Deutschland wurde Chorin um 1270 nach Verlegung des Klosters Mariensee vom Pehlitzwerder errichtet. Zu dieser Zeit verfolgte der Orden, dessen Klöster strenge Autarkie anstrebten, vor allem das Ziel, neue Räume für die landwirtschaftliche Nutzung zu erschließen. Über die genaue Struktur der Freiräume um das Kloster bis zur Säkularisierung im Jahre 1542 ist wenig bekannt, zur Gestaltung der Gartenanlagen gibt es keinerlei Quellen. Neben einer sehr schlichten Gestaltung des Kreuzganghofes mit Rasen, Efeu und vielleicht Einzelbäumen werden vor allem Nutzanlagen vermutet. Nach Umwandlung in ein landesherrliches Domänenamt war die Umgebung des Klosters für mehr als drei Jahrhunderte bis 1861 ganz von landwirtschaftlicher Nutzung geprägt. Die Klostergebäude wurden als Scheunen und Ställe genutzt und verfielen zusehends.

Erst das aufkeimende historische Interesse löste Anfang des 19. Jahrhunderts staatliche Bestrebungen zur Bauerhaltung aus. Nach Abschluss dieser Reinigungs- und Sicherungsarbeiten erkannte der Domänenpächter Oberamtmann Meyer ganz im Geist seiner Zeit auch die landschaftliche Schönheit der Klosterumgebung und den Wert einer gärtnerischen Einbindung der Ruine. Er regte daher an, den Hofgartendirektor Lenné zur Planung einer landschaftlichen Parkanlage unter Einbeziehung der Ruine zu veranlassen. Heute gilt als sicher, dass dieser Entwurf weitgehend unverwirklicht blieb. Es kam allerdings zur Verlagerung der Chaussee sowie zu einer ersten landschaftsgärtnerischen Gestaltung der unmittelbaren Klosterumgebung. Auf Veranlassung Friedrich Wilhelms IV., der Chorin eine nationale Bedeutung zuerkannte, wurde die Domäne 1861 der staatlichen Forstverwaltung übertragen. Oberförster Dr. Max Kienitz legte ab 1861 nördlich des Klosters einen bedeutenden forstbo-

CHORIN
Ruine und Landschaft ergeben ein romantisches Bild

CHORIN
Der alte Friedhof – Ruhestätte bedeutender Persönlichkeiten

tanischen Garten an, der bis 1930 Bestand hatte. Eine erneute Umgestaltung der Klosterumgebung wurde in den dreißiger Jahren durch den Potsdamer Gartendirektor Georg Potente vorgenommen. Von beiden Anlagen haben sich nur wenige Einzelbäume erhalten. Die Denkmalpflege strebt heute eine landschaftliche Gestaltung ohne ausschließlichen Bezug auf eine Epoche an, will aber der Erhaltung bestehender historischer Details Vorrang einräumen. „Die Gestaltung der Anlage mit malerischem Erscheinungsbild wird eine Situation schaffen, die sich partiell durch Originalität im Detail auszeichnet, in ihrer Gesamtheit aber so nie bestanden hat" (Dreger 1996).

Der Baumbestand in Klosternähe ist nach wie vor ausgesprochen artenreich und umfasst neben den bekannten einheimischen auch interessante exotische Arten wie Weymouths Kiefer (Pinus strobus), Amerikanische Gleditschie (Gleditsia triacanthos), Kanadische Hemlockstanne (Tsuga canadensis) und Gingkobaum (Gingko biloba). Zwei Einzelindividuen, die mit Sicherheit auf den Kienitz-Garten zurückgehen, sind der zweistämmige Schnurbaum (Sophora spec.) am Südgiebel des Ostflügels und die Schwarznuß (Juglans nigra) am Torhaus vor dem Westflügel. Auf dem alten Friedhof ruhen neben dem Eberswalder Forstwissenschaftler Alfred Dengler (1874-1944) und Max Kienitz (1849-1931) auch der bekannte Reformarchitekt Max Taut. Neben einigen Winter-Linden (Tilia cordata) finden sich auf dem Friedhof noch eine alte Flatter-Ulme (Ulmus laevis) und eine Hängeform der Gemeinen Esche (Fraxinus excelsior).

Auch auf dem Weinberg gegenüber der Chaussee haben sich im Waldbestand viele interessante Arten aus der Zeit des Forstbotanischen Gartens erhalten, die hier ausgepflanzt worden sind, so unter anderem Japanische Eibe (Taxus cuspidata) und Riesen-Lebensbaum (Thuja plicata) zwischen Rot-Eiche (Quercus rubra), Trauben-Eiche (Quercus petraea) und Europäischer Lärche (Larix decidua).

Bis heute ist die landschaftliche Einbindung der Klosteranlage tragende Säule jenes romantischen Bildes, für das Chorin ähnlich wie Eldena und Heisterbach zu einem Topos geworden ist.

Info

Anfahrt B 2 von Eberswalde oder Angermünde
Bahn von Eberswalde oder Angermünde, Direktverbindung von Berlin
Park rund um die Klosterruine, im Ort nicht zu verfehlen

Grösse 4 ha

Eigentümer Land Brandenburg

Parkführer Endtmann, J. (o.J.): Kloster Chorin. Naturschutz im Land Brandenburg – Eberswalde und Umgebung. Faltblatt mit Bildern

Literatur Dreger, H.-J. (1996): Chorin – Die Außenanlagen des Klosters. Brandenburgische Denkmalpflege ... S.29-36

Tipp

Die Klosterruine ist gegen geringe Eintrittsgebühr zu besichtigen, in unmittelbarer Nähe wurde die alte Amtsschmiede zum rustikalen Gastronomiebetrieb umgestaltet. In jedem Jahr zieht der Choriner Musiksommer tausende Menschen an.

33 EBERSWALDE (BAR), FORSTBOTANISCHER GARTEN

„Fraget die Bäume, wie sie erzogen sein wollen, sie werden euch besser darüber belehren, als die Bücher es tun."
Friedrich Wilhelm Leopold Pfeil in seinen „Kritischen Blättern"

Als Gründung des bedeutenden Forstwissenschaftlers Pfeil im Jahr 1830 ist der Forstbotanische Garten in Eberswalde eine der ältesten und traditionsreichsten Anlagen seiner Art in Deutschland. Noch heute sind im Gartenbild verschiedene Epochen seiner Geschichte gut erkennbar.

Friedrich Wilhelm Leopold Pfeil (1783-1859), einer der Väter der modernen Forstwirtschaft, verlegte im Jahr 1830 die akademische Forstausbildung von Berlin nach Eberswalde. Die zügige Anlage eines forstlichen Lehrgartens übertrug er seinem wissenschaftlichen Mitarbeiter Julius Theodor Christian Ratzeburg (1801-1871). Ratzeburg ließ sich bei der Einrichtung des Gartens in botanischen und pflanzengeographischen Fragen

EBERSWALDE
Herbstliche Vielfalt der Flora

EBERSWALDE
Ostasienquartier

durch Alexander von Humboldt (1769-1859) beraten und fand in der gärtnerischen Praxis die Unterstützung des Hofgärtners Fintelmann. Die Anlage entstand im südlichen Bereich der Straße „Am Zainhammer" und ist bis heute als „Pfeils Garten" bekannt. Sie diente sowohl der Demonstration heimischer und fremdländischer Gehölzarten wie auch der Durchführung von Freilandversuchen zur Etablierung der modernen Forstwirtschaft, die sich damals ganz auf die Gemeine Kiefer (Pinus sylvestris) konzentrierte. Noch zu Lebzeiten Pfeils verlor diese Anlage aber wieder an Bedeutung, da 1861 in Chorin ein neuer Garten angelegt worden war. Der spätere Akademiedirektor Bernhard Danckelmann begründete ab 1868 auf der Nordseite der Straße einen neuen Garten in verschiedenen Abschnitten – diese Teilflächen waren die Keimzellen für den bis heute gezäunten Kernbereich von etwa 7 ha. Mit den Forschungen von Alfred Möller, dem Vater der naturnahen Waldwirtschaft, und dem international bekannten Waldbauwissenschaftler Alfred Dengler kamen in der ersten Hälfte des 20. Jahrhunderts weitere Versuchsflächen hinzu. Die heutige Gartenstruktur geht im wesentlichen zurück auf eine Umgestaltung von 1927 unter dem Botanikprofessor Noack. Nach den Schäden im 2. Weltkrieg wurde der Garten schrittweise wiederhergestellt und ab 1954 durch ein Kleinbestandsarboretum auf der Südseite der Straße im Bereich von „Pfeils Garten" ergänzt. Auf 20 ha hat man waldbaulich interessante Arten in kleinen Beständen angepflanzt, um ihr Wachstum unter forstlichen Bedingungen zu untersuchen. Der gezäunte engere Gartenbereich ist dann im Sinne eines Solitärarboretums mit Erholungsfunktion weiterentwickelt worden. Seit 1991 ist der Forstbotanische Garten zentrale Einrichtung der Fachhochschule Eberswalde und eigenständiger Teil des Lehrgebietes Forstbotanik und Phytopathologie im Fachbereich Forstwirtschaft. Der Lehrstuhlinhaber ist zugleich Direktor des Gartens. Damit haben sich auch die Entwicklungsziele leicht verändert: Gegenüber der teilweise sehr dichten Bepflanzung der vergangenen Jahrzehnte sollen nun die Gartenbilder wieder stärker unter ästhetischen Aspekten herausgearbeitet werden. Die Entwicklung der systematisch geordneten Bereiche orientiert sich stark an den Bedürfnissen der Lehre.

Die Lage des Kernparks auf einer grundwassernahen Talterrasse des Thorn-Eberswalder-Urstromtals am Nordrand des Barnimplateaus schafft beste Voraussetzungen für eine erstaunliche Fülle von Landschaftsbildern. Humose Standorte mit hohem Grundwasserstand wechseln mit trockeneren Sanden der höheren Terrassenlagen ab. So ist der höhergelegene eingangsnahe Bereich mit dem alten „Denkmalsgarten" rund um das ehemalige Pfeil-Denkmal als klassisches Arboretum gestaltet. Vom Eingang nach Nordwesten senkt sich das Gelände über eine Wiese mit wertvoller Kalkflora hin zu einem kleinen Teich mit benachbarter Staudenanlage und einem Eichenquartier im äußersten westlichen Bereich. Unweit des Teiches findet man ein kleines Gebäude in den Hang gebaut – ein wissenschaftliches Kuriosum, das der Erklärung bedarf: Es handelt sich um einen Wurzelkeller von 1938, der für botanische Versuche von unten den Zugang zu den Wurzeln gepflanzter Gehölze gestattet. Weiter nördlich, zum kleinen Fluss Schwärze hin, überrascht die künstliche Felsenlandschaft eines kleinen Alpinums. Der östliche Parkteil bezieht seinen Reiz vor allem aus dem engen Nebeneinander trockener und nasser Bereiche. Vom Denkmalsgarten aus nach Nordosten zieht sich ein Quellmoorbereich, der zur Schwärze hin an Breite gewinnt. Auf einem Steg, der das Quellmoor quert, ist vor allem im Sommer der weithin bekannte Wald aus Riesen-Schachtelhalmen (Equisetum telmateia) ein bleibendes Erlebnis. Der äußerste Osten zeigt dagegen von der Schwärze aus schnell ansteigendes Gelände, das mit Trockenbach, chinesischem Pavillon, Schmuckstauden und dekorativen Ziersträuchern bewußt kontrastreich gestaltete Ostasiatenquartier. Unmittelbar angrenzend entstand in den letzten Jahren nach aktuellen wissenschaftlichen Erkenntnissen auch ein Salicetum mit den Weidenformen Mitteleuropas. Weiter nach Süden ist um ein kleines Denkmal für Ratzeburg ein formal gestalteter Kräutergarten angelegt worden, der an den letzten Gartenteil erinnert, den der Universalgelehrte in seinen letzten Lebensjahren in der unmittelbaren Umgebung geschaffen hat. Deutlich von der Umgebung abgegrenzt, spricht dieser schön gestaltete Bereich Augen und Nase gleichermaßen an – ein meditativer Ort, der in Erinnerung bleibt. Im Südosten liegen im Bereich der teilweise erhaltenen Lärchen-Versuchsbestände

Alfred Denglers zwei systematische Pflanzungen. Das phylogenetische System wurde in den letzten Jahren den Bedürfnissen der Lehre angepasst. Das neue ökologische System mit seinen achteckigen holzgefassten Beeten zeigt dagegen als einzige Pflanzung weltweit die Arten in den ökologischen Gruppen nach Hofmann und Passarge, die für die forstliche Standorterkundung und -bewertung in Nordostdeutschland nach wie vor als zweckmäßig und aussagekräftig angesehen werden.

Brandenburg ist nicht das Land der traditionsreichen Universitäten. Folglich sind auch botanische Gärten in ihrer klassischen akademischen Erscheinungsform eine absolute Seltenheit. Als lebendiges Dokument der Wissenschaftsgeschichte und Anlage von hoher gestalterischer Qualität verdient der Garten sicher auch in der Öffentlichkeit Beachtung.

Info

Anfahrt A 11 Ausfahrt Eberswalde/Finowfurt, B 2 von Bernau oder Angermünde
Zugang über die Straße Am Zainhammer am Ortsausgang Richtung Spechthausen

Grösse 7 ha

Eigentümer Fachhochschule Eberswalde, Lehrgebiet Forstbotanik und Phytopathologie, Alfred-Möller-Str.1, 16225 Eberswalde

Ansprechpartner Prof. Dr. Harald Schill, Anschrift s.o.

Eberswalde
Der Kräutergarten lädt zum Verweilen ein

34 BAD FREIENWALDE (MOL), KURPARK

„Die Garten Verschönerungen beim Freyenwalder Gesundbrunnen sind so weit vorgerückt, dass nun zur Ausführung der Wasserrauscher bei der sogenannten Freiarche geschritten werden kann."
Peter Joseph Lenné am 15. Februar 1822 an die Königliche Regierung in Potsdam

Mit der Kurparkanlage in Bad Freienwalde hat sich ein bedeutendes Frühwerk Lennés in seinen Grundstrukturen erhalten. Mit der Restaurierung des Landhauses von Langhans ist auch der wichtigste point de vue wieder in strahlenden Farben erlebbar.

Die Geschichte Freienwaldes als Kurort beginnt mit der Entdeckung der Heilquelle vor dem Berliner Tor im Jahr 1684. Der Kurfürst begibt sich persönlich dorthin und veranlasst die Errichtung eines Jagdschlosses in der Nähe der Stadtkirche St. Nikolai. Damit ist Freienwalde der älteste Kurort Brandenburgs. König Friedrich I. ließ die Quelle einfassen und in unmittelbarer Nähe ein prachtvolles Lustschloss aus Holz errichten. 1790/91 wurde nach Plänen von Carl Gotthard Langhans in Hangrandlage das sogenannte Landhaus als Logier- und Badehaus errichtet. Im Kurbereich entstanden zahlreiche Gebäude, die heute größtenteils verschwunden sind. Schon im 19. Jahrhundert stand Freienwalde im Wettbewerb mit den mondänen Bädern europäischen Ranges und dem aufkommenden Ostseetourismus. Dem Rückgang der Besucherzahlen versuchte man immer wieder auch durch eine Aufwertung des Kurbezirkes entgegenzuwirken. Als anerkanntes Kurbad pflegte und entwickelte Bad Freienwalde die Anlagen nach 1945 weiter. Mit Eröffnung des Neubaus der Fachklinik im Jahr 1994 ist der Kurbetrieb für die Zukunft gesichert.

Die ersten Gartenanlagen des Freienwalder Gesundbrunnens sind wohl schon unmittelbar nach dessen Entdeckung entstanden. In der Folgezeit wurden sie immer wieder den Mode-

Bad Freienwalde
Das Landhaus, als Logier- und Badehaus 1790/91 errichtet

strömungen angepasst. Den barocken Alleen und Rasenplätzen folgten die Anlagen der Königin Friederike Luise im Stile des sentimentalen Landschaftsgartens. 1821 wurde Lenné mit einem Entwurf zur Neugestaltung und Erweiterung der Kuranlage beauftragt. Dabei konnte er das Gelände der ehemaligen Papenmühle mit dem Mühlenteich im südöstlichen Bereich in die Planung einbeziehen. Der Lennépark ist im wesentlichen bis heute erhalten. Veränderungen brachte die Neuerrichtung von Kurhaus und Kolonnadengang 1874/75, so etwa die gründerzeitliche Umgestaltung des Brunnenplatzes. Schon in den achtziger Jahren des vorigen Jahrhunderts erfolgten erste Wiederherstellungsarbeiten auf der Grundlage des erhaltenen Lennéplans. Eine umfassende Rekonstruktion ist geplant.

Der Kurpark ist heute optisch gefasst durch die Bauten des Landhauses, des alten Kurhauses sowie des Klinikneubaus. Von verschiedenen Stellen des Parks aus zeigt sich das Landhaus als gestalterische Dominante. Der achtachsige klassizistische Bau in schlichten Formen beeindruckt vor allem durch die Gestaltung seines Eingangsbereichs: das Portal ist gegenüber der Gebäudeflucht nach innen gezogen. Zwei flankierende toskanische Säulen tragen in Höhe des ersten Stockwerkes einen halbkreisförmigen Rundbogen, den ein Frontispiz mit ungeschmücktem Giebelfeld krönt – damit hat der Eingangsbereich Merkmale und Dimensionen eines Mittelrisalites erhalten. Unterhalb des Landhauses erstreckt sich das alte Gelände der Papenmühle nach Südosten. Lenné übernahm den alten Mühlenteich und gestaltete den Bereich mit offenen Wiesenflächen und einzelnen Gehölzgruppen, die mit großzügig geschwungenen Wegen erschlossen sind. Am Teichabfluss legte er eine Folge von kleinen Wasserfällen an, die er selbst als „Wasserrauscher" bezeichnet. Da der Park gärtnerisch gepflegt wird, sind viele Sichtbezüge nach wie vor gut erlebbar. Die artenreiche Gehölzsammlung ist allerdings jüngeren Ursprungs und knüpft nicht an die Lennézeit an. Im Park verdienen auch zwei Einzelkunstwerke Beachtung: Joseph von Kopf schuf 1862 die Figur „Der Winter"; der „Stier" von Louis Tuaillon ist dagegen ein Werk des beginnenden 20. Jahrhunderts und stand ursprünglich im Schlosspark Hirschfelde. Im Zusammenspiel mit den anderen Gartenbereichen Landhof, Kurpromenade, Brunnenplatz, Berghänge und Rosengarten erschließt sich dem Besucher ein kunsthistorisch wie gartenkünstlerisch bedeutendes Ensemble.

Info

Anfahrt B 167 von Eberswalde oder Seelow, B 158 von Berlin
Bahn von Eberswalde
Parkzugang über die Brunnenallee von der B 158 aus

Eigentümer Stadt Bad Freienwalde, Karl-Marx-Str. 1, 16259 Bad Freienwalde, Fon 033 44 / 41 20

Literatur Merk, F. (1996): Bad Freienwalde: Der Kurpark – Ein frühes Werk von Peter Joseph Lenné. Brandenburgische Denkmalpflege 5,2 S.49-53

Förderverein Förderverein Lenné-Kurpark Bad Freienwalde e.V., Karl-Marx-Str. 1, 16259 Bad Freienwalde

Tipp

Oderlandmuseum im historischen Freihaus von Uchtenhagen, Uchtenhagenstr. 2. Vor- und Frühgeschichte sowie Kultur des Oderlandes stehen im Mittelpunkt der informativen Sammlung.

35 AHRENSFELDE (BAR), OSTKIRCHHOF

In Ahrensfelde sollte der Zentralfriedhof für den Berliner Nordostraum entstehen. Der Waldfriedhofsgedanke wollte einen Ort des Friedens in und mit der Natur schaffen – damit steht die Anlage für die Abkehr von einer rein dekorativen und todesverbergenden Pflanzenverwendung auf Friedhöfen.

Schon seit Ende des 18. Jahrhunderts war in Preußen die Bestattung von Toten im Bereich der Städte nicht mehr gestattet. In der Folge entstand der Ring von Friedhöfen außerhalb der Stadtmauern. Viele Anlagen, wie etwa die Friedhöfe vor dem Halleschen Tor, haben sich bis heute erhalten. Der Anlage kommunaler Zentralfriedhöfe stand aber die weitgehende Autonomie der Kirchengemeinden entgegen. 1881 wurde ein erster kommunaler Zentralfriedhof in Friedrichsfelde angelegt, der aber für den Bedarf der schnell wachsenden Metropole schon bald nicht mehr ausreichend erschien. Die Berliner Stadtsynode entschloss sich daher zur Anlage von drei großen kirchlichen Zentralfriedhöfen außerhalb Berlins, wobei Ahrensfelde die östlichen Stadtbezirke abdecken sollte.

Die Gestaltungsideen für die Anlage lagen wohl in den Wettbewerbsentwürfen zum Stahnsdorfer Südwestfriedhof. Da der Bauherr keinen der Wettbewerbsentwürfe umsetzen wollte, beauftragte er den Garteninspektor Louis Meyer und den Architekten Gustav Werner mit der Umsetzung. Vermutlich waren beide auch bei der Gestaltung des Waldfriedhofs in Ahrensfelde federführend. Die Anlage ist in ihrer Grundstruktur erhalten, jedoch wurden Grabbereiche aufgeforstet und die Pflanzungen in den zentralen Bereichen vereinfacht.

Der Eingangsbereich ist über eine Lindenallee zu erreichen, die unpassenderweise den Namen Ulmenallee trägt. Direkt am Eingang ist ein Ensemble aus Verwaltungs- und Wohngebäude, Blumenhalle und Toilettenhäuschen erhalten. Im anschließenden Friedhofsraum wird die Lindenallee nach kurzer Unterbrechung durch die beiden Alleen entlang der

Ahrensfelde
Brunnen aus der Entstehungszeit bilden Blickpunkte

Hauptachse verlängert. Gestalterische Dominante ist die leicht erhöht stehende Kapelle von 1918, die sich an den Wettbewerbsentwurf des Architekten Korff für Stahnsdorf anlehnt. Als Bauwerk der Reformarchitektur zeigt der Bau zugunsten formaler Klarheit nur eine zurückhaltende Verwendung von Schmuckelementen. Wie das Äußere, so ist auch die Innenausstattung mit Elementen aus Historismus und Jugendstil aus der Erbauungszeit nahezu unverändert erhalten geblieben.

Die Hauptachse ist als abgesenktes Rasenparterre gestaltet. Es erhält seine Gliederung durch seitlich hereinragende Halbinseln, ursprünglich mit Taxus im Formschnitt, heute aber mit pflegeleichtem Strauch-Wacholder bepflanzt. An die Hauptalleen schließen beiderseits Rhododendrengruppen an, die nach außen in Waldbestände übergehen. Westlich und östlich der Hauptalleen liegen die eigentlichen Grabstellensektionen. Die verbindenden Hauptwege und die Sektionen sind im Osten mit Lindenhecken und im Westen mit Hainbuchenhecken eingefasst. Blickpunkte bilden jeweils Brunnen aus der Entstehungszeit. Der waldartige Eindruck sollte nicht darüber hinwegtäuschen, dass der Friedhof als gärtnerische Anlage konzipiert und gestaltet ist. Anders als in Stahnsdorf wurde die Anlage in Ahrensfelde auf vorher waldfreien Ackerflächen angelegt.

Aus kunsthistorischer wie gartenarchitektonischer Sicht bildet der Waldfriedhof Ahrensfelde ein wichtiges Beispiel für die Abkehr vom Historismus zu Beginn des 20. Jahrhunderts.

Info

Anfahrt A 10 Ausfahrt Berlin-Hohenschönhausen oder Blumberg, von Berlin auch B 158 stadtauswärts
S 7 bis Ahrensfelde
Zugang über die Lindenberger Straße/Ulmenallee

Grösse 25 ha

Eigentümer Evangelische Kirche in Berlin-Brandenburg, Georgenkirchstr. 69/70, 10249 Berlin (Friedrichshain)

Literatur Denkmaltopografie

36 BUCKOW (MOL), STADTPARK

„Das am Ufer stehende Angelhäuschen ist dadurch weltbekannt geworden, dass Chamisso in demselben seinen Peter Schlemihl geschrieben hat."
E. Fuhrmann 1926 in dem Chronikbändchen „Wanderungen durch die Märkische Schweiz in Wort und Bild"

Der heutige Kurpark von Buckow ist der historische Gutspark des Schlosses, das 1948 restlos beseitigt wurde. Aufgrund seiner interessanten Topografie, seiner Bedeutung für den Ort und seines historischen Bestandes verdient der Park nach seiner Wiederherstellung mehr Beachtung.

Schloss Buckow war von 1674 bis 1945 im Besitz der Familie von Flemming. Heyno Heinrich von Flemming ließ nach Errichtung der Schlossanlage um 1680 einen barocken Lustgarten anlegen, zu dem ein Garteninventarium von 1698 erhalten ist. Im Jahr 1802 beauftragte Christian Adolf Bogislav von Flemming den Architekten Karl Friedrich Schinkel mit dem Umbau des Schlosses. Der Schinkelentwurf forderte zwar eine parzielle Umwandlung des Barockparks zum Landschaftspark, wurde aber bis 1840 nur sehr zögerlich umgesetzt. Irgendwann in dieser Zeit wird auch das berühmte „Gotische Angelhäuschen" am Griepensee entstanden sein. Eine konsequente Umwandlung zum Landschaftspark erfolgte erst in der zweiten Hälfte des 19. Jahrhunderts unter Albert und Armgard von Flemming. 1945 wurde der linke Schlossflügel zerstört, bis 1948 war die Anlage vollständig abgebrochen. Auch das gotische Angelhäuschen fiel den Zerstörungen zum Opfer. Der Park wurde in der Hand der Gemeinde zum Stadtpark umgestaltet. Nach 1989 hat man sich auf die Tourismustraditionen besonnen und den Stadtpark im Sinne eines Kurparks unter Wahrung denkmalpflegerischer Belange überarbeitet.

Da mit dem Schloss der zentrale Bezugspunkt verlorengegangen ist, strebt die Wiederherstellungsplanung nicht in allen Details wieder den historischen Zustand an. Für die beiden

Eingangsbereiche zur Ortsmitte und zur Wriezener Straße einerseits und den überkommenen landschaftlichen Parkteil andererseits wurden getrennte Entwicklungsziele festgelegt und inzwischen weitgehend umgesetzt: In den Eingangsbereichen wird die Gestaltung der fünfziger Jahre beibehalten oder durch neue Elemente ergänzt, im landschaftlichen Parkteil die Wiederherstellung des Landschaftsgartens der Wende zum 20. Jahrhundert angestrebt.

Von der Stadtmitte aus erreicht der Besucher den Park über einen engen Weg mit erneuerter Lesesteinpflasterung, der direkt am Parkeingang den Stobber kreuzt. Im vorderen Parkteil fällt der Blick auf das Plateau des ehemaligen Schlosses, das hinter dem vorgelagerten Rondell bis heute Beete mit Rosen und Sommerblumen trägt. Nach Norden hin ist auf der Freifläche zum Schlossberg das historische Wegekreuz wiederhergestellt worden. Gegen den Schlossberg wird diese Fläche optisch begrenzt von der freigestellten Rückwand eines ehemaligen Gewächshauses, die bis heute als Kulisse einer Felsenbühne genutzt wird. Einige Parkarchitekturen sind in vereinfachter Form neu gebaut worden: Die kleine Brücke zur Liebesinsel, vormals eine Wurzelbrücke, ist jetzt ein schlichter Steg und an der Stelle des Angelhäuschens steht eine überdachte Plattform. Da der Park auch in der gegenwärtigen Gestalt intensiver Pflege bedarf und die Parkbeleuchtung bereits weitgehend Opfer von Vandalismus wurde, ist die Empfehlung der Landschaftsplanerin Silke Kirchhof zu unterstützen, die an der Stelle des ehemaligen Schlosses den Neubau eines Kurhauses empfiehlt.

Info

Anfahrt B 1 von Berlin oder Seelow bis Müncheberg, dann über Waldsieversdorf
Museumsbahn oder Rad von Müncheberg
Zugang unmittelbar von der Ortsmitte am Stobber entlang

Grösse 7,5 ha

Eigentümer Gemeinde Buckow vertreten durch das Amt Märkische Schweiz, Hauptstr.1, 15377 Buckow

Literatur Kirchhof, S. (1999): Buckow – Der Stadtpark. Brandenburgische Denkmalpflege 8,2, S.49-55

37 NEUHARDENBERG (MOL), SCHLOSSPARK

„Prittwitz a sauvé le Roi!"
Friedrich II. nach mündlicher Überlieferung

Mit dem Schlossensemble von Neuhardenberg erfuhren auch die Außenanlagen eine aufwändige Neugestaltung. Der weite Landschaftspark Lennés bildet einen freundlichen Kontrast zur klassizistischen Strenge des Baus und hält bis heute den progressiven Geist des Staatskanzlers Hardenberg in Erinnerung.

Neuhardenberg hieß zunächst Quilitz. Zersplitterung durch Erbteilungen und mehrfacher Besitzerwechsel prägten seit 1348 die Geschichte des Gutes – bis 1677, als die Kurfürstin Dorothea alle drei Teilgüter erworben hatte, um sie ihrem Sohn Albrecht Friedrich von Brandenburg-Sonneburg (1672-1731) übertragen zu können. Da dieser wenig später vom Soldatenkönig das Schloss Friedrichsfelde geschenkt bekam, errichtete erst sein Sohn Carl Albrecht ein kleines Amtshaus in Fachwerk. Nach dessen Tod fiel das Gut an die Krone zurück. So konnte Friedrich II. es 1759 seinem Lebensretter aus der Schlacht bei Kunersdorf, dem Rittmeister und späteren General Joachim Bernhard von Prittwitz (1726-1793), zum Geschenk machen. Entgegen der Darstellung Fontanes hat Prittwitz wohl erst zwischen 1780 und 1790 einen einstöckigen spätbarocken Dreiflügelbau errichten lassen. Unter Prittwitz' Sohn Friedrich Wilhelm kam es im Sommer 1801 zu einem verheerenden Brand, der den größten Teil der alten Dorfsubstanz vernichtete. Das Dorf wurde mit Schule, Pfarrhaus und Kirche nach einem Entwurf des jungen Schinkel vollständig neu geplant und gebaut. Die Lehren aus der Feuersbrunst, der Geist der Zeit und der Genius Schinkels haben hier ein Dorfensemble von großartiger stilistischer Einheitlichkeit entstehen lassen: Um einen Anger von wahrhaft gigantischen Dimensionen, der allein die Kirche aufnimmt, liegen in großen, gleichbleibenden Abständen die schlichten Zweiseitgehöfte. Prittwitz hat sich mit dieser Investition aber offenbar übernommen. Im Streit mit der

NEUHARDENBERG
Ein märkisches Kleinod – mit einem zukunftsfähigen Konzept

Gemeinde verkauft er Quilitz 1811 an die preußische Krone zurück und geht nach Oberschlesien. Noch einmal kann Quilitz damit zum königlichen Geschenk werden: Der Staatskanzler Karl August Freiherr von Hardenberg erhält das Gut für seine Verdienste um die preußischen Reformen mit Erhebung in den Fürstenstand im Jahr 1814 aus der Hand Friedrich Wilhelms III. Von nun an heißt das Gut „Neu-Hardenberg". Der Staatskanzler lässt ab 1820 den Altbau von Schinkel aufstocken und ergänzen. Abgesehen von späteren Vereinfachungen im Bereich der Dachtraufe hat sich das Bauwerk in dieser Form bis heute erhalten. Neuhardenberg bleibt fortan im Besitz der Familie Hardenberg. Da Carl-Hans Graf von Hardenberg zu den Vordenkern und Organisatoren des 20. Juli 1944 gehört, wird das Gut bereits im Dritten Reich beschlagnahmt. Nach 1945 dient das Schloss zunächst als Schule. Mit der Umbenennung in „Marxwalde" ent-

Neuhardenberg
Erinnerung an die preußischen Reformen, den Wiederstand im Dritten Reich und 40 Jahre Realsozialismus

steht 1956 auf dem Papier das erste sozialistische Musterdorf. Seit 1978 restauriert die Kulturakademie des Bezirkes das Schloss und macht es als Museum der Öffentlichkeit zugänglich – ein Ausdruck der gewandelten Geschichtsauffassung in der DDR seit Mitte der siebziger Jahre. Nach der Wende wird das Eigentum 1996 an die Familie von Hardenberg rückübertragen, die Schloss und Park an den Deutschen Sparkassen- und Giroverband verkauft. Nach aufwändiger Sanierung ist heute die „Stiftung Schloss Neuhardenberg GmbH", deren Alleingesellschafter der DSGV ist, Betreiber der Anlage. Schloss Neuhardenberg wird als Zentrum für Kunst und Kultur, Wissenschaft und Wirtschaftsethik genutzt. Zum Ensemble gehören ein komfortables Hotel sowie zwei Restaurants.

Eine erste barocke Parkanlage ist bereits unter Albrecht Friedrich von Brandenburg-Sonneburg angelegt worden – ohne

NEUHARDENBERG
Schloss, Kavaliershäuser, Brennerei mit Restaurant

lange Bestand zu haben. Friedrich Wilhelm von Prittwitz (1764-1843) hat die Reste dann im Stil eines Landschaftsgartens umgestaltet und erweitert. Es hat also bereits eine landschaftliche Anlage bestanden, als Lenné 1821 mit der Neugestaltung des Parks beauftragt wird. Es gilt als gesichert, dass auch der Schwiegersohn des Kanzlers, Hermann Fürst von Pückler-Muskau und in dessen Gefolge Humphrey Reptons Sohn John Edey am Diskussionsprozess über den Park intensiv teilnahmen. Die Parkgestaltung konnte allerdings erst nach dem Tod des Kanzlers von dessen Sohn Christian Heinrich August von Hardenberg-Reventlow (1775-1840) realisiert werden. Die Familie von Hardenberg blieb auch später der Gartenkunst sehr zugetan: So legte der Potsdamer Gartendirektor Georg Potente 1923 bis 1925 einen Rosengarten an der Ostseite des Schlosses an. Nach 1945 litt der Park zunächst unter erheblichen Pflegedefiziten. Schon 1976 wurden Wiederherstellungsmaßnahmen begonnen, die mit der Restaurierung des Gesamtensembles einen Höhepunkt erfahren haben.

Vor dem Schloss ist die historische Angerstruktur durch Neuanlage der doppelten Lindenallee wiederentstanden. Vom Obelisk vor dem Schloss ist die Gesamtanlage gut zu übersehen: Der cours d'honneur wurde nach einem Entwurf Lennés mit einem Rasenoval neuangelegt – zwei Kavaliershäuser bilden den Rahmen. Das westliche Kavaliershaus dient zusammen mit der anschließenden Remise als Hotel, wobei Neubauten das Ensemble ergänzen. Das östliche Kavaliershaus beherbergt jetzt die ständige Ausstellung „Schloss Neuhardenberg. Ein Ortstermin" und wird für Wechselausstellungen genutzt. Hieran anschließend in der Straßenflucht liegt die Brennerei mit einladendem Restaurant (Öffnungszeiten vorher erfragen). Den gartenseitigen Anschluss bildet die Orangerie mit dem gleichnamigen Gourmetrestaurant (für Veranstaltungen und Hotelgäste nach Vereinbarung), ergänzt durch einen modernen Saalbau für Veranstaltungen. Hinter diesem Gebäude liegt ein Kräuter- und Blumengarten, eine Reminiszenz an eine frühere Gärtnerei am gleichen Ort. Östlich am Schloss vorbei gelangt man in den weiten Park, der mit seiner zentralen Blickachse nach Süden unendliche Offenheit suggeriert. Im schlossnahen Bereich wei-

NEUHARDENBERG
Teich mit Marmordenkmal für Friedrich II.

tet sich der Graben zu zwei asymmetrischen Teichen, deren schmale Verbindung einer Brücke Raum gibt. Am Südufer des westlichen Teiches bildet das Marmordenkmal für Friedrich II. einen zentralen Blickpunkt. Joachim Bernhard von Prittwitz ließ das Werk 1790 als Dank an den König durch Joseph Martini von Lucca errichten. Mars, der die Züge Friedrichs II. nach einer Porträtvorlage von Johann Wilhelm Meil trägt, kniet an einer urnengekrönten Säule, Schwert, Schild und Helm neben sich am Boden haltend. Minerva steht aufrecht und würdevoll neben der Säule. Friedrich II. verkörpert für Prittwitz die Verbindung von Kriegstüchtigkeit und Weisheit – wobei der kriegserfahrene General sich und dem König gewünscht haben mag, dass nach den Siegen Preußens die Waffen zugunsten eines Triumphes von Wissenschaft, Kunst und Weisheit niedergelegt bleiben mögen. Vom Denkmal ausgehend eröffnet das wiederhergestellte Netz von Rundwegen viele überraschende Blickbezüge. Nach Südosten bleibt der Blick über die lange Wiesenfläche durch die geschickte Positionierung einzelner Gehölzinseln immer offen. Der Betrachter kann nicht oft genug zurückblicken: Schloss und Denkmal sind mit zunehmender Entfernung immer wieder als markante Blickpunkte herausgearbeitet. In Schlossnähe wurde inzwischen durch behutsame Nachpflanzung einzelner Bäume auch für die Zukunft vorgesorgt.

Wie kaum ein zweiter Landschaftspark der Region scheint diese Anlage zwischen lichtflutender Euphorie des Frühlings und spätherbstlicher Einsamkeit vor allem eines zu vermitteln: Freiheit. Mit der Wende zum 19. Jahrhundert noch wild entfesselt, harrt sie im Jahr 1821 nur noch still ihrer Bewahrung und Ausgestaltung. Vielleicht ist das der bis heute lebendige Geist von Neuhardenberg.

Info

Anfahrt B 167 von Seelow oder Bad Freienwalde
Rad von Trebnitz
Schloss mit Park direkt am Dorfanger, Zugang links vom Schloss

Eigentümer Deutscher Sparkassen- und Giroverband, Betreiber Stiftung Schloss Neuhardenberg GmbH
Information: Fon 030/889 290-0,
www.schlossneuhardenberg.de

Parkführer Deutscher Sparkassen- und Giroverband und Stiftung Schloss Neuhardenberg (2001): Schloss Neuhardenberg. 160 Seiten, zahlreiche Abbildungen

Literatur Hoffmann, R. (2001): Neuhardenberg: Der weite Garten. In: Hoffmann, R. (2001): Gärten, Parks und Grüngelüste. Berlin
Fischer, A.; Fischer, B.E. (Hrsg.) (1994): Preußens Herz im Oderland: Neuhardenberg – Eine Spurensuche. Berlin
Badstübner, E.; Karg, D. (1981): Schlösser und Gärten in der Mark Brandenburg (4) – Marxwalde. Landschaftsarchitektur 1/1981

Tipp

In der Altarrückwand der klassizistischen Dorfkirche von Schinkel ruht in einem Präparateglas als volkstümliche Fast-Reliquie das mumifizierte Herz des Staatskanzlers – und kann auf Nachfrage beim Pfarrer besichtigt werden. Unweit Neuhardenberg ist mit dem Vorwerk Bärwinkel auf einem sechseckigen Grundriss ein weiteres Frühwerk Schinkels in seiner Grundstruktur erhalten geblieben.

38 GUSOW (MOL), GUTSPARK

„Alles in Gusow ... erinnert an den alten Derfflinger: Schloss, Park, Kirche."
Fontane in den Wanderungen ... Band I: Gusow

Aus der bewegten Gartengeschichte von Gusow blieb ein ausgedehnter Waldpark erhalten, in dem bis heute verschiedene Epochen sichtbar geblieben sind. Mit der Beseitigung eines Sportplatzes im Gartenparterre konnte der schlossnahe Bereich wieder als Park erlebbar gemacht werden.

Ins Licht der großen Geschichte tritt der Ort Gusow mit Georg Friedrich Derfflinger (1606-1695), der im Dreißigjährigen Krieg in schwedischen Diensten Karriere gemacht hat. Kurz nach seiner Demission 1648 erwirbt er das hochverschuldete Gut der Familie seiner Frau Margaretha von Schapelow und widmet sich zunächst der Sanierung des Betriebes. Schon 1654 kehrt er in den Militärdienst zurück, steigt zum Brandenburgischen Generalfeldmarschall auf und begründet in der Schlacht bei Fehrbellin maßgeblich den Ruhm des Großen Kurfürsten. In den letzten Jahren seines Lebens wird die Gestaltung von Schloss und Park Gusow noch einmal zu einer Lebensaufgabe. Über das Schloss Derfflingers ist wenig bekannt, der überlieferte Neubau von 1750 geht erst auf Heinrich Karl von der Marwitz zurück. Eine glanzvolle Epoche beginnt für Gusow, als dessen Tochter Sophie Amalie Albertine den Grafen Otto Christoph von Podewils (1719-1781) heiratet, der als preußischer Gesandter und Kriegsminister über ein beachtliches Vermögen und umfangreiche Kenntnisse der Gartenkunst verfügt. Podewils widmet sich mit seiner Frau ganz der Neugestaltung von Schloss und Park – bis zu seinem Tod realisiert er fast alle gartenkünstlerischen Strömungen auf Gusow. Sein Sohn Friedrich Heinrich von Podewils (1747-1804) entwickelt in den Jahrzehnten danach das Gut zu einem landwirtschaftlichen Musterbetrieb. Die heutige neugotische Gestalt erhält das Schloss erst um 1870 unter der Familie von Schönburg-Glauchau, die nach Podewils' Tod über die Erbfolge in den Besitz Gusows gelangt

Gusow
Ausgedehnter Waldpark unter Einfluss verschiedener Epochen

ist. Landbaumeister Neubarth aus Wriezen lehnt sich beim Umbau wohl zum Teil an den Schinkelentwurf für Schloss Friedersdorf an, es entsteht ein trutziger Bau im Stil eines englischen Landsitzes, wobei die ursprüngliche Symmetrie der älteren Anlage beibehalten wird. Nach 1945 ist das Schloss zunächst in der Hand der Roten Armee, gelangt aber 1948 an die Gemeinde, die es mit vielen entstellenden Ein- und Umbauten für ihre Zwecke herrichtet und mehr oder weniger instandhält. Seit 1992 ist der Architekt Peter Engelhardt nach Ersteigerung auf einer Auktion neuer Eigentümer; er hat das Schloss zu einem Kulturzentrum mit Preußen- und Zinnfigurenmuseum, Pension und Gastronomiebetrieb ausgebaut.

Ob der Park, wie Fontane sagt, auf Derfflinger zurückgeht, ist bis heute umstritten. Während ein zeitgenössischer Plan keinen Park zeigt, wurde dieser vom Hofgärtner Elßholz bereits 1672 lobend erwähnt. Als Podewils 1747 den Park auf 23 ha vergrößerte, war offenbar schon ein älterer Barockgarten vorhanden. Unter der Familie von Podewils wurde die Anlage dann zunächst zu einem ausgedehnten holländischen Barockgarten ausgebaut. Durch eine Reisebeschreibung mit Plan Bernoullis von 1780 sind die Aktivitäten der Folgejahre gut dokumentiert. Podewils hatte Anspruch und Mittel, die gartenkünstlerischen Trends der Zeit aufzugreifen und in seinem Park jeweils gestalterisch umzusetzen. So entstanden nacheinander, ohne große Brüche, zum Teil auch nebeneinander und ineinander verwoben, auch ein französischer Garten und ein sentimentaler Rokokogarten. Podewils' Sohn ließ die großartige Parkanlage schon ab 1800 in einen Landschaftspark umgestalten. Dabei wurden einige Grundstrukturen übernommen, insbesondere das äußere Gewässersystem blieb vollständig erhalten, während die Symmetrie der Kanäle und Becken im Innenbereich aufgelöst wurde. Die landschaftliche Anlage ist durch eine Karte von 1800 gut dokumentiert und in ihrer Grundstruktur bis heute erhalten. Die späteren Aktivitäten des Berliner Tiergartendirektors Eduard Neide ab1870 betreffen wohl nur den Schlossvorplatz. Nach 1945 wird der Park durch den Einbau eines Sportplatzes und einer Freilichtbühne im schlossnahen Bereich entstellt, die letzten verbliebenen Parkausstattungselemente fallen Diebstahl und Vandalismus zum Opfer.

Gusows Reiz liegt trotz aller Wunden der Vergangenheit bis heute nicht zuletzt in der Wirkung des Gesamtensembles. Nach der Außensanierung des Schlosses erstrahlt der Bau heute wieder als Blickpunkt in der großzügigen Auffahrt. Zur Linken ist ein Pumpenhaus in Pavillonbauweise mit geschwungenem Dach und Holzsäulenumgang aus der ersten Hälfte des 19. Jahrhunderts erhalten. Links am Schloss vorbei führt der Weg in den Park, dessen Wiesenparterre inzwischen vom Fußballplatz befreit werden konnte. Nördlich des Schlosses ist in schlechtem Zustand eine als Serliana ausgebildete Orangerie von 1880 erhalten. Nordwestlich liegt der Schlossteich, die Form des barocken Querkanals ist noch deutlich erkennbar. Beim Umbau in einen Landschaftspark wurde die ursprünglich rechteckige bassinartige Struktur über die gesamte Breite des Parterres abgerundet und durch einen dritten Arm in die Tiefe des Parks hinein ausgeweitet. Am östlichen Hauptweg findet sich – errichtet aus unscheinbarem Tuffsteinmauerwerk – die Ruine einer Grotte mit Wasserfall als weiteres bauliches Relikt des Podewils'schen Barockgartens. In einer Koniferenpflanzung befindet sich ein Findling aus schwedischem Granit, der 1906 zum Derfflinger-Gedenkstein gestaltet und 1991 restauriert wurde.

Die weitere Instandsetzung und Erhaltung von Schloss und Park Gusow sind eine große Herausforderung, der sich die neuen Eigentümer engagiert angenommen haben. Der Schlosspark mit seinen erkennbaren Barockstrukturen in einer landschaftlichen Gesamtanlage verdient dabei auch in der Öffentlichkeit sicher eine stärkere Beachtung.

Info

ANFAHRT B 167 von Seelow oder Bad Freienwalde
Bahn von Berlin, Direktverbindung ab Lichtenberg, RB 26 Küstrin
Schloss im Ort ausgeschildert, Parkzugang links am Schloss vorbei über die Schlossinsel

GRÖSSE 22 ha

EIGENTÜMER Schloss Gusow GbR, Schlossstr. 7, 15306 Gusow, Fon 033 46 / 87 25

LITERATUR Hübinger, P.; Jacobs, J.G. (1998): Gusow – Der Schlossgarten. Brandenburgische Denkmalpflege 7, 2, 39-52
Eggers, B. (o.J.): Gusow. Schlösser und Gärten der Mark

Tipp

Die Schlosskirche von Gusow liegt nicht am Schloss, sondern im Dorf. Schlossbesitzer und Pfarrer engagieren sich in einem Förderverein dafür, die Ruine wiederaufzubauen. In Friedersdorf ist trotz großer Geschichte von Park und Schloss kaum etwas geblieben – stattdessen bietet der Kunstspeicher an der B167 ein attraktives Kulturprogramm.

WEITERE SEHENSWERTE PARKS IN DER REGION

Altranft (MOL), Schlosspark im Freilichtmuseum

Das Schloss mit dem 3,5 ha großen Park bildet heute das Zentrum des Freilichtmuseums Altranft. Die Familie von Bomsdorf unterhielt bereits 1726 einen Lustgarten am Herrenhaus. In der ersten Hälfte des 19. Jahrhunderts kam es zur Neugestaltung als Landschaftspark, vermutlich durch Lenné. Drei Sichtachsen sind wieder erkennbar: Vom Schloss auf den Ort Altranft, auf eine alte Linde an der Schlossmauer und schließlich die beeindruckende Fernsicht ins weite Odertal nach Osten, die glücklicherweise unverbaut geblieben ist.

Arendsee (UM), Gutspark

Von Westen kommend zweigt hinter dem Ortseingang ein Weg ab, der durch die Reste eines Parks zur Gartenseite des entstellten Herrenhauses führt. Der Bau wurde in den Formen der Babelsberger Neugotik von Stüler bis 1842 für die Familie von Schlippenbach errichtet, die fast 300 Jahre hier ansässig war. Direkt unterhalb des Hauses quert der Weg auf einer Backsteinbrücke den alten Schlossteich, von dessen Ufer noch die einstige Schönheit dieser Anlage zu erahnen ist.

Bad Freienwalde (MOL), Schlosspark

Der heutige Schlosspark geht zurück auf einen romantisch-sentimentalen Landschaftspark, den Königin Friederike Luise nach 1792 vor den Toren der Stadt anlegen ließ. Neben Parkgebäuden aus vergänglichen Materialien wurde um 1795 auch ein größerer Pavillon aus verputztem Fachwerk mit Säulenumgang errichtet, der bis heute als Teehaus erhalten ist. Unmittelbar daneben erbaute David Gilly im Auftrag von Friedrich Wilhelm III. ein kleines Sommerpalais für die inzwischen verwitwete Friederike Luise. Das schlichte zweigeschossige Bauwerk in frühklassizistischen Bauformen wurde 1909 von Walther Rathenau erworben und mit einer reich gegliederten Fassade versehen, die bis heute durch den Säulenaltan mit Balkon und Halbrundfenster gekennzeichnet ist. Eine Neugestaltung des Parks erfolgte 1822 nach Vorschlägen von Lenné. Die ursprüngliche Kleinteiligkeit wurde aufgehoben, die Anlage nach 1840 unter Friedrich Wilhelm IV. um das Terrain südlich des Schlosses erweitert. Einige Sichtbeziehungen im Park und nach außen sind leider verlorengegangen, das symmetrische Parterre vor dem Schloss von 1870 ist erhalten. Das Schloss beherbergt seit 1991 die Gedenkausstellung „Walther Rathenau und Schloß Freienwalde" sowie ein Schlosscafé mit Terrassenplätzen.

Bernau (BAR), Wallanlagen

Eine mächtige Befestigungsanlage mit dreifachem Wall- und Grabensystem um das Städtchen Bernau ist schon im 15. Jahrhundert dokumentiert. Im Zuge des Rückbaus der Verteidigungsanlagen wurden Anfang des 19. Jahrhunderts die Promenaden auf den Stadtwällen angelegt und ab 1848 bepflanzt. Die weitgehend erhaltene Stadtmauer ist daher heute im westlichen Halbkreis von einer zusammenhängenden Grünanlage zwischen Promenadenwegen und Wassergräben umgeben. Der schöne alte Baumbestand umfasst vor allem Sommer-Linden, Rosskastanien, Rot-Buchen, Robinien, Eschen und Berg-Ulmen.

Buchenhain (UM), Gutspark Arnimshain

Das Landhaus Arnimshain wurde 1921 von der Boitzenburger Linie der Familie von Arnim gebaut. Schon damals existierte die schöne Sichtachse von der Terrasse durch den Waldpark hangabwärts, die heute auf einen kleinen Teich mit Fontäne gerichtet ist.

BUCHENHAIN
Sichtachse von der Terrasse

Joachim Dedo von Arnim, Nachfahre des letzten Eigentümers vor 1945, hat das Landhaus ausgebaut und zu einer individuell gestalteten Hotelanlage ergänzt. Mit dem Hotel kehrt in den Ort, der seit 1945 Buchenhain heißt, sowohl die Arnim'sche Tradition als auch der Name Arnimshain zurück. In der gastronomisch dünn versorgten Uckermark ist es für jeden Gartenbegeisterten ein schönes Erlebnis, auf der ruhigen Terrasse vor dem Landhaus Kaffee und Kuchen mit ambitioniertem Service zu genießen, ohne dabei auf Plastikstapelstühlen sitzen zu müssen.

Diedersdorf (MOL), Gutspark

Über den kleinen Park, der sich hinter dem vorbildlich sanierten Herrenhaus versteckt, ist nur wenig bekannt. Die imposanten Altbäume auf der Wiese südwestlich des Schlösschens lassen auf eine Gestaltung aus der Mitte des 19. Jahrhunderts schließen. Im Zuge der Restaurierung des Hauses wurde auf der Dorfseite ein vorhandenes Schmuckrondell wiederhergestellt.

Felchow (UM), Gutspark

Der Landrat Carl Detlev von Winterfeld kaufte 1840 Schloss und Gut Felchow von den weiblichen Nachfahren der Familie von Stotz, die hier von 1469 bis 1787 die Gutsherrschaft innehatte. Auf Winterfeld geht auch der Neubau des bis heute erhaltenen Schlosses durch August Stüler zurück. Der Baumbestand des ehemaligen Landschaftsparks östlich des Schlosses blieb in Teilen erhalten. Vorgartengestaltung, Pergola und Figurenschmuck sind verlorengegangen.

Garzau (MOL), Gutspark

Der unscheinbare Waldpark sollte nicht darüber hinwegtäuschen, dass sich hier gegen Ende des 18. Jahrhunderts einer der bedeutendsten Landschaftsparks der Region befand. Nachdem Friedrich Wilhelm Carl Graf von Schmettau (1743-1806) Gut und Schloss 1779 erworben hatte, begann er bald, einen ausgedehnten englischen Garten mit Seenlandschaft, Brücken, Chinoiserien, Weinberg mit Pyramide sowie einer Urneninsel nach dem Vorbild von Ermenonville anzulegen. Schon 1802 musste Schmettau das Gut aber aus wirtschaftlichen Gründen verkaufen, die Gartenarchitektur ist schnell verfallen. Die Urne hat noch Schmettau selbst in den Park des Köpenicker Schlosses mitgenommen, das er von 1804 bis 1806 bewohnte. Das säulenflankierte Pyramidenportal mit Kranzaufsatz wurde 1815 der Strausberger Marienkirche angefügt, die Pyramide selbst ist als Ruine im Park erhalten. Das Herrenhaus wurde seit der Zeit Schmettaus zweimal neugebaut, zuletzt entstand nach einem Brand im Jahr 1910 der bis heute erhaltene überdimensionierte Bau in neoklassizistischen Stilformen.

Görlsdorf (UM), Schlosspark

Friedrich Wilhelm von Redern (1801-1881), Jurist und später Kammerherr am Königshof, schließlich Generalintendant des Königlichen Theaters und der Hofmusik, regte Lenné zu einem Verschönerungsplan für den Park von Görlsdorf an. Der erhaltene Plan geht auf das Jahr 1829 zurück und wurde ab 1830 offenbar in mehreren Etappen umgesetzt. König Friedrich Wilhelm IV. war von dem Park so angetan, dass er den Maler Carl Graeb mit der Herstellung von Aquarellen ausgewählter Gartenmotive beauftragte. Leider ist die daraufhin entstandene Sammlung verschollen. Nachdem das Schloss 1945 abgebrannt war, verwilderte der Park zunehmend, bis 1992 erste Sanierungsmaßnahmen begonnen werden konnten. Bis heute haben sich neben dem Wildwärterhaus Reste des Schlossgebäudes sowie Fundamente des Mausoleums erhalten. Neben schönen alten Solitärbäumen machen die großräumigen seggen- und binsenreichen Feuchtwiesen den Park auch unter Naturschutzaspekten interessant.

Groß Schönebeck (BAR), Gutspark

In der dünn besiedelten Schorfheide wurde das Schlösschen Groß Schönebeck nicht als adliger Landsitz, sondern als kurfürstliches Jagdschloss angelegt. Die landschaftliche Gestaltung der Umgebung des Jagdschlosses geht auf die erste Hälfte des 19. Jahrhunderts zurück.

Hirschfelde (BAR), Gutspark

Ursprünglich Eigentum des Klosters Zinna, war Hirschfelde von 1450 an über 200 Jahre im Besitz der Familie von Krummensee. Nach mehrfachem Besitzerwechsel kam das Gut 1904 an den Industriellen und Kunstsammler Eduard Arnold. Der erhaltene Park geht in seinen wesentlichen Strukturen auf die Gestaltung

Arnolds zurück. Wohl nicht zuletzt unter dem Einfluss Max Liebermanns gestaltete Arnold den Park als Freilichtmuseum für Plastiken und Skulpturen zeitgenössischer Künstler. Die Kunstwerke sind verschollen oder an andere Orte verbracht – so findet sich etwa der ungarische Stier von Louis Tuaillon heute im Kurpark von Bad Freienwalde.

Hohenlandin (UM), Gutspark

Im Vertrag von Landin tritt Herzog Barnim I. von Pommern die Uckermark 1250 an den Markgrafen von Brandenburg ab. Vor den Ruinen von Schloss Hohenlandin ahnt der Wanderer kaum, der Wiege der brandenburgischen Uckermark so nah zu sein. Den in seinen Außenmauern erhaltenen Bau ließ Wilhelm Georg von Warburg ab 1861 durch den Wriezener Landbaumeister Ferdinand Neubart im sogenannten normannischen Stil errichten. Der Vater des Auftraggebers, General Ernst Christoph Friedrich Wilhelm Freiherr von Warburg, hatte 1822 Lenné veranlasst, einen Plan zur Umgestaltung des Parks zu entwerfen. Nach heutigen Erkenntnissen wurde der Lennépark ab 1826 fast vollständig realisiert und blieb in den Händen der Familie Müller bis 1945 weitgehend erhalten. Später wurde er leider durch die Bodenreform zum Teil parzelliert und aufgesiedelt. Der Kernbereich mit schönen Altbäumen hat sich aber bis heute erhalten. Ob es dem engagierten Förderverein gelingen wird, auch wieder die Voraussetzungen für eine größere zusammenhängende Parkstruktur zu schaffen, ist nach wie vor unklar.

Ihlow (MOL), Gutspark

Ihlow war von Ende des 18. Jahrunderts bis 1945 im Besitz der Familie von Bredow. Westlich des Herrenhauses von 1760 erstreckt sich auf ansteigendem Gelände heute ein waldartiger Park, der auf die Entstehungszeit des Hauses zurückgeht. Direkt am Haus ist ein kleiner Teich erhalten, auf dem Hügel steht eine tief verzweigte Linde – von hier aus kann der Blick weiter nach Südwesten wandern. Das Erbbegräbnis wurde inzwischen restauriert.

Jahnsfelde (MOL), Gutspark

Schloss und Park Jahnsfelde, für Jahrhunderte Sitz der Familie von Pfuel, sind in der Vergangenheit immer wieder umgestaltet worden. Das bürgerlich wirkende Herrenhaus mit seinen Treppengiebelansichten geht auf das 17. Jahrhundert zurück. Sowohl um 1800 wie auch nach 1871 ist es stark verändert worden. Der Park wird heute leider von der Hauptstraße durchschnitten. Der schlossnahe Teil mit seinem alten Baumbestand hat ein neues Wegenetz erhalten. Ins Auge fallen eine alte Winter-Linde südöstlich des Herrenhauses und weiter südwestlich ein großer Lebensbaum. Eine Eibengruppe im westlichen Parkbereich wurde inzwischen durch Jungbäume behutsam ergänzt.

Kunersdorf (MOL), Grabanlage und Schlosspark

Nicht viel ist geblieben vom Musenhof der Henriette Charlotte von Itzenplitz (1772-1848), wo sich die großen Geister der Zeit die Hand gaben: Neben Friedrich Nicolai, Friedrich Karl von Savigny und Albrecht Thaer war es vor allem Adalbert von Chamisso, der die Gastfreundschaft für einen Sommer annahm, um seinen „Peter Schlemihl" fertigzustellen. Die Bildhauer Rauch, Schadow und Tieck waren nicht nur Gäste, sondern schufen mit dem Erbbegräbnis der Familie von Lestwitz-Itzenplitz auch ein Zeitdenkmal, das bis heute überdauert hat: In den Nischen einer Kolonnade mit dorischen Säulen unter geradem Gebälk finden sich neun Grabmäler – von rechts beginnend zunächst zwei Urnen mit Bildmedaillons von Johann Gottfried Schadow (1790), dann das Grabmal für Henriette Charlotte von Friedland, eine Säulentrommel mit Urne von Heinrich Keller (1803), eine Reliefstele mit Bildmedaillon von Christian Daniel Rauch sowie vom gleichen Künstler das Grabmahl der Henriette Charlotte von Itzenplitz (beide vor 1850), eine Stele mit Sitzfigur der Verstorbenen. Es folgen eine Stele mit Bildmedaillon und Relief von Christian Friedrich Tieck nach Entwurf von Karl Friedrich Schinkel von 1848 und zwei Grabmäler mit Kreuzen unbekannter Künstler sowie abschließend eine Stele mit Bildmedaillon von Hugo Hagen. Während das Schloss 1945 zerstört wurde, blieb der Park erhalten und ist von der Gemeinde ansprechend wiederhergestellt worden.

Lanke (BAR), Gutspark

Der ausgedehnte Park südöstlich des Herrenhauses im Neurenaissancestil ist in seiner Grundstruktur erhalten. Den Lennéplan von 1827 gab Friedrich Wilhelm Graf Redern (1802-1883) in Auftrag, Kammerherr und Intendant der königlichen Bühnen von Berlin, gleichermaßen Zentralfigur des Geisteslebens seiner Zeit wie Gutsherr mit weitreichenden Besitztümern. Allerdings ist der Plan nur teilweise oder möglicherweise gar nicht umgesetzt worden. Da der Park niemals vollständig zum Landschaftsgarten umgestaltet wurde, sind formale Gestaltungselemente bis heute sichtbar. Vor allem die interessante Topografie macht in ihrer gartenarchitektonischen Ausformung einen Besuch lohnend: Das Schloss, vom Barnimplateau aus tief eingesenkt in die glaziale Rinne des Hellsees, liegt seinerseits auf einem kleinen Zwischenplateau noch erheblich über dem See. Die ursprünglichen Sichtbezüge über eine Freifläche zum Hellsee sind durch die fortschreitende Waldsukzession verlorengegangen.

Lietzen (MOL), Außenanlagen der Komturei

Eine gründliche Instandsetzung prägt den Gesamteindruck der Komturei Lietzen, die von 1244 bis 1312 den wichtigsten Stützpunkt des Templerordens in der Region bildete. Innerhalb der restaurierten Mauer wurde eine große Obstwiese neu angelegt, gequert von einer jungen Rosskastanienallee. An der barock überformten Kirche mit ältesten Teilen von 1240 steht inmitten zeitgemäßer gärtnerischer Bepflanzung eine alte Robinie. Neben dem äußerlich schmucklosen Gutshaus aus der Renaissancezeit ist ein gotischer Speicher aus dem 14. Jahrhundert erhalten geblieben und zu besichtigen.

Prötzel (MOL), Schlosspark

Allein die großartige Hanglage über dem See lässt heute noch erahnen, dass der Gartenanlage unterhalb des Schlosses einst europäische Bedeutung zukam. Andreas Schlüter und sein Schüler Martin Böhme hatten von 1712 bis 1730 für den Oberhofmeister Friedrichs I., Paul Anton von Kamecke (1674-1717), ein dreiflügeliges Barockschloss von beachtlichen Dimensionen errichtet. Die Gunst der Lage nutzend, ließ Kamecke auch einen Garten anlegen, der den Hang zum See hinunter in eine Kaskadenlandschaft mit Uferterrassen und Fontänen verwandelte. Die euphorischen Stimmen zeitgenössischer Besucher sind überliefert – nicht verbürgt ist allerdings die immer wieder zitierte Behauptung, die Anlage habe den Gärten der Petersburger Eremitage als Vorbild gedient. Heute bietet sich ein beklemmender Anblick: Das Hauptgebäude in der Überarbeitung von Stüler 1859 ist erhalten, aber in beklagenswertem Zustand. In den Seitenbereichen des Parks finden wir eine Waldsukzession, letzte Relikte der Gartenkultur im Verfall. Betroffenheit wird beim gartenhistorisch interessierten Besucher vor allem das abgeräumte Parterre hinterlassen, dass noch immer die Spuren jahrzehntelanger Freizeitnutzung als Sportanlage trägt.

Reichenberg (MOL), Gutspark

In Reichenberg überrascht eine zwar verfallende, aber noch in allen Details erhaltene Gutsanlage mit Herrenhaus aus dem 18. Jahrhundert. Hinter dem Herrenhaus erstreckt sich nach Südwesten abwärts ein verwilderter Landschaftspark mit schönen Altbäumen, in dem immerhin eine zentrale Sichtachse erhalten geblieben ist.

Reichenow (MOL), Schlosspark

Gleich einer historisierenden Märchenillustration thront der imposante neugotische Baukörper des Schlosses hoch über dem Langen See. Bauherr war August Friedrich von Eckardstein (1828-1900), der das Schloss bis 1900 für seinen Sohn Julius errichten ließ. Vom Schloss aus abwärts erstreckt sich ein ausgedehnter Waldpark aus den Jahren 1900 bis 1904, heute mit viel Robiniensukzession – nur der Bereich von der Schlossterrasse abwärts wird als Sichtachse nach Osten offengehalten. Die Blicke vom Schloss hinab auf den See und umgekehrt sind schon für sich einen Besuch wert. Nach Lage und Baustil des Hauses ist es nur folgerichtig, dass hier heute ein freundliches Hotel der gehobenen Klasse zu einer Tasse Kaffee und einem Wellness-Wochenende einlädt.

Foto nächste Seite

Reichenow
Der Weg führt vom See zum neugotischen Schloss

Schönwalde (BAR), Park Dammsmühle

Bis heute ist Dammsmühle für Berlin ein legendärer Ort. Erster Bauherr eines Schlosses war der Lederfabrikant Peter Friedrich Damm, ein früher bürgerlicher Aufsteiger, der als Zulieferer für die Armee Friedrichs II. ein gewaltiges Vermögen anhäufte. Schon damals erwarb Dammsmühle den Ruf eines malerischen Ausflugsziels für adlige Herrschaften, mit deren Gegenwart sich der Schlossherr nur allzu gern schmückte. Nach mehrmaligem Besitzerwechsel gelangte das Anwesen schließlich in die Hände des vermögenden Adolf Friedrich Wollank, der

Schloss und Park als spektakuläre Kulisse rauschender Feste in Szene setzte. Das dritte Reich überdauerte das Anwesen als nationalsozialistisches Erholungsheim. Später war Dammsmühle zunächst Gästehaus des Ministeriums für Staatssicherheit der DDR und erlebte nach der Wende von 1989 nochmals einige Jahre beschaulicher Hotelnutzung, bevor es wieder in einen seltsamen Dornröschenschlaf zurückfiel und jetzt seit Jahren leersteht. Längst verschwunden ist die berühmte schwimmende Tanzinsel im Stil einer pakistanischen Moschee aus der Wollankzeit, vom ehemaligen Park hat nur noch die naturnah wachsende Ufervegetation des Mühlensees ihren Reiz.

Trebnitz (MOL), Gutspark

Seit 1695 war Charlotte von Ziethen geb. von Derfflinger – die jüngste Tochter des berühmten Generals – Besitzerin von Schloss und Gut Trebnitz. Ihr Sohn, Georg Friedrich von Ziethen, ließ 1760 nach Beratung durch den Botaniker Johann Gottlieb Gleditsch (1714-1786) einen ausgedehnten Schlosspark mit vielen fremdländischen Baumarten anlegen. 1737 ist in Leipzig ein umfangreicher wissenschaftlicher „Catalogus plantarum" über den Park erschienen. Leider hat die bedeutende Anlage den Tod Ziethens kaum überdauert. Schon 1769 spricht Gleditsch selbst von einem „ehemals berühmt gewesenen botanischen Garten". Eine Wiederherstellung und sicher weitgehende Neugestaltung erfolgte wohl unter Carl Otto Magnus von Brünneck (1786-1866) in der ersten Hälfte des 19. Jahrhunderts. Die in der Literatur erwähnte Überarbeitung der Anlage durch Lenné und Neide konnte zwar bisher nicht belegt werden, doch zählte Trebnitz vor dem ersten Weltkrieg zu den bedeutenden Parkanlagen der Mark. Noch heute vermag die Anlage, die inzwischen wieder mit einem durchgehenden Rundweg erschlossen ist, trotz einiger Pflegedefizite durch eine großzügige gestalterische Qualität zu überzeugen. Auf dem Rundgang findet der Besucher nahe der eingestürzten und überwachsenen Familiengruft im südöstlichen Parkbereich den Grabstein Magnus von Brünnecks, der aufgrund seines liberalen politischen Engagements als einziger Gutsbesitzer des Bezirkes 1848 in die Nationalversammlung gewählt worden war.

WARBENDE
Park mit dendrologischen Raritäten

Warbende (UM), Gutspark

Nach mehrfachem Besitzerwechsel seit 1375 gelangte Warbende 1834 in den Besitz von August Alexander Springefeld, der einen Park im landschaftlichen Stil anlegen ließ. Das Gutshaus, offenbar ein Bau des zwanzigsten Jahrhunderts, wurde nach 1945 beseitigt, der Park ist mit örtlichem Engagement erhalten und gepflegt worden. Im Eingangsbereich markieren 18 Eiben in Säulenschnitt das ellipsenförmige Rondell vor dem ehemaligen Schloss. Durch den Park führt ein Rundweg, der verschiedene dendrologische Kostbarkeiten erschließt, so etwa eine oft beschriebe Gurkenmagnolie (Magnolia acuminata) seltener Größe, ein ebenfalls sehr großer Tulpenbaum (Liriodendron tulipifera) und als wohl auffälligster Einzelbaum eine schlitzblättrige Buche (Fagus sylvatica ‚Asplenifolia') neben einer Gelben Pavie (Aesculus flava) und einer Rotblühenden Rosskastanie (Aesculus x carnea).

FRANKFURT (ODER)/DAHME SEENGEBIET/ ODER-SPREE SEENGEBIET/SPREEWALD

16
HAVELLAND
BRANDENBURG an der Havel
8
9
BERLIN
15
POTSDAM
1-5
Klein-machnow
Werder (Havel)
7
Teltow
Selchow
Zeut
10
6
Ludwigs-felde
Königs Wusterhausen
11
Schl
Schöneiche
DAH
BELZIG
FLÄMING
LUCKENWALDE
12-13
Baruth
Jüterbog
Kasel
50
49
HERZBERG (Elster)
ELBE-ELSTER-LAND
51
Doberlug-Kirchhain
Berlin
Brandenburg
Bad Liebenwerda
Elsterwe
20 km
© L&H Verlag/kontur

Buckow
36
38
MÄRKISCH-ODERLAND
SEELOW
Steinhöfel
41
Schloss Steinhöfel
ner
Fürstenwalde/ Spree
Alt Madlitz
40
FRANKFURT (Oder)
39
Bad Saarow-Pieskow
42
Prieros
Storkow
Groß Rietz
Lindenberg
Ragow
ODER-SPREE-
BEESKOW
Eisenhütten-stadt
Kossenblatt
SEENGEBIET
Neuzelle
Sembten
Lieberose
43
Guben
Bärenklau
SPREEWALD
LÜBBEN
Lübbenau
44
Schloss Lübbenau
Peitz
kau
Burg/Spreewald Hotel zur Bleiche
COTTBUS
FORST (Lausitz)
Calau
45
46
47
NIEDERLAUSITZ
Spremberg
SENFTENBERG
Frankfurt (Oder)
Dahme Seengebiet
Oder-Spree Seengebiet
Spreewald

„Das ehemalige Festungsgelände muß, trotz geringfügigen Bewuchses, einen trostlosen Anblick gewährt haben. Lenné bezeichnete es bei seinem ersten Besuch in Frankfurt als ‚Wüste'"
Gerhard Hinz 1938 in seinem Aufsatz über „Peter Josef Lennés märkische Parkanlagen"

Eine der frühesten Volksparkanlagen Europas wurde in Frankfurt/Oder schon ab 1825 in den Wallanlagen vor der Stadtmauer geschaffen. Lenné gestaltete ab 1835 einen Park im englischen Stil, der in seinen Grundstrukturen bis heute erhalten ist.

Lenné hatte als Gartendirektor in Potsdam bereits einen Namen, als er am 22.02.1835 auf Einladung des Stadtrates Michael Lienau nach Frankfurt kam, um eine frühe „Bürger-initiative" zu beraten: Schon 1825 hatte Lienau gemeinsam mit Prof. Friedrich Schmeißer vom Frankfurter Gymnasium vorgeschlagen, die Wallanlage an der Westseite der Stadt unter Einbeziehung des Stadtgrabens zu einer Grünanlage auszubauen und damit auch einen direkten Ausgang aus der Stadt zu schaffen. Die Initiatoren konnten zwar einen Kreis einflussrei-

LENNÉPARK
Eine der frühesten Stadtparkanlagen Europas

LENNÉPARK
Bis heute als großzügiger Raum erlebbar

cher Bürger gewinnen, aber den Stadtverordnetenbeschluss zum Abtrag der Wälle 1832 nicht verhindern. Erst Lennés Planung brachte für die Parkinitiative den Durchbruch: 1836 beschloss die Stadtverordnetenversammlung, den Plan Lennés umzusetzen. Die Gestaltungsarbeiten lagen in den Händen eines Vereins unter Vorsitz von Prof. Schmeißer. Zunächst 56 Arbeiter haben den ersten Bauabschnitt weitgehend in Handarbeit umgesetzt – dabei sollen über 1,5 Millionen Schubkarren Erde bewegt worden sein. Die Arbeiten waren bis zur Fertigstellung von großen Schwierigkeiten und manchen Widerständen behindert. Um den Betrieb der Lohmühle am Ende des Stadtgrabens aufrechterhalten zu können, musste ein spezielles Schöpfwerk gebaut werden, das den Wasserfluss über einen neugebauten Damm ermöglichte. Der Lohmüller versuchte aufgrund seiner wirtschaftlichen Interessen wiederholt, den Ausbau zu verhindern. Darüber hinaus bereiteten auch die stark fließenden Hangquellwässer beim Ausbau erhebliche technische Probleme. Trotz aller Schwierigkeiten konnte der Park 1845 der Öffentlich-

Lennépark
Wasser bildet ein wichtiges Gestaltungsmittel

keit übergeben werden – ein frühes Zeugnis moderner Bürgerkultur im Grünbereich.

Wer heute nach Frankfurt kommt, sieht die Wunden im Stadtbild langsam verheilen, erlebt die Akzentuierung einzelner alter Bilder durch das Neue. So betont der dominante halbrunde Baukörper der Lenné-Arkaden auch den Lennépark in dessen Bedeutung für den innerstädtischen Gesamtraum. Die Lennésche Grundstruktur der Anlage ist bis heute erhalten, wenn auch mit manchen Veränderungen im Detail: Ausgehend von den Lenné-Arkaden betreten wir den Park von Süden her, der Weg wird zur Linken begleitet vom alten Stadtgraben, der seinen Ausgang in der Kaskade des kleinen künstlichen Wasserfalls in der Südwestecke der Anlage nimmt. Dem Weg nach Norden folgend gelangen wir vorbei an der großen Schmeißer-Eiche (Quercus robur) zur Schmeißer-Brücke, an der der alte Ökonomie-Weg zur Erschließung der Stadt von West nach Ost kreuzt. Der östliche Parkbereich trägt die Handschrift der sechziger

Jahre des 20. Jahrhunderts: Vor einer symbolhaft durchlässigen Ziegelmauer anstelle der ehemaligen Stadtmauer finden sich inmitten übersichtlicher Schmuckbeete einige plastische Kunstwerke. Auch in den letzten Jahrzehnten war man bemüht, dendrologische Besonderheiten gezielt neu einzubringen – im Bereich der Schmeißer-Brücke finden wir eine Ginkgogruppe (Ginkgo biloba), unmittelbar an der Rosa-Luxemburg-Strasse wird das Grabenufer von einigen Urwelt-Mammutbäumen (Metasequoia glyptostroboides) gesäumt, die freilich aufgrund ihrer Jugend dem deutschen Artnamen kaum gerecht werden können. Der vormals stärkste Baum des Parks, eine mächtige Silberpappel (Populus alba) ist leider aufgrund eines Bruchschadens nur noch als Torso zu bewundern. In der äußersten Nordwestecke des Parks erinnert ein roter Sandstein-Obelisk auf Granitblöcken als Stifter-Denkmal an jene Bürger der Stadt, deren Engagement der bis heute beliebte und vielgenutzte Park seine Entstehung verdankt.

INFO

ANFAHRT A 12 Ausfahrt Frankfurt/Oder Süd
Bahn von Berlin
Park liegt direkt im Stadtzentrum an der B 158

GRÖSSE 9 ha

EIGENTÜMER Stadt Frankfurt/Oder, Amt für Grünflächen, Landwirtschaft und Forsten, Marktplatz 1, 15230 Frankfurt/Oder

PARKFÜHRER Stadt Frankfurt/Oder (Hrsg.) (o.J.): Frankfurt/Oder – Der Lennépark. Frankfurt. Faltblatt mit Plan

TIPP

Das Kleist-Museum in der Faberstraße 7 nahe der Oder hält mit der neuen Dauerausstellung „Märkischer Dichtergarten" auch eine interessante Ergänzung für jede Gartentour bereit.

40 ALT MADLITZ (LOS), GUTSPARK

„Ich werde den Untergang meines Landes nicht erleben, Adieu für immer."
Friedrich II. nach der Niederlage bei Kunersdorf auf Gut Madlitz im Brief an Kabinettsminister Karl Wilhelm Graf Finck von Finckenstein

Karl Wilhelm Graf Finck von Finckenstein ließ um 1800 den wohl frühesten reinen Landschaftsgarten in Preußen gestalten. Nach engagierter Wiederherstellung wird die bedeutende Anlage heute denkmalgerecht instandgehalten.

Untrennbar verbunden mit dem Namen der Familie von Finckenstein ist Alt Madlitz am 12. August 1759 für einen Augenblick ins Licht der Weltgeschichte getreten: Nach der Niederlage bei Kunersdorf, dem heutigen Kunowice in Polen, nimmt Friedrich II. auf seiner spektakulären Flucht im Gutshaus von Alt Madlitz Quartier. Sein Kabinettsminister Karl Wilhelm Graf von Finckenstein (1714-1800) erhält jenen Brief, in dem der König alles verloren glaubt und bereits die Vollmacht für seinen Bruder ausspricht. Die russisch-österreichische Koalition reagiert freilich nicht – wie Friedrich für einen Augenblick so sicher erwartet hat – mit Verfolgung und Gefangennahme. Schon zwei Tage später kann der König wieder das Kommando übernehmen, der Krieg wird noch zwei Jahre dauern.

Genau 200 Jahre – nämlich seit 1551 – war Madlitz im Besitz der Familie von Wulffen, bevor ab 1751 die Jahrhunderte der bis heute prägenden Bewirtschaftung durch die Familie von Finckenstein folgten. Friedrich Ludwig Karl von Finckenstein (1745-1816), Sohn jenes Ministers Friedrichs II. und selbst Jurist am Berliner Kammergericht, hatte schon vor seiner Entlassung im Jahr 1779 eine Überarbeitung der alten barocken Gartenanlage erwogen. Den Rückzug ins Privatleben nutzte von Finckenstein zu einer sorgfältigen programmatischen Neugliederung, die auch den Entwurf eines zeitgemäßen Landschaftsgartens bestimmen sollte:

Eine erste Abteilung, betitelt „Der Landsitz", umfasst den zentralen Gartenbereich mit dem Gutshaus und wird vom „Lustgebüsch" und Bäumen nur locker begrenzt. Über die rückwärtige „Grasebene" und verschiedene Sichtachsen bleiben viele Blickbezüge auf das Hauptgebäude offen. Die zweite Abteilung nannte er die „modern-ländliche". Hier stand die landwirtschaftliche Nutzung im Mittelpunkt, kleine Äcker, Obstwiesen und Gemüsegärten wurden angelegt. Wirtschaftsbauten und Staffagen wie Meierei, Winzerhaus und Schäferhütte rundeten das Bild ab. In diesem Bereich lag auch das Kleisttor, ein Tempel aus Birkenstämmen zu Ehren des Dichters Ewald Christian von Kleist, der in Kunersdorf sein Leben ließ und auch dem umgebenden Kleisthain den Namen gab. Die dritte Abteilung, die „antik-ländliche", illustriert das klassische Arkadienmotiv: Eine dorische Säulenhalle und ein Monopteros markieren Fixpunkte einer Landschaft, die sich abwärts zu einem Inselteich hin entwickelt. Die beiden Inseln mit Altar und Nymphäum waren als Heiligtümer den Wassergottheiten gewidmet. Eine vierte Abteilung bildete die sogenannte „ferme orneé", eine geschmückte Feldflur, die der wirklichen Landwirtschaft diente. Diesem Bereiche waren neben dem ausgedehnten natürlichen Steinpfuhl auch Weinberg, Heuschober und Gärtnerhaus zugeordnet.

Alt Madlitz
Die Rotunde ist wieder Ausgangs- und Endpunkt für Sichtbezüge

Die Anlage dieser Gärten wurde um 1780 begonnen und war um 1800 weitgehend abgeschlossen. Finckenstein verfügte damit über den modernsten und anspruchsvollsten Landschaftsgarten der Region. Seine theoretischen Überlegungen hat er dann in zwei großen Werken zur Gartenkunst zusammengefasst. Beide, eine Prosaschrift von 1798 und ein Lehrgedicht von 1811, sind unveröffentlicht geblieben, aber über das Archiv der Familie erhalten.

Für den Hausherrn war der Garten nicht allein ein Ort der Repräsentation. Wenn auch entschieden konservativ, so doch ein weltoffener Freund des Gespräches, sah der Graf den Garten ganz bewusst als Treffpunkt des geistigen Lebens seiner Zeit. Die großen Geister der Romantik wie Achim von Arnim, Clemens Brentano, Friedrich de la Motte Fouqué, Friedrich Schleiermacher und Carl Maria von Weber waren Gäste des Hauses – für Ludwig Tieck bekam Alt Madlitz durch die tiefe Zuneigung zu Finckensteins Tochter Henriette für lange Jahre eine besondere Bedeutung. Kaum verwunderlich, dass der Garten auf diesem Wege ausführlich Eingang in sein literarisches Werk gefunden hat.

Nach der Instandsetzung wirkt der Park heute wieder so, als wäre er ohne Störung erhalten. Tatsächlich konnte der Gartenhistoriker Clemens Alexander Wimmer 1994 innerhalb der verwahrlosten Anlage einen großen Teil denkmalwürdiger Substanz feststellen. Ein Glücksfall, dass die Familie von Finckenstein Haus und Garten wieder übernommen hat und die gartenhistorische Dokumentation auch aus der Familie heraus ihren Anfang nehmen konnte.

Der Besucher betritt den Garten heute im östlichen Bereich am Dorfteich oder vom Parkplatz aus und nimmt den durchgehend instandgesetzten Rundweg, der an einigen Weggabelungen auch zurückhaltend ausgeschildert wurde. Im ganzen Park beeindruckt die Üppigkeit der Vegetation, die vor allem der guten Wasserversorgung des Geländes zuzuschreiben ist. Ansehnliche Eichen, Hainbuchen und Winter-Linden prägen den Baumbestand fast durchgehend, noch immer finden sich auch einige Ulmen, die bisher dem Ulmensterben trotzen. Drei Straucharten fallen auf, die sich offenbar flächenhaft ausbreiten konnten: Buchsbaum (Buxus sempervirens), Mahonie (Mahonia aquifolium) und Sibirische Fiederspiere (Sorbaria sorbifolia).

Aus der Parkarchitektur sind die Staffagen der antik-ländlichen Abteilung erhalten: Die dorische Säulenhalle und die Rotunde mit Säulen ionischen Typs zeigen sich heute dank der freigestellten Sichtachsen wieder als Ausgangs- und Zielpunkte mannigfaltiger Sichtbezüge. Alle weiteren Parkbauten sind leider verlorengegangen.

Vorbei an Steinsitz, Rotunde und Inselteich führt der Weg im äußersten Nordwesten in die ehemalige „ferme orneé", die Anfang des 20. Jahrhunderts aufgeforstet worden ist. Hier findet sich der Herzberg, auf dem das Herz des Parkschöpfers nach eigenem Vermächtnis zwischen 13 Steinsitzen unter Bäumen bestattet wurde. Zurück nach Südosten geht der Besucher wieder in die „ländlich-moderne" Abteilung, die hier in Gutshausnähe als Hügellandschaft – das sogenannte „Gebirge" – modelliert ist. Durch geschickte Wegeführung und viele Eiben, die gezielt Durchblicke verwehren, offenbart dieser Bereich trotz seiner geringen Ausdehnung eine überraschende Fülle von Parkbildern.

Info

Anfahrt B 5 von Müncheberg oder Frankfurt/Oder bis Abzweig Alt Madlitz
Rad von Briesen
Parkzugang nördlich der Ortsmitte ausgeschildert

Grösse 18 ha

Eigentümer Graf Finckenstein Schloss und Park Madlitz GbR, Briesener Str. 28, 15518 Alt Madlitz

Literatur Wimmer, C.A. (1996): Alt Madlitz – Die Erforschung und Wiederherstellung des Landschaftsparks. Brandenburgische Denkmalpflege 5,2, S.39-48
Hoffmann, R. (2001): Alt Madlitz: Der musische Garten. In: Hoffmann, R.: Gärten, Parks und Grüngelüste. Berlin

41 STEINHÖFEL (LOS), GUTSPARK

„... ein Bach, der aus dem Felde kommend über ein natürliches Wehr von Feldsteinblöcken niedersprudelt. Weiterhin wird er ein Teich und die umstehenden Bäume werfen ihr Licht in die dunkelklare Tiefe. Durch den Park hin, südenwärts, ist eine Lichtung geschlagen und vor die lichte Öffnung schiebt sich in Dämmerferne der Hügelzug der ‚Rauenschen Berge'. Der scharf gezogene Kontur ihres Profils mahnt an südlich Land und blauen Himmel."

Fontane in den Wanderungen ... Band I: Steinhöfel

Der ausgedehnte Park von Steinhöfel war als frühes Beispiel eines englischen Landschaftsgartens schon zu Fontanes Zeiten berühmt. Mit der Wiederherstellung von Wasser- und Wegesystem, Vegetationsausstattung und Parkarchitekturen entsteht heute eines der gartenhistorisch bedeutendsten Reiseziele der Mark wieder neu.

STEINHÖFEL
Übersichtsplan

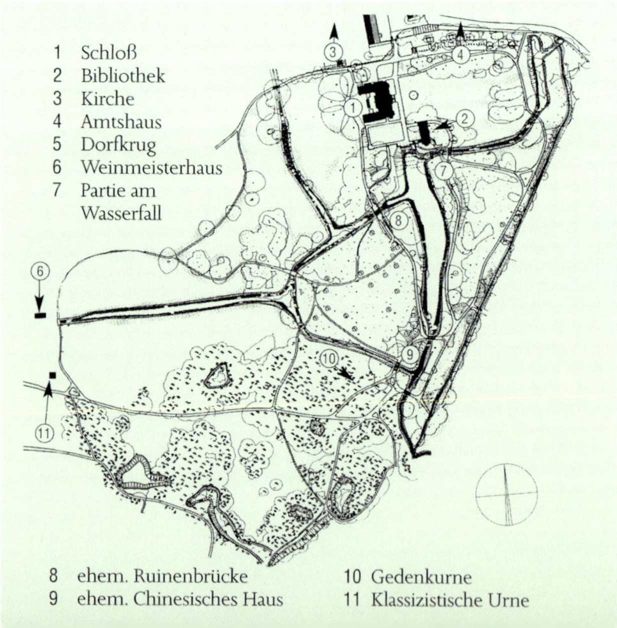

Vier Jahrhunderte ist Steinhöfel im Besitz der Familie von Wulffen gewesen, bevor es 1774 nach Konkurs vom preußischen Finanz- und Kriegsminister Joachim Christian Graf von Blumenthal erworben wird. Mangels eines Erben verkauft dieser das Gut 1790 an seinen Schwiegersohn Valentin von Massow (1752-1817) weiter. Der Major, spätere Oberhofmarschall und Intendant der königlichen Gärten, genoß das Vertrauen Friedrich Wilhelms III. und war mit der Leitung der wichtigsten königlichen Bauprojekte beauftragt. Seinem Einfluss und Vermögen entsprechend, konnte er mit der Neugestaltung des eigenen Landsitzes den Oberbaurat David Gilly (1748-1808) und dessen Sohn Friedrich (1772-1800) beauftragen. David Gilly errichtete Gut und Dorf weitgehend neu. Das Schloss entstand durch Umbau eines älteren Baukörpers, der einen völlig neuen Charakter in den Bauformen des extrem schlichten und strengen Frühklassizismus erhielt. Die heutige seltsame Gestalt des Gebäudes ist das Ergebnis von zwei einschneidenden Umbauten im 19. Jahrhundert: Der Sohn der Erbauers, Valentin von Massow II. (1793-1854), hatte in den napoleonischen Kriegen unter Wellington gedient und ließ den Bau 1845 erheblich erweitern, sowie die Eckrisalite im englischen Mittelalterstil zu zinnenbekrönten Türmen umbauen. Unter Adelheid von Massow wird der Bau um 1880 in neubarocken Formen überarbeit und erhält den bis heute vorhandenen Mittelrisalit. Nach dem Tod des letzten regulären Erben im Jahr 1899 verkauft die Familie das Gut schließlich 1931 an den Landwirt Rudolf Peine, der 1945 im Zuge der Bodenreform enteignet wird. Nach vielen entstellenden Umbauten als Warenhaus, Verwaltungs- und Wohngebäude ist das Schloss jetzt von der Brandenburgischen Schlösser GmbH restauriert und an einen anspruchsvollen Hotelbetreiber verpachtet worden.

Mit dem Entwurf des Gutsensembles als Einheit – ohne architektonische Trennelemente zwischen Schloss, Dorf und Park – gelten Vater und Sohn Gilly auch als Schöpfer des ausgedehnten, wassergeprägten Landschaftsparks, der einer der frühesten der Region gewesen sein dürfte. Wesentlichen Einfluss auf die Gestaltung wird auch der Besitzer Valentin von Massow I. genommen haben, ein intimer Kenner der zeitgenös-

Steinhöfel
Eines der gartenhistorisch bedeutendsten Objekte der Mark

sischen Gartenarchitektur. Mit zahlreichen Staffagen in malerisch inszenierten Landschaftsbildern gehörte der Park zum „sentimentalen" Typus des Landschaftsgartens – dennoch erscheint im Kontrast zu den Rokokogärten der vorhergehenden Jahrzehnte die Vereinzelung der Parkarchitekturen inmitten eines lichten, weiten Landschaftsraumes deutlich modern. In der Folgezeit wird die Anlage im Stile des späten Landschaftsgartens weiterentwickelt, dabei hat die Ausarbeitung von Sichtbeziehungen zum Schloss und zur Kirche eine große Bedeutung. Im Zuge der neubarocken Umgestaltung weicht die Offenheit der klassizistischen Anlage mit Errichtung eines Eisengitters zum Dorf endgültig dem adligen Repräsentationsbedürfnis des zweiten Kaiserreiches. Nach der Bodenreform geht auch der Park in den Besitz der Gemeinde über, Teilbereiche werden der Errichtung von Wohnhäusern sowie der Anlage eines neuen Friedhofes und eines Sportplatzes geopfert. Nach der Übernahme durch die Brandenburgische Schlösser GmbH erhält die Gartenanlage mit Unterstützung der Deutschen Bundesstiftung Umwelt wieder einen angemessenen Zustand.

Der Park liegt heute als herrschaftlicher Bezirk hinter einem Gitter entlang der Straße, der Weg führt durch das Parktor. Da die Freiflächen offengehalten wurden, ist das kontrastvolle Zusammenspiel von Teich und Wiesen mit den alten Bäumen erhalten geblieben. Westlich des Schlosses ist bei einigen alten Platanen (Platanus x hispanica) und einer Rot-Buchengruppe (Fagus sylvatica) die Clump-Struktur der Pflanzungen noch gut erkennbar. In diesem Bereich wurde dem Schöpfer der Anlage, Valentin von Massow, ein Gedenkstein gesetzt. Einige Wege sind bereits wiederhergestellt, immer wieder ist das Schloss als point de vue aus verschiedenen Richtungen sichtbar. Südöstlich des Schlosses befindet sich als besterhaltenes Parkgebäude in Form eines Tempels die sogenannte Bibliothek, möglicherweise noch ein Bauwerks Gillys. Ihre heutige Gestalt mit stark vorspringender Säulenfront, steilem Giebel und Palmetten auf den drei Kranzspitzen geht allerdings auf die Umbauten von 1845 zurück. Nach jahrelanger Nutzung als Turnhalle erstrahlt das wertvolle kleine Gebäude, das in der Tradition der Hirschfeld'schen Gartengestaltungslehre steht, jetzt wieder in neuem Glanz. Inzwischen wurden auch die historischen Brücken weitgehend saniert, rekonstruiert oder in zeitgenössischer Interpretation wiederhergestellt, die Grotte wieder instand gesetzt.

Info

Anfahrt A 12 Ausfahrt Fürstenwalde, dort Richtung Steinhöfel
Rad von Fürstenwalde
Schloss und Park bilden den Ortsmittelpunkt

Grösse 33 ha

Eigentümer Brandenburgische Schlösser GmbH, Breite Str. 9, 14467 Potsdam

Ansprechpartner Holger Schulz, Fon 0331/279 15 18

Literatur Rückert, U.-R. (o.J.): Steinhöfel. Schlösser und Gärten der Mark
Geiseler, U.; Salge, C. (2001): Steinhöfel. In: Hahn, P.M.; Lorenz, H. (2000): Herrenhäuser in Brandenburg und der Niederlausitz. Berlin
Badstübner, E.; Karg, D. (1980): Schlösser und Gärten in der Mark Brandenburg (3) – Steinhöfel. Landschaftsarchitektur 3/1980, S.89-91

42 BAD SAAROW (LOS), KURPARK

„Der Boden bestand aus echtem märkischen Sand, daher war zur Herstellung einer einwandfreien Grasnarbe die Verbesserung des Bodens mit Humus und anderen Stoffen die wichtigste Aufgabe."
Richard und Ludwig Lesser in der Zeitschrift „Gartenkunst"

Der Landschaftsarchitekt Ludwig Lesser gab der Siedlung Saarow ab 1910 jene Grundstruktur, die den bekanntesten Kurort in der Nähe Berlins bis in die Gegenwart prägt. Auch der neugestaltete Kurpark nach einem modernen Entwurf entwickelt erst im Kontext der historischen Gesamtanlage seine vielbeachtete Qualität.

Kurort und Sommerfrische der Metropole: Untrennbar ist Bad Saarow bis heute verbunden mit den vielbeschworenen goldenen zwanziger Jahren des Berliner Kultur- und Gesellschaftslebens. Hier heirateten Max Schmeling und Anny Ondra, hier verbrachten auch Käthe Dorsch, Harry Liedtke, Ernst Lubitsch, Walter Kollo und Victor de Kowa gern erholsame Tage abseits der Hektik der Großstadt. Begonnen aber hatte alles mit der glücklichen Hand des Landschaftsarchitekten Ludwig Lesser, der 1910 den Bebauungsplan für eine Landhaussiedlung Saarow-Pieskow über insgesamt 500 ha entwarf. Die klaren Straßenachsen mit der Magistrale auf den Bahnhof geben Raum für eine lockere Villenbebauung im Heimat- oder Landhausstil, die bis heute das Ortbild prägt. Auch im Detail hat Lesser gewirkt: 34 Landhausgärten trugen seine Handschrift.

Der zentrale Grünbereich am Nordufer des Scharmützelsees, von Lesser schon als Kurpark konzipiert, war mehr als vier Jahrzehnte in den Händen der Sowjetarmee, so dass bis 1994 die Detailstrukturen weitgehend verloren gegangen waren. Vor diesem Hintergrund entschloss man sich, 1995 einen europaweiten Wettbewerb auszuloben. Neben den Architekten Hufnagel, Pütz und Rafaelian für den Thermenneubau erhielt das Team Fugmann/Janotta den ersten Preis und den Auftrag.

Bad Saarow
Rhododendronwald fügt sich in die historische Umgebung

Das Projekt unter dem Titel „Ein Park für die Seele" verzichtet auf jede Rekonstruktion – entstanden ist vielmehr ein entschieden moderner Park, der gelungen zu vermitteln vermag zwischen der historischen Gesamtstruktur und dem kontrastscharfen Baukörper der SaarowTherme in klassisch-schlichten Formen. Der U-förmige Bau mit umlaufender Pfeilergalerie in den Dimensionen einer Schlossanlage öffnet sich gleichsam über einen Ehrenhof mit dem Außenbereich der Therme zum Seeufer gegen die untergehende Sonne hin. Die Landschaftsarchitekten haben diesen großartigen Aspekt auf das „märkische Meer" sehr gezielt herausgearbeitet, indem sie den vorhandenen kiefernreichen Altbestand sorgfältig ausgedünnt übernommen haben. So wird aus der Seeperspektive dem strengen Baukörper der Therme durch locker vorgelagerte Bäume seine raumgreifende Dominanz genommen, im Durchblick gewinnt der Freiraum noch an Weite.

In zwei Achsen greift der neue Park die Ordnung Lessers auf und entwickelt sie weiter: Von der Pieskower Straße ist der Fürstengraben, ursprünglich eine natürliche Entwässerungsrinne zum See, zu einer formalen Zugangsachse ausgebaut worden. Eine Pergola mit Sitzbereich markiert den Ausgangspunkt mit einem ersten Blickbezug auf den See. Ganz im Westen am anderen Ende des Parks wurde die Kurfürstenstraße durch die

Bad Saarow
Raumgebende, lichtdurchflutende Wirkung

Anlage hindurch bis 70 m in den See auf die sogenannte „Kurfürstenterrasse" hin verlängert – eine Plattform, von der aus der Besucher den See schon fast im Panorama erleben kann.

In der Bepflanzung wirkt die Orientierung an der raumgebenden Wirkung der Altgehölze trotz Neugestaltung wohltuend organisch. Der kleine Rhododendronwald zeigt sich schon heute wie langsam gewachsen, die sparsame Ausstattung mit Kleinbauten und Parkmöbeln markiert einen zeitgemäßen Neuanfang: So verzichten Trinkhalle und Pavillon – per se eine Reminiszenz an die klassische Bäderarchitektur – in ihrer Gestalt auf jeden historisierenden Versuch. Sparsame Beetovale geben dem Wechselflor einen klaren Charakter als schmückendes Element inmitten einer vor allem landschaftlichen Anlage.

Info

Anfahrt A 12 Ausfahrt Fürstenwalde
Bahn von Fürstenwalde, auch Direktverbindung von Berlin
Parkzugang von der Ortsmitte Richtung Scharmützelsee oder direkt von der Saarow-Therme

Grösse 15 ha

Eigentümer Kur- und Fremdenverkehrs GmbH Bad Saarow, Am Kurpark 1, 15526 Bad Saarow

Ansprechpartner Axel Walter, Anschrift s.o.

Parkführer Fugmann, H. et al. (o.J.) : „ein park für die seele" - Der neue Kurpark von Bad Saarow-Pieskow. Faltblatt mit Bildern

Tipp

Direkt im Kurparkbezirk von Bad Saarow liegen einige gut erhaltene Gebäude ehemaliger Kur- und Hotelbetriebe im sogenannten „Heimatstil" des beginnenden 20. Jahrhunderts, die heute schon zum Teil restauriert worden sind. Im nahen Ortszentrum Bad Saarow verdient das liebevoll restaurierte ehemalige Moorbad Beachtung, das heute das Saarow-Zentrum mit der Tourist-Information und ein freundliches Café beherbergt. Bei einem Ortsrundgang lohnt der Blick auf den dreiflügeligen Bahnhof von 1911, die schlichte Kirche im Ortszentrum und viele Wohnhäuser aus der Zeit von 1910 bis 1930. Eine wunderschöne Aussicht über den See bietet im Kurpark das neue Restaurant Park-Café.

43 LIEBEROSE (LDS), SCHLOSSPARK

Der Landschaftspark um das Schloss der Familie von der Schulenburg ist in seiner Grundstruktur weitgehend erhalten geblieben. Störende Wohn- und Gewerbenutzungen sowie der schlechte Zustand der erhaltenen Parkarchitekturen stellen aber heute eine dringende Herausforderung dar.

Erstmals erwähnt im Jahr 1272 geht Lieberose 1519 in den Besitz der Brüder Jakob und Richard von der Schulenburg über – und kommt damit in die Hände jener Familie, die dann bis 1945 ununterbrochen hier ansässig war. Joachim von der Schulenburg genannt „der Reiche" (1522-1594), erst erfolgreicher Feldherr in kursächsischen Diensten, später wichtiger Geldgeber des brandenburgischen Kurfürsten, ließ 1557 ein dreiflügeliges Renaissanceschloss erbauen, das nach einem Brand 1665 weitgehend erneuert wurde. Die erhaltenen Barockfassaden gehen zurück auf eine Neugestaltung unter dem preußischen Oberjägermeister Georg Anton von der Schulenburg (1706-1778), der auch den heute verschwundenen Uhrturm über dem Westflügel zur Stadt hin errichten ließ. Nach Kriegszerstörungen im Jahre 1945 wurden der Nordflügel und der nördliche Teil des Westflügels abgeräumt, der Uhrturm stürzte 1975 als Spätfolge ein. Vor einigen Jahren übernahm die Brandenburgische Schlösser GmbH das Schloss, um eine Grundinstandsetzung in die Wege zu leiten.

Eine Parkanlage in der Renaissancezeit unter Joachim „dem Reichen" ist nicht gesichert, 1782 wurde von Bernoulli eine kleine Barockanlage beschrieben. Für den Landschaftspark existiert eine Planung des Architekten Grollmus, vermutlich vor 1883 im Auftrag von Dietrich Johann Friedrich von der Schulenburg verfasst. Eine Karte von 1883 zeigt, dass diese Planung nicht völlig umgesetzt, sondern in einigen Bereichen verändert ausgeführt wurde – nach Vermutung des Landschaftsarchitekten Jörg Saupe die jüngere Planung eines unbekannten Architekten. Der Landschaftspark hatte mit einer Koniferenanreicherung aus dem beginnenden 20. Jahrhundert wohl bis

1945 Bestand. Nach der Bodenreform wurde er parzelliert, aber glücklicherweise mit einer Ausnahme nur im Randbereich aufgesiedelt. Die Gebäude der Gärtnerei nutzte fortan eine gärtnerische Produktionsgenossenschaft, die durch Ausweitung ihres Betriebes den Park beeinträchtigte. Der schlossnahe Bereich wurde in den sechziger und siebziger Jahren des 20. Jahrhunderts durch Hugo Namslauer vom Institut für Denkmalpflege der DDR neugestaltet, wobei keine historische Wiederherstellung angestrebt war. Heute ist der schlossnahe Bereich von 4 ha im Besitz der Schlössergesellschaft gut gepflegt, der äußere Park zeigt aber erhebliche Pflegedefizite. Inwieweit die Gesamtanlage wiederhergestellt werden kann, bleibt angesichts ihres Ausmaßes und der begonnenen Zersiedlung fraglich.

Vor allem das Südparterre ist als intensiv gestalteter Gartenraum erlebbar geblieben: Innerhalb eines Rahmens von Hainbuchenhecken erstreckt sich eine rechteckige Rasenfläche,

LIEBEROSE
Nach einem Brand wurde das Schloss 1665 weitgehend erneuert

an deren Längsseiten je acht Buchsbaumkugeln angeordnet sind. Die beiden schlossnahen Kugeln sind jeweils von einem quadratischen Rosenbeet umgeben. An das Parterre schließt sich der Schlossteich an, der eine leichte Tendenz zur Verlandung zeigt. Der Blick über den Teich verläuft nach Süden in die Flucht der Kastanienallee. Östlich des Schlosses blieb ein Teil des ausgedehnten Freiflächensystems erhalten, jedoch ist die wichtige Sichtachse vom Schloss nach Osten zugewachsen. Auch Reste der Parkarchitektur verdienen Beachtung: Im Bereich der ehemaligen Schlossgärtnerei im Südosten findet sich neben einigen selteneren Koniferen ein runder Pavillon in antiken Bauformen, der ein geschmücktes Zinkdach mit Dachreiter trägt. Die Sichtachsen von diesem Pavillon bestehen leider nicht mehr. Ein Schweizerhaus aus dem 19. Jahrhundert im äußersten südöstlichen Parkbereich ist nach Änderung der Dachkonstruktion, Beseitigung des Balkons und Verputzen des Fachwerkes nicht mehr als solches erkennbar. In unbefriedigendem Zustand befindet sich trotz erster Sanierungsarbeiten auch das neugotische Erbbegräbnis der Familie von der Schulenburg mit Kapelle auf dem Kapellenberg.

Da viele interessante Details erhalten und die kritischen Flächen weitgehend verfügbar geblieben sind, wären eine Fortsetzung der Sanierungsarbeiten im Park sowie eine dauerhafte und intensivere Pflege der Anlage sehr zu begrüßen.

Info

Anfahrt B 168 von Beeskow oder Cottbus, B 320 von Lübben oder Guben
Rad von Jamlitz oder Peitz
Schloss von der Ortsmitte sichtbar, Zugang links vom Schloss

Grösse 43 ha

Eigentümer Brandenburgische Schlösser GmbH, Breite Str. 9, 14467 Potsdam

Ansprechpartner Holger Schulz, Anschrift s.o., Fon 0331 / 279 15 18

Literatur Czech, V.; Salge, C. (2000): Lieberose. In: Hahn, P.M.; Lorenz, H. (2000): Herrenhäuser in Brandenburg und der Niederlausitz. Berlin

44 LÜBBENAU (OSL), SCHLOSSPARK

Viel zu oft vergessen, hier ganz selbstverständlich: Gartenlust und Kulinaria auf der stilvollen Terrasse des Schlosshotels mit schönen Parkblick auf die Orangerie als eng verwandte Spielarten sinnlichen Erlebens erkennen.

Wer sich nach dem Hoteleigentümer erkundigt, findet mit dem Namen zu Lynar die Fortsetzung einer Jahrhunderte währenden Besitzkontinuität: Schon 1621 hatte Gräfin Elisabeth zu Lynar Lübbenau erworben. Im Jahr 1816 wurde das alte, über Generationen immer wieder umgebaute und erweiterte Renaissanceschloss aus dem 16. Jahrhundert nach einem Brand abgetragen und durch einen klassizistischen Neubau nach Entwurf von Carl August Benjamin Siegel ersetzt. Noch auf Veranlassung des Bauherrn Graf Hermann zu Lynar veränderte der Schinkelschüler Homann das Schloss 1838/39, wobei er mit der Doppelturmfront auf der Hofseite einen Akzent im „normännischen" Stil setzte. Auf Veranlassung von Graf Wilhelm Friedrich zu Lynar entstand schon 1931 ein öffentliches Familienmuseum. Wegen seiner Beteiligung am Attentat des 20. Juli 1944 wurde die Familie im Dritten Reich enteignet, erhielt jedoch 1990 den Besitz zurückübertragen. Sie unterhält seitdem im Schloss ein stilvolles Hotel mit guter Gastronomie.

Lübbenau ist einer der wenigen Orte Brandenburgs mit gesicherter weit zurückgehender Gartentradition: Den Garten der Brigitte von Schulenburg erwähnt bereits Johannes Franke in seinem berühmten Werk „Hortus Lusatiae" von 1594 als besonders schön und aufwändig. Aus dem Jahr 1782 ist dann durch Bernoulli eine qualitätvolle Barockanlage überliefert, die offenbar auf den kunstsinnigen Rochus Friedrich Graf zu Lynar (1708-1781) zurückgeht. Eine erhebliche Erweiterung und Neugestaltung erfährt die Anlage mit dem Neubau des Schlosses, ausgeführt durch den Gärtner Johann Erdmann Freschke und dessen Sohn Heinrich Wilhelm, der bei Fürst Pückler in Branitz ausgebildet worden ist.

Lübbenau
Parkblick auf die Orangerie

Den Besucher erwartet heute ein strukturreicher Landschaftspark mit wiederhergestelltem Wegenetz. Im Eingangsbereich sind einige ältere Bauten erhalten: rechts der Einfahrt zunächst in Fachwerkbauweise das Efeuhaus von 1746, weiterhin die Gerichtskanzlei von 1748. Blickpunkt vom Schloss in den Garten ist die gegenüberliegende Orangerie, die zusammen mit dem Herrenhaus nach Entwurf Siegels errichtet wurde. Dem Mittelbau ist zum Schloss hin eine dorische Säulenkolonnade vorgelagert, an den Seiten steht jeweils ein zweigeschossiger Kopfbau mit Flachkuppel. Nach einem Rundgang um die malerische Teichanlage empfiehlt sich die Schlossterrasse für einen kulinarischen Ausklang mit Blick auf die Orangerie.

Info

Anfahrt A 13 Ausfahrt Lübbenau
Bahn von Berlin
Schloss in zentraler Lage, Parkzugang rechts vor dem Schloss
Grösse 9 ha
Eigentümer Gräflich zu Lynarsche Schlossverwaltungs GbR, Schloss Lübbenau, Schlossbezirk 6, 03222 Lübbenau
Literatur Czech, V.; Salge, C. (2000): Lübbenau. In: Hahn, P.M.; Lorenz, H. (2000): Herrenhäuser in Brandenburg und der Niederlausitz. Berlin

WEITERE SEHENSWERTE PARKS IN DER REGION

Bärenklau (SPN), Gutspark

Der kleine Ort überrascht mit einer dreiflügeligen Schlossanlage in gewaltigen Dimensionen. Tatsächlich wurde der späthistoristische Bau erst 1927 bis 1929 für den Gubener Tuchfabrikanten Lehmann errichtet. Mit dem Schloss entstand auch ein großer Landschaftspark, in dem sich bis heute viele exotische Gehölze erhalten haben.

Baruth (TF), Schlosspark

Ausgehend vom Schloss Baruth, einem mehrfach überformten und ergänzten, ursprünglich frühbarocken Bau aus der Zeit vor 1650, erstreckt sich ein fast 20 ha großer Landschaftspark. Angelegt wurde er 1838/39 nach einem Lenné-Plan im Auftrage der Grafen und später Fürsten von Solms-Baruth, die von 1596 bis 1945 die Herrschaft über das Gut innehatten und auch heute wieder im Besitz eines Schlossteils sind. Nach 1945 war der alte Baumbestand durch Maßnahmen zur Verbesserung der Bodenqualität beeinträchtigt, die Teiche waren zum Teil verfüllt. Seit den achtziger Jahren des 20. Jahrhunderts werden abschnittsweise Instandsetzungsmaßnahmen durchgeführt.

BARUTH
Landschaftspark nach Lenné-Plan

Blossin (LDS), Gutspark

Der gepflegte kleine Park des restaurierten Gutshauses in Blossin gehört zur Bildungsstätte der Berliner Wasserbetriebe und ist leider nicht mehr zugänglich.

Briesen (LDS), Gutspark

Den Gutspark von Briesen beherrscht das große Schloss des Metropol-Theaterdirektors Fritz Paul Jentz. Der berüchtigte Profiteur, eine der schillernsten Figuren der Berliner Kaiserzeit, hatte das Gut erst 1910 erworben – zuvor war Briesen seit dem 17. Jahrhundert bis 1826 im Besitz der Familie von Schlieben gewesen. „Die Schlieben-Ära in Briesen endete und gipfelte zugleich in der Gestalt der Wilhelmine von Schlieben. Sie lebte ganz als wissenschaftlich und literarisch angeregte Zeitgenossin der deutschen Klassik, in regem Kontakt mit der Kraschin, mit Gleim und Wieland. Beseelt von den philanthropischen Ideen des ihr bekannten Rochow auf Reckahn, richtete sie eine Briesener Dorfschule ein. In ihrem Gutshaus herrschten zweifellos eher bürgerliche Bescheidenheit ohne Standesdünkel und echt religiös begründetes Sozialempfinden als bei manchem Bourgeois ihrer Zeit" (Geismeier 1996). So mag die weitere Entwicklung des bescheidenen Landgutes nachgerade grotesk wirken: Nach einem dreiviertel Jahrhundert in den Händen des reichen Bürgertums wird Briesen am Vorabend des Unterganges einer ganzen Gesellschaftsordnung noch einmal zum Vulkan für den Tanz der Glücksritter. Ganz auf das Repräsentationsbedürfnis des Schlossherrn Jentz hin wurde auch der Park gestaltet, der in seiner Grundstruktur bis heute gut erhalten ist. Eine gewaltige Terrassenfreitreppe geleitet hinab zu einem puttengeschmückten Springbrunnen, eine Bogenbrücke führt zu einem Schwanenteich, der freilich von der Größe her seinem Namen wenig Ehre macht. Letztlich ist alles ausgerichtet auf eine Fernperspektive über die Sichtachse von der Freitreppe aus, ein etwas plattes Hintergrundbild für zahllose Feste, mit denen Jentz seine gesellschaftliche Stellung zu demonstrieren suchte. Wer heute vor dem meist verschlossenen Parktor die Seitenperspektive des Schlosses zu erhaschen vermag, kann sich in die Gefühle der Briesener Bevölkerung hineinversetzen, die die Jahre des Theaterdirektors Jentz wie eine seltsame Märchenoper empfunden haben wird.

Groß Rietz (LOS), Gutspark

Nach der Rekonstruktion sind Park und Schloss heute wieder ein lohnendes Ausflugsziel. Groß Rietz war im Laufe der vergangenen drei Jahrhunderte unter wechselnden Besitzern immer wieder ein Ort gelebter Gartenkultur. Schon kurz nach Errichtung des Barockschlosses unter Johann Georg von der Marwitz (1638-1704) in den Jahren 1693 bis 1700 ist eine barocke Gartenanlage entstanden. Aus der Umgestaltungsphase unter Carl Wilhelm von der Marwitz (1737-1811) Ende des 18. Jahrhunderts haben sich die beiden Obelisken am nördlichen Parkeingang erhalten. Der preußische Staatsminister Johann Christoph von Wöllner (1732-1800) ließ ab 1791 den Garten erneuern. Als Ratgeber Friedrich Wilhelms II. im Ruf eines „Vizekönigs", war Wöllner auch Intendant der königlichen Gärten und befaßte sich intensiv mit Fragen von Landwirtschaft, Obstbau und Gartenkultur. Noch heute geht der lindenbepflanzte „Ministerberg" nordwestlich des Ortes auf die Gestaltung Wöllners zurück. Mit Übernahme des Gutes durch den Landrat Peter Ludwig Friedrich von Itzenplitz (1769-1834) entstand nach 1819 eine ausgedehnte landschaftliche Anlage, die dem Ideal der ornamented farm folgte und die landwirtschaftlich genutzte Umgebung und die Wirtschaftsgebäude in die Gestaltung einbezog. Seit 1945 kam es im Park zu schwerwiegenden Eingriffen, so dass eine Wiederherstellung nach 1990 kaum umsetzbar erschien: Neben der Anlage von Festplatz und Freilichtbühne waren auf der Gartenseite direkt bis zum Haus Kleingärten angelegt worden; bis heute ist ein herausgelöstes Grundstück fremdgenutzt, das den Zugang durch das barocke Gartenportal halbiert. Mit großem Engagement ist es der Brandenburgischen Schlösser und Gärten GmbH aber gelungen, Kleingärten und störende Einbauten im Zuge der Rekonstruktion weitgehend zu beseitigen und die Mauereinfriedungen zum Dorf hin sowie weite Teile des historischen Wegenetzes wiederherzustellen.

Guben (SPN), Museumsgarten der Sprucker Mühle

Der Museumsgarten ist nicht historischen Ursprungs, sondern wurde erst 1985 als Teil des Gubener Heimatmuseums angelegt. Anliegen ist die Dokumentation der alten ländlichen Kulturpflanzen der Lausitz. Anders als bei vielen halbherzigen Gärten dieser Art konnte hier auf Wissen aus erster Hand zurückgegriffen werden: Prof. Heinz-Dieter Krausch, ausgewiesener Experte für die Geschichte regionaler Nutzpflanzen, hat das Museum bei der Anlage beraten und einen umfangreichen Führer geschrieben, der inzwischen zu einem kleinen Standardwerk geworden ist.

Kasel-Golzig (LDS), Schlosspark Kasel

Das Gut Kasel war nach mehrfachem Besitzerwechsel seit 1762 im Eigentum der Grafen von Solms-Baruth. Zwar wird die Anlage eines Lustgartens schon für 1740 erwähnt, doch stammt der heutige Landschaftspark wohl im wesentlichen aus der Erbauungszeit des Herrenhauses ab 1800. Der kunstgeschichtlich bedeutende Orangeriebau mit großer Säulenmittelhalle stand stilistisch in der Gilly-Nachfolge. Leider wurde er in den sechziger Jahren durch Abriss des Zentralbereiches stark entstellt.

Königs Wusterhausen (LDS) Schlossgarten

„Das Schloss liegt in einem schönen Park und mutet, unter Buschwerk, uralten Linden und grauborkigen Platanen versteckt, wie ein verschwundenes Zauberschloss aus einem Märchen"
aus dem „Märkischen Wanderbuch" 1911.

Mit dem wildromantischen Garten und dem efeubewachsenen Schloss begegnete dem Wanderer des frühen 20. Jahrhunderts einer stark verwilderte Anlage. Dass sich darunter eine einst bedeutende barocke Gartenschöpfung aus dem späten 17. Jahrhundert verbarg, war kaum noch zu erahnen. Der heutige Besucher findet dagegen einen gartendenkmalpflegerisch überarbeiteten Schlossgarten vor, dessen barocke Strukturen wieder erlebbar sind. Das Schloss Königs Wusterhausen geht auf eine mittelalterliche Grenzburg zurück, die einen Übergang des schwer passierbaren Nottefließ markierte. Die heutige Form erhielt das Gebäude hauptsächlich im 16. Jahrhundert. Seit der Renaissance ist auch das Vorhandensein eines Gartens nachgewiesen. Anders als der spätere barocke Garten erstreckte sich der Renaissancegarten ausschließlich westlich des Schlosses. Er war an drei Außenseiten von einer Mauer umfasst und in regelmäßige Quadrate eingeteilt. Mit der Übernahme von Königs Wusterhausen in kurfürstlichen Besitz und kurz vor der Übergabe an den Kurprinzen, den späteren

König Friedrich Wilhelm I., erhielt das Schloss eine barocke Gartenanlage. Kurfürstin Sophie Charlotte beauftragte dafür um 1696 den französischen Kunstgärtner Simon Godeau, der bereits die bedeutende Gartenanlage in Charlottenburg geschaffen hatte. Der markante trapezförmige Schlossgraben blieb erhalten und östlich des Schlosses entstand, bezogen auf die Achsen des westlichen Lustgartens, ein etwa 100 x 55 m großer Gartenraum mit einem von Linden umrahmten, längsrechteckigen Parterre mit halbrundem Abschluss. Entlang der zentralen Achse überspannt eine Brücke den Schlossgraben. Hinter dem Rasenparterre nahm eine Kastanienallee die zentrale Linie des Gartens auf und wies, als barocke Darstellung des Herrschaftsanspruches, weit in die Landschaft als Sichtachse hinaus. Der Schlossgarten Königs Wusterhausen gehörte neben Charlottenburg zu den beiden einzigen Ziergärten, für deren Unterhalt der sparsame Soldatenkönig finanzielle Mittel bereitstellte. Nach dem Tode des Königs blieb der östliche Gartenteil in den Grundzügen lange erhalten. Er wurde mit geringen Mitteln gepflegt und erfuhr kleinere Verschönerungsmaßnahmen. Eine gartenkünstlerische Überarbeitung unterblieb. Der westliche Gartenteil ging durch Parzellierung und Bebauung vollständig verloren. Seine Struktur ist bis heute nur noch an den Liegenschaftsgrenzen der Bebauung ablesbar. Nach dem zweiten Weltkrieg wurde der Garten in Teilen zweckentfremdet, ein anderer Teil als einfache Stadtparkanlage gestaltet. Im Jahr 2000 erfuhr die Anlage eine gartendenkmalpflegerische Überarbeitung. Seitdem erhebt sich das Schloss wieder über dem Schlossgraben. Ein zentraler Rasenspiegel und die neu gepflanzten Linden und Kastanien lassen das barocke Raumgefüge wieder entstehen.

Kossenblatt (LOS), Gutspark

Kossenblatt ist vor allem durch einen königlichen Handstreich bekannt geworden: Friedrich Wilhelm I. will Carl Friedrich Ludwig von Barfus das Gut abkaufen, dieser nennt dem König aber einen recht hohen Preis. Der König macht kurzen Prozess und zwingt Barfus 1736 zum Verkauf des Gutes nach Taxierung. Die barocke Gartengestaltung ist bis zum Ende des 18. Jahrhunderts schon wieder weitgehend verfallen. Erst 1862 wird das Schloss von der Krone an den Oberamtmann Buchholtz verkauft. Er lässt auf der Schlossinsel wieder einen repräsentativen Garten anlegen und wandelt den ehemaligen Lustgarten jenseits des Spree-Nebenarms in einen Landschaftsgarten um. Dieser Bereich ist heute teilweise bebaut und im Restbestand verwildert. Auf der Schlossinsel wurde dagegen 1966/67 unter denkmalpflegerischen Aspekten eine stark vereinfachte formale Anlage in Barockformen rekonstruiert. In einem Rosenbeet steht eine barocke Flora als erhaltene Figur der Originalausstattung.

Lindenberg (LOS), Gutspark

Lindenberg überrascht: Wer den stillen Gutspark besucht, findet keinen Hinweis auf die gartenhistorische Bedeutung dieses Ortes. Und doch gab es hier einen der ersten Parks in der Mark Brandenburg: Lindenbergs Gartengeschichte führt zurück auf Raban von Canstein, der als Diplomat im Vorfeld des Westfälischen Friedens und Verwaltungsreformer im Herzogtum Kleve bekannt geworden ist. Schnell war er später in die höchsten Ämter am Hof des großen Kurfürsten aufgestiegen. Nach seiner Eheschließung mit Hedwig Sophie von Kracht verhalf er dem Gut seiner Frau nach dem Dreißigjährigen Krieg zu neuer Blüte. Im Rahmen ausgedehnter Reisen durch Europa hatte Canstein wohl auch gartenkünstlerische Erfahrungen gesammelt, die er später auf seinem Gut anwenden konnte. Über den Garten dieser Zeit ist leider wenig bekannt, die Besitzverhältnisse waren in der Folgezeit unübersichtlich. Der Canstein'sche Barockgarten blieb wohl bis ins zweite Jahrzehnt des 19. Jahrhunderts teilweise erhalten, obwohl Lindenberg schon um 1800 in bürgerlichen Besitz gelangt war. Der heutige Park ist recht jungen Ursprungs: 1899 hatte der Landwirt Werner Teichmüller das Gut erworben und veranlasste mit umfangreichen Neugestaltungen auch die Anlage eines kleinen Parks. Größe und Gestalt der Anlage gehen auf Rittmeister Wilhelm Colsman zurück, der seit 1903 Eigentümer des Gutes war. Colsman, als geistiger Vater der Gesellschaft Deutsche Bodenkultur zumindest in Fachkreisen bekannt geblieben, beauftragte wohl nach 1904 den Berliner Gartenarchitekten Ludwig Lesser mit der Neugestaltung des Parks. Der Park ist damit weitgehend parallel mit dem Kurpark im nahen Bad Saarow entstanden. Letzte Eigentümer von Lindenberg vor 1945 waren die Geschwister der Frau von Colsman, Dora und Walter Bresges. Dora Bresges ihrerseits war verheiratet mit dem Bankier Robert Pferdmenges, der später als einflussreicher Berater von Konrad Adenauer die Geschichte der jungen Bundesrepublik Deutschland mitprägte. Schon 1937 hatte Adenauer die Familie Pferdmenges auf Lindenberg besucht. Der Park ist in dieser Zeit in seiner Grundstruktur erhalten geblieben. Nach einer Phase der Verwahrlosung in den sechziger Jahren stellte Hugo Namslauer vom Institut für Denkmalpflege im Rahmen einer Rekonstruktionsstudie 1979 ausdrücklich den künstlerischen Wert und die historische Bedeutung der Anlage fest. Die Störung des räumliches Gefüges durch Errichtung weiterer landwirtschaftlicher Produktionsgebäude konnte dennoch nicht verhindert werden. In den letzten Jahren ist es wieder still geworden in Lindenberg und man hofft bisher vergebens auf den Rückbau der schlimmsten Störungen. Der Park erstreckt sich über 6,5 ha östlich und vor allem nördlich des Schlosses. Den zentralen Bereich bildet eine großräumige Freifläche mit Teich, die von Gehölzgruppen eingerahmt und gegliedert wird. Auf ein dendrologisches Interesse der damaligen Gutsherrn lässt das Vorkommen von über sechzig Gehölzarten schließen, darunter auch seltenen exotische Arten wie etwa Gelb-Kiefer (Pinus ponderosa) und Libanon-Eiche (Quercus libani) und besonderen Gartenformen wie Hänge-Buche (Fagus sylvatica ‚Pendula'). Als Bestandteile älterer Anlagen sind wohl der Eiskeller gegenüber vom Schloss und die Mauer zwischen Schloss und Kirchhof übernommen worden. Aus der Zeit nach 1910 sind verschiedene Parkarchitekturen erhalten, so etwa ein Pavillon an der Nordgrenze, eine Kaffeelaube in der südöstlichen Parkecke, eine Sitznische im Nordwesten, die Brücke über den Teich sowie die drei Parktore. Als schlimmste Bausünden müssten der zentrale Schweinestall am Teich und der Hühnerstall im Nordwesten beseitigt werden, um mindestens das räumliche Gesamtgefüge wieder ungestört erleben zu können. Als seltenes Beispiel für die Anfänge der modernen Gartenarchitektur in einem ländlichen Gutspark verdient Lindenberg zweifellos größere Beachtung.

Lübben (LDS), Biedermeiergarten Neuhaus

Das eigenwillig gestaltete Herrenhaus wurde 1801 durch den Landesdeputierten Friedrich Wilhelm Leopold von Loeben errichtet, der sich bei der Gestaltung stark vom Freimaurertum inspirieren ließ. Ab 1822 lebte hier der spätromantische Dichter Christoph Ernst von Houwald (1778-1845), der vor allem durch sein „Buch für Kinder" in drei Bänden (1819-1824) in Erinnerung geblieben ist. Der formale Biedermeiergarten aus dem beginnenden 19. Jahrhundert wurde als seltenes Dokument seiner Zeit weitgehend neu angelegt. Vor dem säulengeschmückten Eingang sind zwei alte Eiben erhalten geblieben, vor der Gartenterrasse zwei Linden, die Rasenfläche schmückt eine große Platane.

Neuzelle (LOS), Klostergarten

Das Kloster Neuzelle gehörte während der Reformation zum Königreich Böhmen und blieb deshalb von einer frühen Säkularisation verschont. Erst 1817 erfolgte die Auflösung des Klosters, nachdem die Niederlausitz beim Wiener Kongreß an Preußen gefallen war. Im 17. und 18. Jahrhundert konnte so eine der bedeutendsten barocken Klosteranlagen im Nordosten Deutschlands entstehen. Neben dem spätgotischen Kreuzgang, den beiden Barockkirchen, sowie den barock überformten Klostergebäuden ist auch der barocke Klostergarten mit seiner Orangerie erhalten geblieben. Nach einer Restaurierung ist er ab 2004 wieder öffentlich zugänglich. Die Restaurierungsarbeiten bezogen sich im ersten Bauabschnitt auf die Rekonstruktion der Terrassenanlage, der Wiederherstellung eines Barockpaterres, die Sanierung der Orangerie sowie die Wiederherstellung von Laubengängen, Wege- und Wasseranlagen. Auch der Weinbau wurde 2002 auf dem Gelände des Klosters Neuzelle rekultiviert. Der Klostergarten in Neuzelle gilt als einzige nennenswerte barocke Gartenanlage Brandenburgs, die erhalten werden konnte.

Peitz (SPN), Gutspark Luisenruh

Das Gutshaus mit Garten aus der zweiten Hälfte des 18. Jahrhunderts ist durch das Ehepaar Gahler für eine gastronomische Nutzung restauriert worden. Heute empfängt den Reisenden das freundliche Gasthaus Luisenruh in gärtnerisch gestalteter Umgebung.

Prieros (LDS), Botanischer Garten

Seit 1991 ist der Privatgarten der Familie Deters als Botanischer Garten im Rahmen von Führungen mittwochs und am Wochenende jeweils um 15 Uhr öffentlich zugänglich. Neben der regional bedeutendsten Nadelgehölzsammlung mit 230 Sippen, bietet er auch stimmungsvolle Gartenbilder, die durch Metallplastiken des Künstlers Scott Keely aus den USA ergänzt werden.

Prieros (LDS), Biogarten

Im August 1995 wurde in Prieros eine weitere touristische Attraktion in Gestalt des Biogartens eröffnet. Hier werden die verschiedenen Lebensräume wie Teich, Tümpel, Heide und Wald mit ihrer typischen Flora und Fauna des Naturparks Dahme-Heideseen dargestellt. Im Gemüsegarten wird vor allem das Anliegen des biologischen Gartenbaus anschaulich nahegebracht. Der Besucher kann sich ausführlich über die Produktion von gesundem und schadstofffreiem Obst und Gemüse informieren und seinen Aufenthalt mit einem Besuch im Kräuter- und Heilpflanzengarten abrunden. Für die Kinder bieten die Ökorallye und der Sinnesgarten eine spannende Möglichkeit, das Wissen über Garten und Natur zu testen und zu erweitern. Es sind natürlich auch alle Besucher herzlich willkommen, die Erholung und Entspannung in der Natur suchen.

Ragow (LOS), Gutspark

Nach der umfassenden Instandsetzung gehört die ausgedehnte Anlage heute in jedem Fall zu den unentdeckten Parkschönheiten der Mark. Die Struktur der Park- und Gutsanlage ist das Ergebnis einer Erbteilung: Ursprünglich befand sich mitten im Dorf der erste Rittersitz. Ein zweites Herrenhaus entstand 1672 im Süden des heutigen Parks. Das bestehende Gutshaus wurde in der ersten Hälfte des 18. Jahrhunderts errichtet und ein halbes Jahrhundert später umgebaut. Um die Wende zum 20. Jahrhundert erfolgte eine historistische Neugestaltung, die das Gebäude bis heute prägt. Die wiederhergestellte Wegeführung im Park mit den rekonstruierten Brücken entspricht weitgehend dem historischen Zustand der Topographischen Karten von 1901 bzw. 1924.

Schenkendorf (LDS), Gutspark

Das Gut der Schenken von Landsberg war ab 1657 im Besitz von Johann Friedrich Freiherr von Löben, dem Kanzler des Großen Kurfürsten. Das alte Löben'sche Herrenhaus ist im Schatten des Neuen Schlosses bis heute erhalten geblieben. Ende des 19. Jahrhunderts erwarb der Berliner Zeitungskönig Rudolf Mosse das Gut und ließ das Schloss im Stil der italienischen Neurenaissance errichten. Auch der 16 ha große Park hat in dieser Zeit seine heutige Struktur erhalten. Als Wochenend- und Alterssitz Rudolf Mosses war Schenkendorf ein Treffpunkt der Berliner Intellektuellen der zwanziger Jahre. Nach der Enteignung der Familie Mosse im dritten Reich wurden Schloss und Park später als Stützpunkt der DDR-Grenztruppen genutzt. Heute ist die Gesamtanlage im Besitz des Berliner Antiquitätenhändlers Ottomar Berbig, der seit seiner Adoption als legitimer Rudolphe Vlad Dracula Prinz Kretzulesco Schloss und Park intensiv touristisch vermarktet. Das Schloss mit dem „Turm der Magie" kann im Rahmen einer Führung besichtigt werden, im Park warten ein „Teich der Wünsche" und ein Streichelzoo auf große und kleine Besucher. Mit historischen Festen, Vampir- und Blutspendeparties ist Schenkendorf heute auch im angelsächsischen Sprachraum bekannt geworden.

Schöneiche (LOS), Gutspark

Der Park des 1949 abgetragenen Barockschlosses von Schöneiche ist teilweise im heutigen Ortspark aufgegangen. Erhalten geblieben ist die sehenswerte Schlosskirche, ein barocker Putzbau von 1725 mit älterem gotischen Kern.

Schöneiche (LOS), Kleiner Spreewaldpark

Kein historischer Garten im üblichen Sinne, dennoch ein tourismusgeschichtliches Kuriosum: Der Wirt des Gartenlokals „Mann's Waldschloß" ließ in den zwanziger Jahren in einem anliegenden Erlenbruchwald ein Labyrinth laubüberdachter Kanäle anlegen, auf denen die Besucher eine halbe Stunde lang Spreewaldgefühle erleben konnten. Die Vereine „Naturschutzaktiv Schöneiche e.V." und die „Frauengruppe Lebensart e.V." haben in Zusammenarbeit mit der Gemeinde das vom Fredersdorfer Mühlenfließ gespeiste Kanalsystem seit 1997 als Teil des neu geschaffenen, 4,2 ha großen „Kleinen-Spreewald-Parks" mit Naturspielplatz, Liegewiesen, Naturlehrpfad und Dinoteich wiederhergestellt.

Selchow (LDS), Gutspark

Ein Parkrest mit schönem alten Baumbestand umrahmt das verfallende Herrenhaus. Durch teilweise Nutzung als Pferdekoppel ist der Park optisch geteilt und vermag keine ästhetische Wirkung mehr zu entfalten. Das unrühmliche Beispiel steht für viele Anlagen dieser Art in Brandenburg, macht aber in der dicht besiedelten Peripherie Berlins besonders betroffen.

Sembten (SPN), Gutspark

Ausgehend vom renovierten Herrenhaus erstreckt sich ein kleiner Landschaftspark, dessen Grundstruktur trotz einer störenden Freilichtbühne bis heute erkennbar geblieben ist. Während man den Bau des Herrenhauses auf die Besitzzeit der Familie von Haugwitz (1700-1765) datiert, ist der Park wohl erst später entstanden.

Storkow
Jüdischer Friedhof

Storkow (LOS), Jüdischer Friedhof

Abseits der Stadt in isolierter Lage bildet der Jüdische Friedhof in Storkow ein interessantes Dokument deutsch-jüdischer Geschichte in einer märkischen Kleinstadt. Mitten im Wald umgibt eine Feldsteinmauer die rechteckige Rasenfläche mit 91 Grabsteinen. Über die Geschichte ist wenig bekannt, die Entstehung wird mit dem ältesten Grabstein auf das Jahr 1836 datiert.

Storkow (LOS), Schlosspark Hubertushöhe

Hommage à Sentimentalitè: Wer mag es gewesen sein, der hier so offensichtlich romantischen Gelüsten frönte und dieser Neigung ein beachtliches Vermögen opferte? Es war der Geheime Kommerzienrat Georg W. Büxenstein, Banknotendrucker für die Deutsche Reichsbank, Begründer der Tarifgemeinschaft im Buchdruckergewerbe, Mitbegründer des Deutschen Ruderverbandes, Freund und Vertrauter Kaiser Wilhelms II. seit dessen Jugendtagen. Angeblich hat Büxenstein in der Auswahl der architektonischen Details an den Fassaden bereits die nordischen Vorlieben des Kaisers bedacht: Drachenköpfe zieren den Turm, ein Drachentöterrelief die Südseite des Märchenschlosses. Auch in der Folgezeit blieb Hubertushöhe ein Ort der großen Gesellschaft. Auf Büxenstein folgte der Textilfabrikant Rudolf Bamberg, ein bekannter Kopf der Berliner Modebranche in den zwanziger Jahren. Die Firma Reemtsma, seit 1935 Eigentümer von Schloss und Park, kaufte beides 1992 zurück und veranlasste den Ausbau zum Hotel der Spitzenklasse. Ein buchsgefasstes Nierenbeet im Hof bietet anspruchsvolle Dekoration. Die landschaftliche Gestaltung der Umgebung betont sorgfältig gepflegt die topografisch einzigartige Lage. Das Restaurant „Windspiel", inzwischen mit Michelin-Stern dekoriert, lädt auch zu einem gepflegten Kaffee am Nachmittag ein.

Foto folgende Seite

Storkow
Schloss Hubertushöhe: wechselvolle Geschichte, heute Spitzenhotel

COTTBUS/NIEDERLAUSITZ/ELBE-ELSTER-LAND

Weitere sehenswerte Parks in der Region

11
Ludwigs-
felde
Köni
Wust
haus
BELZIG
DAH
FLÄMING
LUCKENWALDE
12-13
Jüterbog
50
Ahlsdorf
Wiepersdorf
49
Lebusa
HERZBERG
(Elster)
Schlieben
51
ELBE-ELSTE
Stechau
Neudeck
LAND
Doberlu
Kirchha
Bad
Liebenwerda
Saxdorf
Martinskirchen
Saathain
Mühlberg
Els
we
Berlin
Brandenburg
20 km
© L&H Verlag/kontur

Cottbus
Niederlausitz
Elbe-Elster-Land

45 COTTBUS, SCHLOSSPARK BRANITZ

Hermann Fürst von Pückler-Muskau schuf mit dem Branitzer Schlosspark sein Alterswerk. Weitgehend erhalten und in Details wiederhergestellt, bildet die Anlage dank konsequenter Pflege auf hohem Niveau heute eine Gartenschöpfung von europäischem Rang.

Im Angesicht der alles überstrahlenden Person des Gartenschöpfers Hermann Fürst von Pückler-Muskau (1785-1871) dennoch ein Blick in die weitere Vergangenheit: Branitz befand sich schon vorher seit Generationen im Besitz der Familie. Reichsgraf August Sylvius von Pückler erwarb das Gut im Jahr 1696, sein Enkel Heinrich ließ das bis heute bestehende Schloss unter Einbeziehung eines Vorgängerbaus errichten. Im Jahr 1845 war Hermann von Pückler-Muskau gezwungen, Schloss und Park in Muskau wegen Überschuldung zu verkaufen. Er siedelte nach Branitz um und machte hier im Alter von 61 Jahren einen neuen Anfang. Zu den Umbauarbeiten insbesondere im Eingangsbereich und im Südflügel des Schlosses wurden die Architekten Eduard Titz aus Berlin und Rudolf Gottgetreu aus Potsdam herangezogen, die Parkgestaltung war für Pückler selbst sein letztes großes Lebenswerk. Nach dem Tod des Fürsten ist Branitz schnell zu einem bekannten Reiseziel geworden.

Als Pückler sich zur Neuanlage eines Parks entschloss, schien der Bestand alles andere als ermutigend. Die Gutsanlage selbst war verwahrlost. Die Reste einer älteren Parkanlage von nur wenigen Hektar Größe befanden sich inmitten einer Heidelandschaft, die durch lockere Kiefern- und Birkenbestände geprägt war. Schon im Jahr 1846 entwarf Pückler drei bis heute erhaltene Pläne, noch im selben Jahr begannen die ersten Erd- und Pflanzarbeiten. Zur Anlage des Parks beanspruchte Pückler mehrere um den Schwarzen See gelegene Hofstellen. Durch deren und später vorgenommene Umsiedlungen beeinflusste er maßgeblich die Struktur des Dorfes. Im Jahr 1852 lässt Pückler den ersten Bauabschnitt von 37 ha mit einem Fest einweihen. Nach dem Tod seiner Frau im Jahr 1854 widmete er sich ver-

Schlosspark Branitz
Tumuluspartie mit Pyramide im See

stärkt der Gestaltung der Pyramidenebene. Nachdem die beiden Pyramiden fertiggestellt und die Anlage der Seen und Hügel im Wesentlichen abgeschlossen waren, starb der Fürst. Sein Nachfolger Graf Heinrich ließ die Arbeiten bis zur Vollendung des Parks um 1890 fortsetzen. Der „Innere" und der „Äußere Park", die verschönerte Feldflur, umfasste ein Areal von ca. 600 ha. Während der Kernpark in der Folgezeit im Sinne Pücklers erhalten und gepflegt wurde, ist der Gedanke an den großen Zusammenhang einer ästhetisch erlebbaren Kulturlandschaft erst in den letzten Jahren wieder ins Zentrum des Interesses gerückt.

Auf den Spuren Pücklers beginnt der Rundgang vom östlichen Eingang her an der Parkschmiede. Dieser Weg von der Forster Chaussee über die Englische Allee ist als Auffahrtsweg aus Richtung Osten konzipiert. Der neugotische Bau der Parkschmiede markiert als Torhaus die Grenze zwischen dem „Inneren Park" und der gestalteten Kulturlandschaft, dem „Äußeren Park". Von der Auffahrt fällt der Blick nach rechts über die Schmiedewiese auf das Schlossensemble mit Cavalierhaus, Schloss und Marstall – eine Parkszene, die von Pückler bewusst als Entreé gestaltet wurde.

Hinter der Schmiedewiese wendet sich die Auffahrt nach Norden und führt über die Blaue Brücke in den reich ausgestatteten Schlossbereich. Östlich des Schlosses liegt zwischen Marstall und Cavalierhaus der geschmückte Pergolahof. Seine Wände sind mit Medaillons und Reliefplatten aus Terrakotta geschmückt, an den Eckpunkten stehen jeweils Kopien antiker Plastiken aus Zinkguss. Von der Terrasse auf der Westseite des Schlosses führt der Blick über den Pleasureground: Ganz zur Linken in Schlossnähe der Kiosk mit Büste der Henriette Sontag, jener Sängerin, der Pückler 1827 in London auf der Suche nach einer reichen Frau erfolglos den Hof machte. Zentral im Vordergrund liegt der Schlosssee mit der stattlichen Flügelnuss (Pterocarya fraxinifolia) unmittelbar am jenseitigen Ufer. Kulissenartig gepflanzte Baumgruppen und markante Einzelbäume gliedern den Parkraum, darunter im Mittelgrund die nachgepflanzte Pokallinde. In der Mitte des Hintergrundes, am Ende des Schilfsees, befindet sich der Kugelberg, der seinen Namen nach der dort vom Fürsten aufgestellten Glaskugel erhielt.

Vom Schloss nach Norden Richtung Rosenhügel steht rechter Hand ein auffälliger Tulpenbaum (Liriodendron tulipifera). Kurz darauf öffnet sich nach links das sogenannte „Gotische Fenster". Der Name leitet sich von der Form ab: Der Rahmen der Sicht wird von einem in Laubwerk geschnittenen Bogen mit einer aufgeasteten Linde als Maßwerk gebildet.

Westlich des Schlosses lässt sich der weite Parkraum historisch und thematisch in vier Bereiche gliedern:

1. Der Hauptpark oder Mittelpark umfasst den Pleasureground bis zum Kugelberg.
2. Südwestlich vom Schilfsee zunächst der Hainteil und daran anschließend der Schlangenseebereich.
3. Um den Pyramidensee im Westen die Tumuluspartie, benannt nach der Erdpyramide im See, die Pückler als eigenes Grab errichten ließ.
4. Nördlich vom Pyramidensee als jüngster Bereich der Bleyerparkteil, der heute vor allem durch Ausblicke vom Umfahrungsweg im Wald und am Waldrand auf eine große Freifläche zu erleben ist.

Wer den Park systematisch erwandert, kann feststellen, dass die natürliche Altersentwicklung der oft beherrschenden Eichen, Buchen und Linden aus der Pücklerzeit jetzt ihren Höhepunkt erreicht hat – nicht zuletzt aus dieser Altersdynamik heraus erhält das Gartendenkmal Branitz heute seine herausragende Bedeutung. Die Stiftung Fürst-Pückler-Museum Schloss und Park Branitz erhält und entwickelt den Park streng nach den Grundsätzen der Gartendenkmalpflege.

Info

Anfahrt A 15 Ausfahrt Cottbus Süd, B 115 von Vetschau oder Forst
Bahn von Berlin
Park südöstlich vom Stadtzentrum Cottbus, Zugang von allen Richtungen ausgeschildert

Grösse 600 ha, davon ca. 100 ha durch die Stiftung betreut

Eigentümer Stiftung Fürst-Pückler-Museum Park und Schloss Branitz, 03042 Cottbus

Parkführer Rippl, H. (1992): Branitzer Parkerkundungen. 1. Aufl. Cottbus. Broschüre mit Bildern und Plan, 56 S.
Naturwiss. Verein der Niederlausitz e.V. (Hrsg.) (1995): Biologischer Führer durch den Branitzer Park. Natur und Landschaft Niederlausitz Sonderheft. Broschüre mit Bildern, 80 S.

Literatur Karg, D. (1996): Cottbus – 150 Jahre Fürst-Pückler-Park Branitz. Brandenburgische Denkmalpflege 5, S.12-21
Stiftung Fürst-Pückler-Museum, Edition Branitz, Bd. 3 u. 4, Berlin 1998, 1999

46 FORST (L.) (SPN), OSTDEUTSCHER ROSENGARTEN

„Komm und schaue nach Herzenslust
all diese herrliche Pracht.
Vergiß Deine Sorgen,
verschieb sie auf morgen,
die Sonne am Himmel Dir lacht."
Aus dem Forster Rosengarten-Walzer

Seit seiner Eröffnung 1913 ist der Ostdeutsche Rosengarten in Forst ein vielbesuchter Höhepunkt der regionalen Gartenkultur. Mit 40.000 Rosenstöcken von mehr als 400 Sorten auf 15 ha Fläche bildet er neben den Rosarien in Sangerhausen und Dortmund eine der umfangreichsten Sammlungen dieser Art in Deutschland.

Die Geschichte des Gartens beginnt mit dem 25-jährigen Kronjubiläum Kaiser Wilhelms II. im Juni 1913. Zu diesem Anlass hatte der Forster Verein der Gärtner und Gartenfreunde auf dem Gelände zwischen Neiße und Mühlgraben eine Rosen- und Gartenbauausstellung veranstaltet. Die Erhaltung der Ausstellung als dauerhafte Parkanlage ging vor allem auf den Wunsch der Forster Bürger zurück. Schon damals erhielt die Anlage vom „Verein Deutscher Rosenfreunde" offiziell den Namen „Ostdeutscher Rosengarten". Maßgeblichen Einfluss auf die spätere Gestaltung des

OSTDEUTSCHER ROSENGARTEN
40.000 Rosenstöcke von mehr als 400 Sorten

Ostdeutscher Rosengarten
Teschendorffgarten

Gartens hatte der Gartenbaudirektor Alfred Boese in den Jahren 1912 bis 1939.

Die Anlage besteht heute aus zwei gestalterisch selbständigen Teilbereichen: In der Landspitze zwischen Neiße und Mühlgraben liegt durch den Entengraben abgetrennt die Wehrinsel mit ihrer weitgehend landschaftlichen Gestaltung. Nördlich des Entengrabens finden wir den eigentlichen intensiv gestalteten Rosengarten. Durch den Haupteingang von Norden führt zwischen zwei Pavillons direkt auf die Hauptachse. Im Eingangsbereich grüßt ein rekonstruierter Rosenbrunnen mit Florafigur aus der Entstehungszeit der Anlage. Die Hauptachse als gestaltbildendes Element lässt zwei voneinander getrennte Parkräume entstehen:

Nordöstlich liegt der ausgedehnte Sichtungsgarten, der auf großzügigen Rabatten vor allem vielblütige Polyantha-Hybriden und Floribunda-Rosen zeigt. Die Begrenzung zur Eingangsseite hin bildet eine Reliefwand des Bildhauers Jürgen von Woysky aus dem Jahr 1967 hinter einem kleinen Seerosenteich. Ebenfalls auf dieser Seite der Hauptallee schließt am gegenüberliegenden Ende der Neuheitenteil an, in dem die aktuellen Sorten der bekanntesten Rosenzüchter Deutschlands gezeigt werden.

Südwestlich der Hauptallee bildet der Rosenhochstammgarten ein gestalterisches Pendant, der neben den hochstämmigen Sorten auch Beetrosen und Staudenrabatten als Rosenbegleiter zeigt.

Die Hauptallee selbst zeigt Mittelbeete mit Bodendeckerrosen, die von verschieden Strauchsorten gefasst sind und endet schließlich im einem Zwergrosenbereich. Ein Weg führt weiter durch den kleinen Teschendorffgarten, der mit Rhododendronhecke als selbständiger Gartenraum um eine steinerne Amphore angelegt wurde.

Quer zur Hauptallee schließt sich die ausgedehnte Anlage der Wasserspiele an. Der Raum wird gefasst durch eine Thujahecke und eine steinerne Pergola von 1913. Als Bepflanzung wurden hier die bekannten Rosensorten ‚Gloria Dei', ‚The Queen Elizabeth' und ‚Super Star' gewählt. Direkt vor den Wasserfontänen lädt ein Café zum Verweilen ein, dessen triviale Plastikmöblierung wie so oft auch hier einen ärgerlichen Kontrast zur hohen Gestaltungsqualität des Gartens bildet. Also bleibe der Blick lieber auf die Wasserspiele gerichtet.

Im hintersten Parkbereich, fast am Entengraben gelegen, liegt ein Dahliengarten, der die Gesamtanlage mit einem eindrucksvollen Spätsommeraspekt ergänzt. Als dendrologische Besonderheiten finden sich hier auch Trompetenbaum (Catalpa bignonioides), Flügelnuss (Pterocarya fraxinifolia) und Ginkgobaum (Ginkgo biloba).

Ostdeutscher Rosengarten
Pergolenhof

Ostdeutscher Rosengarten
Wasserspiele auf der Wehrinsel

Über den Entengraben gelangt man auf die Wehrinsel, einen großzügig im Englischen Landschaftsstil gestalteten Parkraum mit Parkkunstwerken aus der Entstehungszeit. So trifft man im Bereich eines formalen Gartenraumes mit Sommerblumenbepflanzung auf den Schlangenbrunnen mit der Figur des wasserschöpfenden Knaben, den heiteren Bärchenbrunnen auf einem kleinen Rasenfeld zwischen zwei Rosenbeeten sowie den 2003 vollständig rekonstruierten strengen Pergolengarten mit dem schlichten Froschbrunnen im hinteren Bereich. Der ostdeutsche Rosengarten ist ein Musterbeispiel für eine intakte bürgerliche Tradition feinsinniger Gartenkultur in einer Region, wo manches ländliche Parkkleinod auf den ersten Blick wenig Beachtung zu erfahren scheint.

Info

Anfahrt A 15 Ausfahrt Forst, B 182 von Cottbus, B 112 von Guben
Bahn von Cottbus
Zugang vom Stadtzentrum aus über die B 122 Richtung Bademeusel, von hier ausgeschildert

Grösse 15 ha

Eigentümer Stadt Forst (Lausitz), Promenade 9, 03149 Forst (L.)

Parkführer Stadt Forst (Hrsg.) (2003): Ostdeutscher Rosengarten. Forst

Literatur MELF des Landes Brandenburg (Hrsg.) (1997): Gärten Land Brandenburg. Potsdam
Schüttauf, H. (1973): Parke und Gärten in der DDR. Leipzig

47 ALTDÖBERN (OSL), SCHLOSSPARK

„Von der Mitte der Dresdener Straße schaute der Altdöberner Lassbauer ehrfürchtig durch den doppelten Vorhof in den hellschimmernden Lichtstreifen des geöffneten Schlosstores und durch den Ehrenhof wieder nordwärts ins Freie."
O.E. Schmidt über den Eindruck zur Zeit Heinekens in der Beschreibung „Schloss Altdöbern und seine Umgebung" von 1930

Mit den schlossnahen Anlagen ist ein wichtiges Dokument der Gartengestaltung des Rokoko eingebettet in einen großräumigen Landschaftspark erhalten geblieben. Erste Wiederherstellungserfolge im Kernbereich lassen heute die Welt des 18. Jahrhunderts im Rahmen späterer landschaftlicher Gestaltung lebendig werden.

General Alexander Dietrich von Eickstädt (1659-1727) stand bereits im Zenit seines Ruhmes als Feldherr Augusts des Starken, als er 1717 das Gut Altdöbern erwarb. Das genaue Erscheinungsbild einer älteren Wasserburg der Familie von Köckeritz ist nicht überliefert. Eickstädt ließ ab 1717 eine dreiflügelige barocke Schlossanlage mit großem Garten errichten, dokumentiert durch einen Plan von J.B. Fabian von 1720. Nach dem Tod von Eickstädts Sohn 1746 ging der Besitz zunächst an den sächsischen Hofküchenmeister Johann Jakob Nöller und wenige Jahre später an dessen Schwiegersohn Carl Heinrich von Heineken (1706-1791). Dieser war als Sekretär des sächsischen Premierministers Graf Brühl wohl die einflussreichste Persönlichkeit in der Kulturpolitik des Königreiches und verantwortlich für alle Anschaffungen im Kunst- und Kulturbereich. Heineken, 1749 in den Ritterstand erhoben, legte auch privat Wert auf eine angemessene Repräsentation – so wurde Altdöbern um 1750 unter Mitwirkung hervorragender Dresdener Architekten zu einer Perle des sächsischen Rokoko umgebaut. Veränderungen an diesem Ensemble ließ Heinrich von Witzleben nach Erwerb des Gutes im Jahr 1880 durchführen. So schloss das Berliner Architekturbüro Kaiser & von Großheim ab 1881 den offenen Dreiflügelbau durch Einbau eines durchlaufenden Gartensaales mit Säulenloggia, die von zwei Zwiebeltürmen im Neurenaissancestil flankiert wird. Im Zuge dieser Ergänzungen wurde auch die Fassade im neubarocken Stil überarbeitet. Eine weitere Auflösung des Rokokoensembles ging mit der Errichtung eines neuromanischen Anbaus unter Marie von Witzleben ab 1887 einher. 1917 erwarb der Pankower Zigarettenfabrikant Eugen Garbáty das Gut und bemühte sich um eine historisch angemessene Erhaltung. Nach Enteignung der jüdischen Familie im Dritten Reich kam kurzzeitig der Fürst zu Lippe-Detmold in den Besitz des Gutes. Nach der Bodenreform wurde das Schloss zunächst als Pflegeheim genutzt und stand dann seit 1974 leer. Bis in die jüngste Vergangenheit gingen Reste der wertvollen Ausstattung durch Vandalismus verloren. Mit der Übernahme durch die Brandenburgische Schlösser GmbH sind nunmehr die Voraussetzungen für eine denkmalgerechte Sanierung gegeben.

Der Barockpark Eickstädts wurde von Heineken ab 1750 auf eine fast sechsfache Größe erweitert und zu einem Schlosspark mit aufwändigen Wasseranlagen, Pavillons und Plastiken umgestaltet. Heineken lieferte persönlich den Entwurf für den „Plan du Jardin d'Altdöbern", der 1756 vom Kunstgärtner Sparing gestochen wurde und bis heute einen Eindruck von der Anlage vermittelt. Unter Witzleben wurde um 1880 Carl Eduard Petzold (1815-1891) mit der Umgestaltung in einen Landschaftspark beauftragt. Petzold konzentrierte den Wasseraspekt auf eine landschaftliche Umgestaltung des 14 ha großen Salzteiches und ließ die Kanäle und Wasserbecken in Schlossnähe verfüllen. Die barocken Teilbereiche südlich des Schlosses blieben erhalten und wurden in die landschaftliche Gesamtanlage einbezogen. Aufgrund des hohen Grundwasserstandes in der nördlichen Schlossumgebung gab es hier zunächst Probleme mit dem Pflanzenwuchs, bis ein Entwässerungssystem Abhilfe schaffte. Garbáty zog nach 1917 den Gartenarchitekten Heinrich Friedrich Wiepking-Jürgensmann (1891-1973) zur Weiterentwicklung des Parks hinzu. Nach dessen Planung sind vor allem weite Teile der landschaftlichen Anlage durch drastische Reduzierung überzähliger Bäume wiederhergestellt und viele Rhododendren eingebracht worden. Nach dem Krieg verwilderte der Park zunächst.

Zwar gab es schon seit 1946 Restaurierungsbestrebungen, Sportplatz und Freilichtbühne – die unvermeidlichen Segnungen der DDR-Zeit – haben aber den Parkraum deutlich gestört. Als existenzgefährdend erwiesen sich die bergbaubedingten Störungen im Wasserhaushalt: Der Grundwasserabsenkung im Gesamtgebiet stand die starke Aufstauung des Salzteiches gegenüber, so dass es zu schweren Schäden am Gehölzbestand kam. Nach 1990 veranlasste die Fachbehörde zunächst Sicherungsmaßnahmen. Ab 1992 wurde der barocke Parkabschnitt, der sogenannte Französische Garten, restauriert. Weitere Wiederherstellungsarbeiten im Bereich des Salzteiches und der Zufahrt sind geplant oder schon begonnen.

Bis heute betritt der Besucher den Park vom Ortszentrum aus auf das Schloss zugehend durch das ehrfurchtgebietende Parktor. Vor der neubarock überformten Fassade grüßen vor der Treppe die Skulpturen von Merkur und Venus, die einem kleinen Amor die Flügel stutzt – kann es einen treffenderen Empfang zum Rundgang durch einen Garten aus der galanten Zeit des Zopfes geben? Vor dem Schloss nach rechts wendend erreicht man schnell die „Partie des Jeux avant la Promenade" aus dem Park Heinekens, bis heute ein gestalterischer Höhepunkt. Den vorderen Bereich der pergolenumgrenzten Anlage bildet ein rechteckiges Wasserbecken mit wasserspeienden Figuren, das von Prunkvasen und den allegorischen Figuren von Hygieia und Bacchus des Dresdener Hofbildhauers Gottfried Knöffler (1715-1779) eingerahmt wird. Von hier fällt der Blick auf den großartig inszenierten Schalenbrunnen aus vier übereinanderliegenden und kleiner werdenden Muscheln, über denen Neptun seinen Dreizack wie zur Jagd auf Fische auf das nasse Element unter ihm richtet. Das hervorragende Werk Knöfflers ist seit der letzten Restaurierung wieder mit sprudelndem Wasser zu erleben. Westlich des Schlosses hat sich mit dem Heckentheater ein weiteres Detail aus der Rokokozeit erhalten. Ursprünglich ein Teil der ausgedehnteren Anlage „Théâtre et le Pavillon de Tilleurs", flankieren noch heute die Figuren des Gottes Pan und der Nymphe Syrinx das Proszenium vor den rekonstruierten Hecken des Bühnenraumes. Nördlich des Schlosses erstreckt sich der weite Landschaftspark, der bis heute die Handschrift

Altdöbern
Knöfflers allegorische Figuren flankieren den Park

Petzolds trägt. Vom Pleasureground aus fällt der Blick in mehrere Sichtachsen: eine zentrale Achse führt geradewegs auf die baumbestandene Insel im Salzsee, eine zweite in nördlicher Richtung verliert sich heute im schlossferneren Parkbereich. Wer den 55 ha umfassenden Landschaftspark erkundet, wird noch einige Spuren fehlerhafter Behandlung in der Vergangenheit entdecken und sich für die Zukunft eine noch konsequentere Pflege dieses herausragenden Parkdenkmals wünschen.

Info

Anfahrt A 13 Ausfahrt Bronkow über Schöllnitz oder Ausfahrt Großräschen über Großräschen
Bahn von Calau
Rad von Calau oder Großräschen
Zugang zu Schloss und Park direkt von der Ortsmitte

Grösse 55 ha

Eigentümer Gemeinde Altdöbern, Weinbergstr. 12, 03229 Altdöbern

Ansprechpartner Bürgermeister Hans-Joachim Thierbach, Anschrift s.o., Fon 035 434 / 433

Literatur Niemann, A. (1994): Altdöbern – Der Schlosspark. Brandenburgische Denkmalpflege 3,1, S.38-47
Brandt, M. (1993): Schloss und Park Altdöbern. Die Mark Brandenburg 9, S.6-9

Tipp

10 km südlich von Altdöbern das IBA-Zentrum Großräschen der Internationalen Bauausstellung Fürst-Pückler-Land 2000-2010, direkt am IBA-Auftaktgebiet „Victoria für Großräschen" gelegen: Im ehemaligen Tagebau Meuro ab 2005 der Ilsesee, durch die Seestraße mit dem Zentrum der Stadt verbunden. Direkt am zukünftigen Seegebiet Bau der IBA-Terrassen nach Ergebnis eines internationalen Wettbewerbs. Zwischen der sogenannten Victoriahöhe als Aussichtspunkt und der Seestraße schon seit 2002 die „Allee des Steine" des Landschaftsarchitekten Helmut Rippl.

48 FÜRSTLICH DREHNA (LDS), SCHLOSSPARK

Der ausgedehnte Park von Fürstlich Drehna fiel teilweise dem Braunkohlentagebau zum Opfer. Nach Anlage des neuen Parkteils zur Abgrenzung gegen die Bergbaufolgelandschaft hat eine der schönsten Anlagen Brandenburgs wieder eine geschlossene räumliche Struktur erhalten.

Fürstlich Drehna: Noch heute ein intaktes und untrennbares Ensemble aus Schloss, Ort und Park – eine Einladung zum Blick in die Geschichte. Das Schloss ist über einer mittelalterlichen Burg erbaut worden, die auf eine slawische Anlage zurückgehen soll. Der heute bestehende Baukörper wurde im 16. Jahrhundert unter der Familie von Minkwitz im Renaissancestil errichtet. Nach fast zweihundertjähriger Herrschaft verkaufte der letzte Minkwitz Drehna 1697 an die Familie von Promnitz, die das Schloss bis 1753 in Barockformen umgestalten ließ. 1793 erwarb Graf Moritz Ludwig Ernst zu Lynar auf Lübbenau die Herrschaft und begründete damit eine jüngere Linie des Hauses Lynar. Er war es, der 1807 vom österreichischen Kaiser in den Fürstenstand erhoben wurde und der Herrschaft den Namen Fürstlich Drehna verlieh. Mit dem Bau der Brauerei schuf er die Grundlage für ein weiteres wirtschaftliches Wachstum des Besitzes. Bis 1877 war das Gut allerdings so hoch verschuldet, dass es zum Verkauf stand – Käufer wurde der Bremer Reeder Christian Heinrich Wätjen. Er gestaltete die Anlage zum Jagdgut um und verkaufte sie schließlich an die Familie Wallenberg-Pachaly, die bis 1945 hier wohnte. Die Besitzer seit 1793 sind behutsam mit der Bausubstanz umgegangen und haben dem Gesamtensemble seine heutige Gestalt gegeben. Ab 1945 zunächst Forstschule und Jugendheim, stand das Schloss seit 1986 leer, nachdem der Braunkohletagebau Schlabendorf-Süd schon nah an den Ort herangerückt war. Mit Übernahme durch die Brandenburgische Schlösser GmbH wurde die Sanierung des Gesamtensembles eingeleitet.

Das Schloss als weiterentwickelte Wasserburg hatte zunächst keinen repräsentativen Garten. Die Witwe des Fürsten Moritz zu

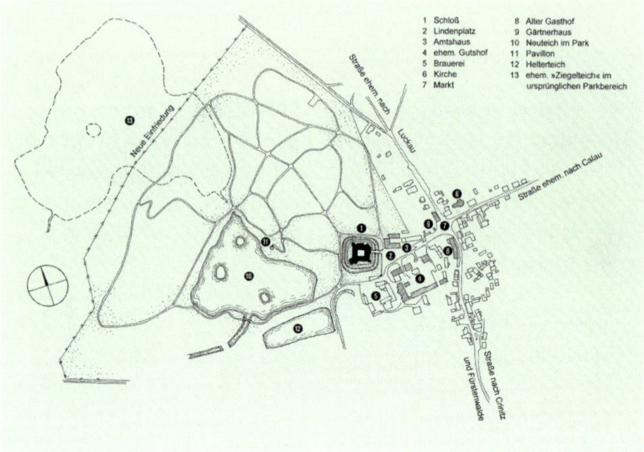

FÜRSTLICH DREHNA
Übersichtsplan

Lynar, der bereits 1807 verstorben war, ließ die Herrschaft zu einem standesgemäßen Landsitz nach den Idealen der ferme ornée umgestalten. Im Rahmen dieses Gesamtkonzeptes wurde ein offenbar vorhandener Barockgarten in einen sentimentalen Landschaftsgarten umgewandelt, der schnell landesweite Bekanntheit erlangte. Eine Neugestaltung und Erweiterung zu einem großzügigen Landschaftspark erfolgte wohl 1819 unter Otto Wanderup Heinrich zu Lynar (1793-1860) – möglicherweise sogar durch Lenné. Da ein Originalplan nicht vorliegt, ist die Frage der Autorenschaft aber unsicher. Der Reeder Wätjen hat die Anlage später im Sinne Lenné'scher Prinzipien auf 52 ha erweitert. Die Katastrophe kam für den Park im Jahr 1982: 22 ha Parkfläche gingen für den Braunkohlentagebau verloren, dabei wurde der Ziegelteich vollständig beseitigt und der Park durch eine bis zu 8 m hohe Dammaufschüttung nach Nordwesten vom Tagebaugebiet abgetrennt. Durch die Lehmschichten im Boden fiel die Schädigung des Altbaumbestandes infolge der Grundwasserabsenkung allerdings geringer aus als bei anderen Anlagen. Nach 1990 wurde der Park durch den Cottbuser Landschaftsarchitekten Helmut Rippl beispielgebend neu überplant; mit dem Engagement des örtlichen Heimatvereins und der regionalen Bergbauunternehmen gelang die Wiederherstellung, wobei der erhaltene historische Teil durch eine geschickte Einbindung und Bepflanzung des Dammes ergänzt worden ist. Die Schlösser GmbH ließ nach 1999 abschließend den historischen Schlossringgraben und den großangelegten Lindenplatz als Schlossvorplatz wiederherstellen, sowie die Außenanlagen von Gasthaus, Gärtnerei und Orangerie rekonstruieren.

Von der Kirche aus dem Jahr 1895, die auf einen mittelalterlichen Feldsteinbau zurückgeht, führt der Weg dann in Richtung Schloss. Zur Rechten liegt an der Straßenecke das Gärtnerhaus, wo die Arbeiter der Schlossgärtnerei wohnten und heute die Naturparkinformation „Niederlausitzer Landrücken" ihren Sitz hat. Vor dem Gärtnerhaus steht als Naturdenkmal eine große Esche (Fraxinus excelsior), die um 1820 von der Familie zu Lynar gepflanzt worden ist. Zur Linken der historische Gasthof „Zum Hirsch", erbaut Mitte des 18. Jahrhunderts, mit einem sehenswerten Saal in Form eines umgedrehten Schiffsrumpfes, den der Reeder Wätjen 1920 gespendet hat. Richtung

Fürstlich Drehna
Eine geschlossene räumliche Struktur, ein unteilbares Ensemble

Fürstlich Drehna
Wiederhergestellte Sichtachsen auf gutem Pflegeniveau

Schloss folgt der dreieckige Lindenplatz, umgeben vom Amtshaus, dem ehemaligen Gutshof und der Brauerei. Unmittelbar vor der Schlossbrücke führt rechts eine kleine Pforte in den Schlosspark. Dem Weg nach Norden folgend, gelangt man zunächst in den alten Teil des Landschaftsparks. Wiederhergestellte Sichtachsen öffnen sich auf exponierte Einzelbäume, auf die Nordecke des Schlosses oder Richtung Nordwesten auf den neuen Parkbereich am Wall – und immer wieder auch hinaus in die freie Landschaft. Helmut Rippl, der den Park wie kaum ein zweiter in jahrelanger Arbeit kennengelernt hat, sieht in der Betonung der Ausblicke durch buntlaubige Bäume ein wichtiges Merkmal der Sichtachsen von Drehna. Der Wall im Nordwesten hat dem Park eine neue optische Begrenzung gegeben. Durch eine behutsame und dem Altbestand angepasste Bepflanzung entsteht der Eindruck einer Kulisse für die gesamte Parkbühne. Vom Wall aus ergeben sich reizvolle Perspektiven über den neuen See hinweg zum Schloss. Der Neue See ist nach

Beseitigung des Ziegelteiches mit der Aufschüttung des Grenzwalles neu angelegt worden. An seinem Nordostufer steht ein malerischer gußeiserner Tempel mit bewegter Vergangenheit: Im Park von Schloss Saßleben überlebte er den Krieg und stand nach Abbruch der Schlossruine infolge der Bodenreform in einem Obstgarten. Als der Ort Saßleben 1988 vollständig abgegraben werden sollte, erwarb die Gemeinde Drehna den Pavillon und ließ ihn in der Eisengießerei Lauchhammer instandsetzen. 1992 hat man ihn als Blickpunkt am Neuen See aufgestellt – seither lässt er besonders in sonniger Abendstimmung romantische Herzen höher schlagen.

Die steigenden Besucherzahlen in Fürstlich Drehna geben ein hoffnungsvolles Beispiel: Ein ländlicher Park hoher gestalterischer Qualität kann bei attraktivem Pflegeniveau schnell zu einem beliebten Reiseziel werden.

Info

Anfahrt A 13 Ausfahrt Calau über Groß Jehser, Mallenchen und Klein Mehßow
Rad von Gollmitz oder Calau
Schloss vom Ortszentrum aus sichtbar, Parkzugang durch die Pforte vor dem Schloss rechts

Größe 42 ha

Eigentümer Brandenburgische Schlösser GmbH, Breite Str. 9, 14467 Potsdam

Ansprechpartner Holger Schulz, Anschrift s.o.
Fon 0331 / 279 15 18

Literatur Eggers, B. (o.J.): Fürstlich Drehna. Schlösser und Gärten der Mark

Tipp

Die schönen Gartenplätze, die historische Inneneinrichtung und die engagierte Gastronomie lohnen gleichermaßen den Besuch im Gasthof „Zum Hirsch“. War Drehna noch vor zwei Jahrzehnten im Würgegriff des Braunkohlentagebaus, gibt es heute eine Rekultivierungslandschaft zu besichtigen. Großflächige Kiefernmonokulturen wechseln dabei mit offenen Gruben, die allmählich zu ausgedehnten Seen geflutet werden.

49 WIEPERSDORF (TF), GUTSPARK

Wenn Wiepersdorf heute zu einem vielbesuchten Wallfahrtsort der Romantik geworden ist, so hat der aufwändig restaurierte und gut gepflegte Park des Malers Achim von Arnim-Bärwalde mit seinem schönen Orangeriecafé sicher seinen Teil dazu beigetragen.

Mag sich in Wiepersdorf auch alles um die Familie von Arnim ranken, so soll der Blick doch zunächst weiter zurückgehen: Es war der königlich preußische Major Gottfried Emanuel von Einsiedel, der nach Kauf des Ländchens Bärwalde im Jahr 1734 das bis heute bestehende barocke Herrenhaus errichten ließ. Einsiedel hatte sein Vermögen unter dem Soldatenkönig mit der Rekrutenwerbung für die Elitegarde – die sogenannten „langen Kerls" – gemacht. Fast ein Ironie des Schicksals, dass er als Kommandant seiner Eliteeinheiten im Zweiten Schlesischen Krieg so sehr mit Massendesertationen zu kämpfen hatte, dass er sich nach einem schmählichen Rückzug vor dem Kriegsgericht verantworten musste.

Erst im Jahr 1780 kauft der vormalige preußische Gesandte in Kopenhagen und Dresden, Joachim Erdmann von Arnim, aus der Mitgift seiner Frau den Landsitz und begründet damit die Arnim'sche Tradition auf Wiepersdorf. Sein Sohn Achim von Arnim (1781-1831) heiratet 1811 Bettine Brentano und zieht mit ihr 1814 nach Wiepersdorf. Die Entscheidung ist einerseits wirtschaftliche Notwendigkeit, andererseits ringt Arnim Zeit seines Lebens darum, die Rolle des Dichters mit den Funktionen eines Gutsherren und Familienvaters zu verbinden. Das Bild des Arnim'schen Haushaltes ist eher von Sparsamkeit und Bescheidenheit denn von adliger Großzügigkeit geprägt. Von ständigen Existenzsorgen bedrückt und von harter ländlicher Arbeit gedrückt, stirbt Arnim schon 1831 und hinterlässt seiner Witwe sieben Kinder. Für Bettine von Arnim wird Wiepersdorf erst in den Jahren vor ihrem Tod 1859 zu jener Stätte der ländlichen Besinnung, nach der sich ihr Mann immer gesehnt hat. Mit ihrem Enkel Achim von Arnim-Bärwalde (1848-1891), dem erfolgreichen Historienmaler, tritt Wiepersdorf ein zweites Mal ins Licht der Kulturgeschichte. Schloss und Außenanlagen erhalten als großzügiger Wohnsitz des Künstlers ihre heutige Gestalt. Dabei wird das schlichte Herrenhaus 1884 im neubarocken Stil umgestaltet. Im Zuge der Bodenreform nach 1945 geschieht in Wiepersdorf ein kleines Wunder: Einer Urenkelin des Dichterpaares, der Malerin Bettina Encke, gelingt es als anerkannter Antifaschistin zunächst, die wertvolle Bibliothek und große Teile der Schlosseinrichtung zu retten. Auf ihre Initiative hin kann unter Mitwirkung des Bundes Deutscher Autoren in Berlin eine „Deutsche Dichterstiftung" gegründet werden. Wiepersdorf wird als Arbeitsstätte für Künstler und Schriftsteller durchgehend erhalten. Namhafte Schriftsteller der DDR wie Anna Seghers, Christa Wolf, Arnold Zweig und Sarah Kirsch waren hier zu Gast. Mit der Wiedereröffnung als Künstlerhaus der Stiftung Kulturfonds wird 1992 an diese Tradition angeknüpft. Ein Hauptanziehungspunkt ist heute vor allem die „Erinnerungsstätte Achim und Bettina von Arnim", die in Zusammenarbeit mit dem Freundeskreis Schloss Wiepersdorf eingerichtet wurde.

WIEPERSDORF
Neugestalltetes Parterre vor dem Schloss

Der schlichte Landsitz des Dichterpaares hatte schon 1843 einen Garten, der in Größe und Struktur weitgehend dem formalen Teil der heutigen Anlage entsprach. Das Parterre bestand aus einer zweiteiligen Schmuckfläche mit Mittelachse und Mittelrondell. Beiderseits der Mittelachse nach außen waren schon damals weniger intensiv gestaltete Flächen mit Baumgruppen und Wiesenfreiräumen angelegt. Schmuckelemente sind aus dieser Zeit nicht überliefert. Die heutige Gestalt und Ausschmückung der Anlage geht, von wenigen späteren Änderungen abgesehen, ausschließlich auf die Planung und Umsetzung durch Achim von Arnim-Bärwalde zurück. Die Planung von Joachim Jacobs und Petra Hübinger sieht heute eine möglichst präzise Wiederherstellung des gut dokumentierten Ausgangszustandes dieser Anlage vor.

Vom Haupteingang des Schlosses auf der Vorderseite führt der Weg in den Park rechts um das Gebäude herum. Am Kopf des Seitenflügels überrascht auf einem nicht historischen Halbrondell eine Gruppe von barocken Gartenzwergen, sogenannten Callot-Zwergen, die Arnim-Bärwalde möglicherweise in Österreich erworben hatte. Während zur Rechten der Teich in den landschaftlichen Bereich überleitet, fällt in der Schlossflucht sofort das neugestaltete Parterre in den Blick. Die Anlage ist als Senkparterre mit Rasenfläche konzipiert und folgt auch in ihren Proportionen weitgehend den Gestaltungsgrundsätzen, die Dezalier d'Argenville 1709 für den boulingrin, also den Rasenplatz für das Kugelspiel, festgelegt hat. Die zentrale Rasenfläche ist von einem 1,2 m breiten, beidseits buchsbaumgefassten Rabattenband umgeben. Das Band trägt heute wieder eine Bepflanzung aus Stauden mit jahreszeitlich wechselnden Blühaspekten und kleinen Kugelbuchsbäumen in regelmäßigen Abständen. Die vier Ecken des Parterrespiegels werden durch höhere Taxuskegel betont. An beiden Enden trägt die innere Rasenfläche Palmettenbeete mit Wechselflor, wobei die Palmette in Schlossnähe wesentlich aufwändiger angelegt ist. An den Längsseiten des Parterres stehen jeweils fünf allegorische Figuren aus der griechisch-römischen Mythologie, unter anderem Athene und Apoll auf der Seite des Schlossteiches und gegenüber zur Orangerie hin Pomona und Virtus. Die halbrunde

Wiepersdorf
Kuriosum aus der Barockzeit: die Callot-Zwerge

Orangerie wurde 1888 wohl nach dem Vorbild eines ähnlichen klassizistischen Baus von Robert Adams im Londoner Osterley Park errichtet. Der Vorplatz der Orangerie ist im Sinne der ursprünglichen Planung wieder als zusammenhängender Freiraum hergerichtet worden, der im Sommerhalbjahr für eine angenehm zurückhaltende Terrassenbestuhlung des Orangeriecafés Raum gibt. Ein ahistorisches rechteckiges Rosenbeet wurde dafür abgeräumt, stattdessen zieren jetzt wieder Kübelpflanzen die Freifläche. Auf der gegenüberliegenden Nordseite ist das Parterre gegenüber dem Teich durch eine aufwändige Balustrade abgegrenzt, die allerdings erst nach dem Tod Arnim-Bärwaldes realisiert wurde. Im schlossfernen Bereich geht das Parterre über ins halbrunde Jahreszeitenrondell mit allegorischen Figuren der vier Jahreszeiten. Die Hauptachse führt nach Westen zum Zeusrondell, das heute die Parkgrenze markiert. Der Zeus war 1877 die erste Figur, die der Künstler im Park aufstellen ließ. Rechts und links der Mittelachse öffnen sich Rasenfreiflächen mit einzelnen Bäumen und Baumgruppen am Rand, die nach außen einen Übergang zum Wald vermitteln.

Achim von Arnim-Bärwalde steht mit seinem Werk in der Tradition Pilotys und der Düsseldorfer und Münchener Malerschulen des Historismus. Das künstlerische Weltbild der sogenannten Deutschrömer manifestierte sich in einer programmatischen Italiensehnsucht, für die der verfallende Barockgarten zum stets wiederkehrenden Thema wurde. Vor diesem Hintergrund ist für den gestalterischen Grundgedanken Arnim-Bärwaldes wohl nicht die Perfektion der neobarocken Anlage entscheidend, sondern vielmehr die gezielt eingebauten Brüche, die sich vor allem in asymmetrisch gepflanzten Einzelbäumen manifestiert. Als wichtige Durchbrechungen des neubarocken Gefüges wurden daher die Linde vor der Südwestecke des Schlosses und die zweistämmige Birke auf der Böschung vor der Orangerie neu gepflanzt.

Info

Anfahrt B 102 von Dahme oder Jüterbog bis Abzweig Wiepersdorf
Rad von Jüterbog
Schloss und Park im Dorfzentrum

Grösse 2 ha

Eigentümer Stiftung Kulturfonds, Chausseestr. 128a, 10115 Berlin

Literatur Jacobs, J.G.; Hübinger, P. (1999): Wiepersdorf – Der Park des Malers Achim von Arnim-Bärwalde und seine Wiederherstellung. Brandenburgische Denkmalpflege 8,2, S.56-63
Hoffmann, R. (2001): Wiepersdorf: Der heitere Garten. In: Hoffmann, R. (2001): Gärten, Parks und Grüngelüste. Berlin
Fischer, A.; Fischer, B.E. (Hrsg.) (1994): Bettina und Achim von Arnims Schloss und Park: Wiepersdorf – Eine Spurensuche. Berlin

Tipp

Im Schloss erinnert eine Gedenkstätte an Bettine und Achim von Arnim. Das Künstlerhaus Schloss Wiepersdorf unterhält ein eigenes Kulturprogramm.

50 AHLSDORF (EE), GUTSPARK

Jenseits des großen Tourismus birgt Ahlsdorf eine Überraschung für jede Gartenreise: Die Nutzung als Freizeitpark von 1945 bis 1990 hat den ausgedehnten Landschaftspark der Familie von Siemens seit dem beginnenden 20. Jahrhundert in vielen Bereichen fast unverändert gelassen.

Heute vor allem mit dem Namen Siemens verbunden, blickt Ahlsdorf doch auf eine viel ältere Geschichte. Ein Adelssitz ist seit 1428 überliefert. Das erhaltene Schloss besteht aus einem Kernbau von 1709, der unter Anton Friedrich von Seyffertitz bis 1720 zur heutigen barocken Zweiflügelanlage erweitert wurde. Justizrat Georg Siemens, Mitinhaber der Firma Siemens & Halske, erwarb das Gut Ahlsdorf im Jahr 1857 und ließ eine gründliche Instandsetzung vornehmen. Sein Sohn Johann Georg von Siemens (1839-1901), Vetter des berühmten Industriepioniers Werner von Siemens, war Bankier und gründete die Deutsche Bank. Die Familie besaß Schloss und Park bis zur Bodenreform 1945.

Georg Siemens übernahm 1857 die Reste einer älteren barocken Parkanlage, die wohl bis Ende des 18. Jahrhunderts unterhalten wurde. Unmittelbar ab 1857 ließ seine Frau Elise von Siemens geb. Görz den Park auf 15 ha vergrößern und durch den Gärtner Johann August Ferdinand Kownick aus Arnswalde landschaftlich neugestalten. Bis ins 20. Jahrhundert hinein hat der Park immer wieder neue Ausstattungsdetails erhalten und wurde professionell gepflegt. Nach der Bodenreform entschied man sich 1960, die Anlage in einen ländlichen Kulturpark umzugestalten. Die Grundstruktur wie auch die wertvollen Parkarchitekturen blieben dabei weitgehend erhalten, jedoch verschwanden fast alle Ausstattungsdetails.

Von Süden und Norden gelangt der Besucher zu einer unzerstörten Parkanlage von überraschender Weite. Unmittelbar hinter dem Schloss rahmt eine Rosenhecke das kleine, symmetrische – heute private – Parterre mit Resten intensiverer Gestaltung. Seit Anfang des 20. Jahrhunderts als Rosengarten

AHLSDORF
Mausoleum

AHLSDORF
„Nordisches Teehaus"

gestaltet, bezeichnet dieser noch immer ganz eigenständige Gartenraum den Bereich des barocken Broderieparterres. Wie als Erinnerung an diese Frühzeit, blieb in der Anlage eine steinerne Sonnenuhr auf sorgfältig gegliedertem Postament aus dem 18. Jahrhundert erhalten. Vom Rosengarten aus nach Osten erstreckt sich ein weiter Wiesenraum, dessen optische Begrenzung eine Exedra aus Kalkstein bildet. Dem großzügig ausschwingenden Rundweg vom Schloss nach rechts folgend, findet sich an der ersten Weggabelung kurz vor dem See ein Rhododendrengarten, im Mai ein prachtvolles Blüherlebnis. Vorbei am See führt der Weg ganz im Süden zum Erbbegräbnis der Familie von Siemens. Errichtet 1879 unter Johann Georg von Siemens, konnte es mit Unterstützung der Deutschen Bank 1999 umfassend wiederhergestellt werden. Kern der Anlage ist ein Mausoleum in Form eines steilen Pyramidenstumpfes, den ein Pyramidendach mit flacherer Neigung krönt. Im Stil des Neoklassizismus beschränkt sich der Schmuck auf strenge und weitgehend abstrakte Formen. Ganz im Norden ist in der Parkerweiterung des 20. Jahrhunderts am Ende einer weiten Wiese das sogenannte „Nordische Teehaus" erhalten. Das Holzhaus mit schlichtem Schnitzwerk und Sprossenfenstern war von Wilhelm Lossow als Ausstellungspavillon für die dritte Deutsche Kunstgewerbeausstellung in Dresden erbaut worden und wurde von Elise von Siemens erworben nach Ahlsdorf umgesetzt. In diesem neueren Parkbereich finden sich im Gehölzsaum um die beiden weiten Wiesenräume neben heimischen Arten auch Schwarz-Kiefern (Pinus nigra), Blau-Fichten (Picea pungens var. glauca) und Tulpenbäume (Liriodendron tulipifera) aus der Entstehungszeit.

Trotz mancher Pflegedefizite im Detail wird die leider wenig bekannte Anlage in einem Zustand gehalten, der die großzügige Gestaltung des beginnenden 20. Jahrhunderts noch erahnen lässt.

Info

Anfahrt B 101 von Jüterbog oder Herzberg bis Brandis oder Stolzenhain, dann über Schönewalde
Rad von Herzberg oder Schlieben
Zugang über die Parkstrasse rechts am Schloss vorbei

Grösse 18 ha

Eigentümer Stadt Schönewalde, Markt 48, 04916 Schönewalde; Rosengarten: Dres. Meuschel-Wehner

Literatur Alvers, A.; Kunz, T. (o.J.): Ahlsdorf. Schlösser und Gärten der Mark
Gramlich, S.; Küttner, I. (1998): Denkmaltopographie Bundesrepublik Deutschland: Denkmale in Brandenburg Bd.7.1. Landkreis Elbe-Elster Teil 1: Die Stadt Herzberg/Elster und die Ämter Falkenberg, Uebigau, Herzberg, Schlieben und Schönewalde. Worms

Tipp

Dorfkirche von Ahlsdorf, ursprünglich Feldsteinbau aus dem 14. Jahrhundert, 1710 vollständig umgebaut, mit reicher Innenausstattung: Bedeutender schwebender Taufengel aus dem 18. Jahrhundert, Altaraufsatz von 1710 mit älterem Renaissanceretabel, Barockkanzel, zwei große Epitaphien und Orgelprospekt, ebenfalls aus dem 18. Jahrhundert.

51 HERZBERG (EE), JUGENDSTILGARTEN

Der Villengarten des Herzberger Industriellen Wilhelm Marx ist nicht allein aus gartenarchitektonischer Sicht ein einzigartiges Gartendenkmal des beginnenden 20. Jahrhunderts – entsprechend dem Anliegen des einstigen Besitzers beherbergt er als Botanischer Garten eine überraschende Fülle interessanter Pflanzen.

Um die Wende vom 19. zum 20. Jahrhundert ließ der Fabrikant Wilhelm Marx am Rande der Herzberger Altstadt in der Badstraße eine Villa im Landhausstil errichten. Von Anfang an war es sein Ziel, den umgebenden Garten als möglichst artenreiche botanische Sammlung zu gestalten. Spricht man heute in Herzberg meist vom „Botanischen Garten", so wird diese Bezeichnung dem Anliegen seines Begründers sicher voll gerecht.

HERZBERG
Villengarten als Botanischer Garten

Nach engagierten Instandsetzungsarbeiten der Nachwendezeit treffen wir heute wieder auf ein Kleinod der Gartenkunst in gutem Pflegezustand, wenngleich auch hier die Misere der öffentlichen Haushalte ihre Spuren zu zeigen beginnt. Der Weg durch die schöne Gartenpforte führt direkt auf die schlichte Villa zu – leider noch immer verlassen, gibt sie dem Ensemble heute einen fast verwunschenen Charakter. Möge eine behutsame Sanierung viel von dieser Stimmung erhalten! Im Grundriss des Gartens spiegelt sich ein künstlerisches Grundmuster der Entstehungszeit: die ausholend geschwungene Linie wird hier als asymmetrisches Rundwegesystem ausgeformt, das verschiedene Teilbereiche von überraschender Vielfalt miteinander vernetzt – vielleicht Stationen im unendlichen Fluss des Lebens, wenn wir uns der symbolkräftigen Bildsprache des Jugendstils erinnern. Vier große Scheinzypressen (u.a. Chamaecyparis nootkatensis ‚pendula') begrenzen den Hausbereich gegen eine Rasenfläche mit Rosenbeten im halbmondförmigen Wegverlauf. Der Hauptweg, der den Garten diagonal durchläuft, beginnt vor dem Haus rechts mit dem auffälligen Aspekt der kleinen Wieseninsel unter einer Pontischen Eiche (Quercus pontica). Zur Rechten folgt ein nierenförmiger Teich mit terrassierten Ufern – das Bild wird vor allem geprägt von einem ländlichen Teepavillon, der sich gelungen ins terrassierte Ufer einfügt. Vom Pavillon aus geht der Blick hinüber zu zwei großen Sumpfzypressen (Taxodium distichum) mit auffälligen Luftwurzeln im Uferbereich. Oberhalb der Terrasse angelegt: Ein kleinteiliger Stein- und Heidegarten, vor allem im späten Frühjahr reizvoller Hintergrund für das gesamte See-Ensemble. Jenseits der Berglandschaft ein scharfer Kontrast: Der Senkgarten in schlichter Rechteckform – mit sparsamer Bepflanzung – lädt ein zu Besinnung und Meditation und verweist auf Elemente der japanischen Gartenkunst. Zur seeabgewandten Seite wird er begrenzt durch den dunkelgrünen Aspekt des immergrünen Gartens, in dem sich unter anderem Stechpalme (Ilex aquifolium), Mahonie (Mahonia aquifolium), Kirschlorbeer (Prunus laurocerasus) und als dendrologische Rarität die immergrüne Eiche Quercus x turneri finden. Der Weg am Bahndamm zurück zur Villa zeigt mit seinen Junggehölzen die erfolgreichen Bemühungen, dem Garten auch eine Zukunft zu geben. Zur Rechten finden sich viele nicht ganz alltägliche Sträucher, so etwa die Chinesische Radspiere (Exochorda racemosa) und die Glanzmispel (Photinia villosa), zum Innenraum des Gartens hin wurden interessante Koniferensolitäre gepflanzt, u.a. Exemplare der Grannen-Kiefer (Pinus aristata), der Japanischen Sicheltanne (Cryptomeria japonica), der Blauen Mädchen-Kiefer (Pinus parviflora ‚glauca') sowie der Colorado-Tanne (Abies concolor).

Mit seinen über 350 Gehölzen und etwa 600 krautigen Pflanzen bietet der Garten fast das ganze Jahr hindurch Blütenerlebnisse: Der Zaubernuss (Hamamelis spec.) zum Jahresende folgen bald Winterjasmin (Jasminum nudiflorum) und Christrose (Helleborus niger), später der Aspekt der krautigen Frühblüher unter Kornelkirsche (Cornus mas) und verschiedenen Heckenkirschen (Lonicera spec.). Einen Höhepunkt bildet zweifellos der Frühsommer mit der Rosenblüte.

Vor dem Hintergrund der außerordentlichen Qualität des kleinen Gartens steht die Frage nach einem engagierten Förderverein aus der Herzberger Bürgerschaft leider noch immer offen im Raum. Gern hätte man zu dieser Anlage auch einen ausführlichen Führer in der Hand!

Info

Anfahrt B 87 von Luckau, B 101 von Jüterbog oder Bad Liebenwerda
Bahn von Jüterbog oder Falkenberg
Im Zentrum, gegenüber Stadtpark, Badstraße

Grösse 1,5 ha

Eigentümer Stadt Herzberg, Markt 1, 04916 Herzberg

Ansprechpartner Reinhard Straach, Anschrift s.o., Fon 035 35 / 52 97

Parkführer Stadt Herzberg (Hrsg.) (o.J.): Jugendstilgarten Herzberg/ Elster. Herzberg. Faltblatt mit Plan

Literatur MELF des Landes Brandenburg (Hrsg.) (1997): Gärten Land Brandenburg. Potsdam

WEITERE SEHENSWERTE PARKS IN DER REGION

Bad Liebenwerda (EE), Kurpark

Wer Bad Liebenwerda auf der Dresdener Straße nach Osten verlässt, findet sich in einer zunächst waldartigen Grünanlage wieder, die in den letzten Jahren zu einem attraktiven kleinen Kurpark neugestaltet worden ist. Von der Straße bis zum Haus des Gastes erstreckt sich eine freundliche Freifläche mit Rasen und Blumenrabatten, die einen Kneippbrunnen, einen Musikpavillon und eine Minigolfanlage umgeben.

Cottbus, Anlagen um die Altstadt

Der grüne Ring um die Altstadt markiert bis heute den Verlauf der ehemaligen Wallanlagen:

Die Stadtpromenade im Westen ist als weiter Freiraum mit umfangreichen Blumenrabatten in Rasenflächen gestaltet.

Im Norden schließt sich entlang der erhaltenen Stadtmauer des Wendischen Viertels die ausgedehnte Puschkinpromenade an. Die Anlage im Stil der sechziger Jahre wird mit Engagement instandgehalten – drei kleine Springbrunnen mit Mosaikbecken im Klinkerring, anderswo längst versiegt, plätschern hier noch freundlich zur Freude vieler Besucher. Figuren mit expressiver Körpersprache zeigt ein Mahnmal für die Opfer des Faschismus in der Mitte der Anlage.

Am östlichen Ende der Puschkinpromenade führt ein unscheinbarer Weg auf die Goethestraße. Zur Rechten wird der grüne Hang des Schlossberges heute vom mächtigen Gebäude des Landgerichtes gekrönt. Es wurde anstelle des 1856 ausgebrannten Stadtschlosses im Jahr 1877 im Stil der Neurenaissance errichtet.

Am Ende der Goethestraße führt eine moderne Fußgängerbrücke auf die Spreeinsel. Hier wurde ab 1895 um den alten Amtsteich aus dem 17. Jahrhundert ein Stadtpark angelegt, der heutige Goethepark. Der Weg um den See eröffnet immer wieder reizvolle Durchsichten auf die gelungene Ufergestaltung mit

Brücke und Bruchsteinbastion. Kulisse für die große Wasserfontäne im Westen ist heute die eindrucksvolle Backsteinruine des Dieselkraftwerkes von 1928.

Auf der gegenüberliegenden Spreeseite ist über zwei Brücken der Blechenpark zu erreichen, benannt nach dem Maler Carl Blechen (1798-1840), einem bedeutenden Sohn der Stadt. Nach den Plänen von Julius Kurfeß und Hermann Weise wurde hier unter Einbeziehung des Privatgartens der Familie Themar zwischen 1928 und 1934 ein zusammenhängender Park von fast 1 ha Größe angelegt. Zur ersten Gartenbauausstellung nach dem Krieg „Grünen und Blühen" 1954 konnte die Anlage nach Plänen von Joachim Scherzer neugestaltet werden. Die Wiederherstellung zur BUGA 1995 hat sich weitgehend am Zustand der Entstehungszeit orientiert. So ist die Pergola auf der Grenze des ursprünglichen Themar'schen Gartens in Ziegelklinkern mit Holzaufsatz wieder neu errichtet worden. Umfangreiche Stauden- und Gräserpflanzungen, die das Bild des Parks auch heute wieder bestimmen, sind inzwischen im öffentlichen Bereich eine Seltenheit. Die Besucher scheinen es zu verstehen und zu schätzen, denn die Anlage bleibt mehr als die anderen von Vermüllung und Vandalismus verschont. Das freundliche „Liebespaar unter Schirm" in Bronze von Jürgen von Woyski (seit 1969) scheint sich unter den alten Eichen recht wohl zu fühlen – und „Carl Blechen", eine Plastik vom gleichen Künstler (1957), schaut recht souverän in „seinen" Park.

Die städtischen Grünanlagen in Cottbus vermitteln im Zusammenspiel mit dem Branitzer Park einen gartenhistorischen Überblick, der in jedem Fall einen eigenen Besuch der Stadt lohnt.

Drebkau (SPN), Schlosspark

Das kursächsische Gut gelangt 1776 in den Besitz des sächsischen Kriegsministers Christoph Adam Burchard von Schiebell. Auf diese Zeit dürften auch die ältesten erkennbaren Parkbestandteile zurückgehen. Leider ist der ausgedehnte Park weitgehend zu einem lockeren Waldbestand durchgewachsen. Die Aktivitäten der Gemeinde zur Restaurierung des Schlosses machen Hoffnung, dass auch der Park in seiner Grundstruktur wiederhergestellt wird.

ELSTERWERDA
Die zentrale Allee prägt die Anlage

Elsterwerda (EE), Schlosspark

So wenig überschaubar sich die Stadt dem Reisenden auf den ersten Blick zeigt: Auf der anderen Elsterseite, im Ortsteil Krauschütz, liegen wie ein Pol der Ruhe Schloss und Park Elsterwerda. Schon die Wiederherstellung der großen zentralen Gartenallee inmitten des weitgehend durchgewachsenen Waldparks hat schnell wieder eine Struktur geschaffen, die die einstige Ordnung des Parkraumes sichtbar werden lässt.

Gahry (SPN), Gutspark

Das neugotische Schloss, wohl ein älterer Bau in äußerer Gestalt vom Ende des 19. Jahrhunderts, liegt inmitten eines großen Parks. Leider ist die Parkeinbindung des Schlosses durch den südlich angrenzenden Sportplatz mit Spielbereich völlig zerstört. Nur im Parterre ist zwischen Schloss und Gartentor ein ausgedehntes rechteckiges Wasserbassin erhalten geblieben. Dabei steht die Verkrautung mit ihrem Folgeaufwuchs in traurigem Kontrast zur formalen Grundgestalt der Anlage.

Görlsdorf (LDS), Schlosspark

Der Landschaftspark geht wie das völlig entstellte neue Schloss auf den preußischen Generalmajor Werner von Below zurück. Dieser erwarb Görlsdorf 1890 aus dem Eigentum der Familie von Stammer, die seit 1718 die Gutsherrschaft ausgeübt hatte. Werner von Below machte nach Abriss des alten Herrenhauses seinen Schlossneubau zum Mittelpunkt eines ausgedehnten Landschaftsparks. Bis heute hat sich innerhalb einer neugotischen Mauer auch ein kleiner Friedhof mit Begräbnissen der Familien von Stammer und von Below erhalten.

Großkmehlen (OSL), Gutspark

Die Vettern Hans und Wolfgang von Lüttichau, Besitzer der beiden Güter Großkmehlen, ließen den großen Renaissancebau zwischen 1540 und 1560 errichten. Die Teilung des Rittergutes in einen oberen und einen unteren Teil führte nicht nur zu einer Schlossanlage aus zwei Flügeln, die ursprünglich ohne Verbindung waren – es entstanden auch zwei getrennte Lustgärten. Gottlieb von Lüttichau ließ Ende des 17. Jahrhunderts als Besitzer beider Güter diese Gärten erweitern und sicher auch gestalterisch verbinden. Trotz mehrfacher Verkäufe ist Großkmehlen mit kurzen Unterbrechungen bis 1772 fast 450 Jahre lang im Besitz der Familie von Lüttichau gewesen. Schon vor 1847 wurde durch Anlage einer Eichenallee eine Verbindung mit dem Park in Lindenau hergestellt. Nachdem Großkmehlen 1905 in die Hände der Familie zu Lynar im benachbarten Lindenau gelangt ist, wird die Parkanlage in eine großräumige Landschaftsgestaltung einbezogen: Von Lindenau bis Großkmehlen sollte eine ausgedehnte Parklandschaft unter Einbeziehung der Kmehlener Berge und der Schradenniederung entstehen. Bis heute hat sich im Umfeld des Schlosses ein kleiner Park mit alten Eichen und Buchen erhalten. Das Wegenetz kreuzt jetzt auf drei Brücken jüngeren Datums den schnurgeraden Verbindungskanal, der ursprünglich den Schlossteich mit dem jetzt abgetrennten und trockengelegten Schlossgraben verband. Aus der Zeit Ende des 17. Jahrhunderts stammt das „Lusthaus", ein kleiner Pavillon auf achteckigem Grundriss nordöstlich des Schlosses inmitten der später landschaftlich umgestalteten Parkanlage.

Guteborn (OSL), Gutspark

Die Reste der Schlossanlage in Guteborn vermitteln heute einen besonders abstoßenden Eindruck: Das Herrenhaus wurde 1945 gesprengt, die erhaltenen Ökonomiegebäude verfallen seit Jahren, auf dem Schlosshof befindet sich eine Mülldeponie, an deren Rand ein heruntergekommener Parkpavillon sein klägliches Dasein fristet. Inmitten dieser unwirtlichen Umgebung besticht einzig die Schlosskapelle, ein barocker Rundbau, durch ihre perfekte Sanierung aus Mitteln der Deutschen Stiftung Denkmalpflege. Nur noch einige Mauern erinnern an die uralte Gartenanlage, die hier seit der Renaissancezeit in barocker Überformung wohl bis ins 19. Jahrhundert Bestand hatte. Die Ufer des Parksees sind als städtische Grünanlage ohne Bezug zum Schloss ansprechend neugestaltet worden.

Hohenbocka (OSL), Gutspark

Am Rande eines 7 ha umfassenden Landschaftsparks liegt ein kleiner Schlossbau im Villenstil der Wende zum 20. Jahrhundert. Sowohl das Gebäude als auch der intensiver gestaltete Pleasureground tragen Merkmale des Historismus. Zahlreiche Schmuckkoniferen unterschiedlicher Vitalität gehen zum Teil auf die Entstehungszeit zurück, während die Rotdornbäumchen an der Auffahrt wohl spätere Ergänzungen sind. Mit der Überarbeitung des Wegenetzes sind erste Instandsetzungsmaßnahmen dieses interessanten Zeitdokuments eingeleitet worden.

Klein-Loitz (SPN), Gutspark

Wie das neugotische Herrenhaus geht auch der Park in seiner heutigen Ausdehnung im wesentlichen auf die Initiative von Hans-Georg von Chamier-Glisczinski (1854-1917) Anfang des 20. Jahrhunderts zurück. Unterhalb des Hauses liegt ein ausgedehnter Teich mit Rundweg, der dazu beigetragen haben mag, dass die Anlage bis heute als Park erhalten worden ist.

Komptendorf (SPN), Gutspark

Zwischen dem sanierten und privat genutzten Herrenhaus aus dem beginnenden 19. Jahrhundert und dem überwaldeten Gutspark ist der optische Kontakt durch große Bäume unterbrochen. Vom Haus nach Osten ist eine einzige Sichtachse mehr oder weniger offengehalten. Aus dem geschlossenen Waldpark fällt der Blick nach Westen in eine locker baumbestandene Feldflur.

Kroppen (OSL), Landschaftspark

Der Landschaftspark von Kroppen ist ein Werk des Pückler-Schülers Eduard Petzold von 1884. Die Wiesen an der Pulsnitz und einzelne alte Bäume prägen bis heute den nördlichen Teil, während im Süden inzwischen waldartige Strukturen überwiegen. An den Standort des Herrenhauses, das 1946 abgerissen wurde, erinnert noch ein benachbartes Bedienstetenwohnhaus, das sog. Kellerhaus. In der DDR-Zeit ist leider die Pulsnitz begradigt worden, in die offenen Wiesenräume wurden entgegen der Petzold-Planung neue Gehölze eingebracht.

Lebusa (EE), Gutspark

Wohl ursprünglich ein Renaissanceschloss aus dem 16. Jahrhundert, bildet der vielfach überformte Bau bis heute den Mittelpunkt einer ausgedehnten Parkanlage, die noch immer die Züge der Freizeitnutzung vergangener Jahrzehnte trägt. Beachtung verdient als dendrologische Besonderheit der imposante Stockausschlag einer uralten, inzwischen gefallenen Rotbuche. In einer Sichtachse des Schlosses steht die barocke Dorfkirche, ein Spätwerk des berühmten Architekten Matthias Daniel Pöppelmann von 1727 mit weithin bekannter Silbermannorgel.

LEBUSA
Imposanter Stockausschlag einer Rotbuche

Lindenau (OSL), Schlosspark

Die Familie von Minkwitz, von 1567 bis 1717 in Lindenau ansässig, ließ Ende des 16. Jahrhunderts ein schlichtes Renaissanceschloss errichten und 1660 im Barockstil umgestalten. Spätere Besitzer waren bis 1891 die Familien von Gersdorff und von Brühl. Die heutige Gestalt ist Ergebnis von zwei weiteren Umbauphasen in den Jahren ab 1783 und ab 1891. Mit der neubarocken Überformung unter Graf Alexander zu Lynar entstand auch die Schaufront zur Gartenseite: Zwei angefügte Seitenflügel bilden einen cours d'honneur, von dem aus eine Freitreppe auf einen großzügigen Balustradenumgang hinabführt, der die gartenseitige Begrenzung der alten Schlossinsel bildet. Der Park geht auf eine Neugestaltung aus der ersten Hälfte des 19. Jahrhunderts zurück. Elemente eines älteren Barockgartens wurden dabei übernommen. Innerhalb der landschaftlichen Gesamtanlage sind ein langgestrecktes Bassin in der Zentralachse des Parterres und ein kleiner formaler Garten südlich des Schlosses erhalten. Hier steht heute der Muschelbrunnen aus dem Großkmehlener Schlosspark, eine qualitätvolle Arbeit aus der ersten Hälfte des 18. Jahrhunderts.

Lipsa (OSL), Schlosspark

Die Schlossanlage von Lipsa wurde um 1680 wohl mit Park errichtet und Anfang des 20. Jahrhunderts umgebaut und erweitert. Seit einigen Jahren ist der Bau restauriert und beherbergt ein Geriatriezentrum der Diakonie. Vor allem das schöne Torhaus mit seiner heute wenig benutzten Zufahrtsallee von Süden bietet wieder malerische Motive, die zur Wiederherstellung der Gartenanlagen auffordern. An der neuen Auffahrt von Osten begrüßt den Besucher ein „Koniferenallerlei", die unmittelbare Schlossumgebung ist mit einigen Schmuckflächen nicht historisch gestaltet. Der ausgedehnte Park Richtung Norden wird im vorderen Teil als Weidefläche genutzt und enthält noch immer Fragmente einstigen Figurenschmucks.

Martinskirchen (EE), Schlosspark

Im Gegensatz zur herausragenden historischen Bausubstanz des Schlosses zwischen Rokoko und französischem Klassizismus sind die Gartenanlagen nicht historisch erhalten. In der Elbaue sind Relikte eines Landschaftsparks aus dem 19. Jahrhundert zu entdecken.

Mühlberg (EE), Klostergarten

Die Wiederherstellung des Zisterzienserklosters wird zur Zeit mit großem Aufwand vorangetrieben. Das 1559 säkularisierte Kloster wurde später in ein Rittergut „Guldenstern" umgewandelt; der nördlich des Klosters gelegene sogenannte Klosterpark geht auf die Rittergutsbesitzer des 19. Jahrhunderts zurück. Im ehemaligen Nutzgarten des Klosters südlich der Kirche hat eine örtliche Gärtnerei eine kleine Pflanzung mit historischen Heil- und Klosterkräutern angelegt.

Neudeck (EE), Schlosspark

Im Umfeld des eindrucksvollen, barock überformten Renaissanceschlosses von 1521 befindet sich ein ausgedehnter Landschaftspark. Leider ist die Anlage, die nach Auszug der brandenburgischen Polizeischule zum Verkauf steht, derzeit nicht zugänglich.

Neuhausen (SPN), Schlosspark

Nach erster urkundlicher Erwähnung im Jahr 1301 unterlag das Gut Neuhausen einem häufigen Besitzerwechsel, bevor man das Grundeigentum 1927 aufteilte. Der Landschaftspark geht auf das ausgehende 19. Jahrhundert zurück, seine Grundstruktur und ein wertvoller Altbestand sind erhalten. Mangelnde Pflegeeingriffe haben ihn weitgehend verwalden lassen. Bedeutsam waren Blickfenster in die Spreeaue, die sich noch heute an einigen Altbäumen in den Rahmen der Sichtfenster nachweisen lassen. Die Wiederherstellung dieser Blickbezüge wird aus gartendenkmalpflegerischer Sicht zu Recht gefordert.

Ogrosen (SPN), Gutspark

Der kleine Landschaftspark Ogrosen hat erst im 19. Jahrhundert, also lange nach der Vollendung des Schlosses unter Otto Heinrich von Stutterheim (1659-1714) seine heutige Struktur erhalten. Auf einem verschlungenen Rundweg gibt es im waldartig durchgewachsenen Park noch eine schöne Teichanlage und eine fast vollständige Allee aus Pyramideneichen zu entdecken.

Die Nachkommen der Alteigentümer aus der Familie Lüdeke bewirtschaften heute das Gut als Landwirtschaftsbetrieb nach ökologischen Grundsätzen. Wer den Park besichtigt, kann seinen Besuch gut mit dem Einkauf regionaler Produkte im Hofladen verbinden.

Raakow (SPN), Schlosspark

Südwestlich des Herrenhauses erstreckt sich ein Landschaftspark, der in seiner heutigen Ausdehnung wohl erst mit dem neubarocken Umbau des Hauses nach 1873 entstanden ist. Von der malerischen Parkanlage direkt um das vormals barocke Gutshaus, die Duncker beschreibt, ist allerdings außer einigen Altbäumen nichts mehr zu entdecken.

Reddern (OSL), Gutspark

Im Park vom Reddern sind Reste eines barocken Achsenkreuzes mit Alleensystem erhalten. Sie könnten auf Gestaltungen zurückgehen, die Johann Eberhard von Droste ab 1726 am Park vornehmen ließ. Die Barockanlage bestand bis ins 19. Jahrhundert, 1879 gestaltete Eduard Petzold den Park neu. Das Herrenhaus ist bereits kurz nach der Übernahme durch die Ilse-Bergbau AG durch einen Brand verlorengegangen

Reuthen (SPN), Schlosspark

Der ausgedehnte Landschaftspark geht auf Hermann Killisch von Horn zurück, seit 1873 Besitzer von Schloss, Gut und Park Reuthen. Der Jurist bürgerlicher Herkunft hatte als Gründer und Herausgeber der Berliner Börsenzeitung seit 1855 ein beträchtliches Vermögen erworben. In Berlin ist er vor allem als Schöpfer eines Gartens in Pankow bekannt geworden, der seit 1905 den Kern des örtlichen Bürgerparks bildet. Als großer Verehrer des Fürsten von Pückler-Muskau richtete Killisch auch in Reuthen sein ganzes Engagement auf die Gartengestaltung: Aus einem kleinen Gutsgarten, über den fast nichts bekannt ist, entwickelte der Obergärtner Wilhelm Perring in enger Zusammenarbeit mit dem Gutsherrn jene Gesamtanlage, die heute in Teilen wiederhergestellt wird. Schon unter dessen Sohn Günther von Killisch-Horn sind aber seit den zwanziger Jahren Pflegedefizite und Vandalismusschäden überliefert. Nach der Bodenreform

Reuthen
Erinnerung an Stourhead: die „Schlafende Nymphe"

erkannte man den Erholungswert und die dendrologische Bedeutung der Anlage, so dass der Park insgesamt erhalten blieb und in die Obhut der Forstverwaltung gelangte. Das alte Herrenhaus in der Überarbeitung durch Hermann Killisch von Horn ist dem Zweiten Weltkrieg zum Opfer gefallen, nur ein Hügel im Süden des Parks erinnert noch an seinen Standort. Das erhaltene Herrenhaus ist das sogenannte Kavaliershaus, das Günther von Killisch-Horn bis 1910 als Alterssitz der Familie in der Nordwestecke des Parks errichten ließ. „Der Reuthener Gutspark ist kein einheitlich strukturierter Park. Zwischen der ‚Neugierde' als seinem westlichsten Punkt, dem Pavillon und dem Försterteich im Südosten ist der Park landschaftlich gestaltet. Hier wechseln offene Wiesenflächen mit geschlossenen Gehölzbeständen, Baumgruppen und Einzelbäumen ... In Richtung Nordwesten gehen diese Gehölzstrukturen in einen relativ geschlossenen Waldparkbereich über" (Engelmann 1997). Am Weg um den Teich überrascht vor einem Erdhügel zwischen zwei Eichen der kleine touristische Magnet der Reuthener Parks: Die Figur der „Schlafenden Nymphe", eine Terrakottakopie der wasserüberflossenen Figur von John Cheere aus der Aeneasgrotte im Landschaftsgarten von Stourhead. Außer der Ruine des Mausoleums im nordöstlichen Parkbereich sind leider alle weiteren Elemente der Parkarchitektur verloren gegangen.

Saathain (EE), Rosengarten

Der kleine Ort mit der sanierten Fachwerkkirche liegt westlich von Elsterwerda am Zusammenfluss von Schwarzer Elster und Großer Röder. Im Gutspark des 1945 abgebrannten Herrenhauses ist seit 1975 ein kleiner Rosengarten beliebtes Ausflugsziel. Der Gutshof mit Torhaus und Kirche blieb in weiten Teilen gut erhalten, die historische Parkstruktur ist dagegen nicht mehr erkennbar. Der nordwestliche Teil jenseits der Straße ist zu einem Auenwald durchgewachsen, während im Südosten der Rosengarten mit Beeten zwischen Zuckerhutfichten und Wacholdern als formale Anlage im Stil der siebziger Jahre gestaltet wurde. Am Ort des ehemaligen Herrenhauses steht heute ein Gastronomiepavillon. Ein Förderverein „Kirche, Park und Rosengarten Saathain e.V." organisiert alljährlich ein attraktives Kulturprogramm.

Sallgast (EE), Gutspark

Das restaurierte Schloss zeigt als Vierflügelbau mit Ecktürmen deutlich seinen Ursprung als mittelalterliche Wasserburg. Die Anlage wird ihre heutige Gestalt im 17. Jahrhundert erhalten haben. Erst seit Ende des 18. Jahrhunderts ist ein Park überliefert, der ab 1866 durch die Aktiengesellschaft Lauchhammer zur Holznutzung gerodet wurde. Leutnant Robert von Löbenstein-Lohsa ließ den Park als neuer Eigentümer ab 1878 mit interessanten Gehölzen aufforsten, die allerdings nach Übergang an die Baltische Landesbank 1910 erneut weitgehend gerodet wurden. Eine Neugestaltung erfolgte 1911 durch den Architekten Bodo Ebhardt. Infolge der politischen Wende blieb der Park von der Abgrabung durch den Braunkohlentagebau verschont. Der Bereich östlich des Schlosses ist heute wieder parkartig gestaltet, die weite Freifläche im Süden wird als Weide genutzt.

Saxdorf (EE), Pfarrgarten

Wer in den historischen Gärten Brandenburgs jene Artenfülle vermisst, die viele Gärten Englands auszeichnet, für den wird Saxdorf schnell zu einem Wallfahrtsort werden. Mag auch Gartenkunst heute meist nur noch als minimalistische Freiraumgestaltung erlebbar sein, im Pfarrgarten Saxdorf ist sie zu ihren gärtnerischen Wurzeln zurückgekehrt: Selber ein kleines Kunstwerk, ist er zugleich eine wundervolle Bühne für Plastiken, Skulpturen und Installationen. Im kleinen Veranstaltungspavillon bietet der Verein Kunst & Kultur Sommer Saxdorf e.V. alljährlich ein buntes Kulturprogramm. Die kleine Perle der Gartenkultur sollte auf keiner Reise durch diese Region ausgelassen werden!

Schlieben (EE), Stadtpark Langer Berg

Der Lange Berg ist ein markanter Höhenzug, der in Ost-West-Richtung im Süden des Städtchens Schlieben verläuft. Der Westteil war schon im 13. Jahrhundert Standort einer Wallfahrtskapelle des heiligen Martin. Ab 1510 wurden am Hohlweg von der Stadt aus 34 Weinkeller in die fast 10 m mächtige Lehmdecke des Berges gelegt, die bis heute als beeindruckende Kellerstraße erhalten sind. Obwohl die letzte Martinskapelle 1870 abgebrochen wurde, hat sich die Friedhofsnutzung in diesem Bereich bis heute erhalten. Aus dem 19. Jahrhundert sind unterhalb der einstigen Kapelle am Westhang des Martinsberges Erbbegräbnisse mit Gruftstollen erhalten. Bis ins 19. Jahrhundert war der Lange Berg unbepflanzt, nur am Südhang betrieb man Weinbau. Die Umgestaltung zum Stadtpark begann um 1820 auf Initiative des Schliebener Arztes Dr. Friedrich August Wagner, der am Nordhang auch seine letzte Ruhestätte gefunden hat. Der Park bietet also ein sehr frühes Beispiel für eine kommunale Grünanlage in einer brandenburgischen Kleinstadt. Viele alte Linden und Eichen, aber auch Rosskastanien gehen noch auf diese Zeit zurück. Auf dem Gipfel des 118 m hohen Martinsberges steht als Denkmal für die Gefallenen des ersten Weltkrieges ein quadratischer Turm aus Feldsteinmauerwerk aus den Jahren 1924/25.

Schorbus (SPN), Gutspark

Ein Gutspark ist in Schorbus seit der zweiten Hälfte des 19. Jahrhunderts nachgewiesen. Mit dem Neubau des Gutshauses in den Jahren 1910/11 wurde auch der Park im hausnahen Bereich neugestaltet. Abgesehen von den Pfeilerresten einer Pergola ist die Ausstattung aus dieser Zeit verlorengegangen. Westlich und südlich des Gutshauses erstrecken sich ausgedehnte Parkwiesen, die mit einigen alten Stieleichen und Rotbuchen bis heute eine landschaftliche Konzeption erkennen lassen. Zwischen Teichufer und Gutshaus hat sich ein kleiner Rest der vormals bedeutenden Schmuckanlagen der „Schütt'schen Staudenkulturen" erhalten.

Senftenberg (OSL), Schlosspark

Rund um die Renaissancefestung von Senftenberg erstreckt sich eine über 6 ha große Grünanlage, die in drei Bereiche unterschiedlicher Nutzung und Gestaltung gegliedert ist: Der unmittelbaren Wallanlage mit altem Baumbestand schließt sich im Nordwesten und Westen der kleine Schlosspark mit zwei Teichen an; der vielbesuchte Tierpark bildet eine gezäunte Sonderfläche im Süden. Senftenberg wurde um die Mitte des 15. Jahrhunderts kursächsisch und bald zur Festung ausgebaut. Bis heute trägt die Anlage die Züge ihrer Baumeister Caspar Voigt von Wierandt und Rochus Quirinus zu Lynar. Nach 1763 kehrte mit Aufgabe der militärischen Nutzung für über 100 Jahre die Natur zurück. Um die Wende zum 20. Jahrhundert führten Auseinandersetzungen zwischen Fiskus und Stadt über die Beseitigung der Wälle schließlich zur Anlage eines ersten gestalteten Parkbereiches von 0,2 ha Größe. Anlässlich des 25-jährigen Thronjubiläums von Kaiser Wilhelm II. fiel die Entscheidung, einen größeren Volkspark zu errichten, der sich in seiner Grundstruktur bis heute erhalten hat. Im Nordwesten und Westen des Festungshügels erstreckt sich der wiederhergestellte Schlosspark mit den beiden Schlossteichen im Mittelpunkt. Aus dem Stadtzentrum kommend trifft man zunächst auf ein Denkmal für den Turnvater Friedrich Ludwig Jahn, 1911

SENFTENBERG
Senkgarten mit Aussichtspavillon am See

zum 100-jährigen Bestehen des Deutschen Turnvereins errichtet. Östlich des Großen Schlossteiches findet sich eine gartenarchitektonisch interessante Einzelanlage aus der Entstehungszeit des Parks: Am Teichufer ein rechteckiger Pavillon als baulich pointierter Aussichtspunkt, östlich anschließend ein kleiner Senkgarten als zweite Perspektive neben dem Seeblick. Im Anschluss an den großen Schlossteich hatte man 1925 eine Nord-Süd-Achse geschaffen, die ein Denkmal für die Gefallenen des Ersten Weltkrieges aufnahm. Nach Beseitigung dieser Heldengedenkstätte im Jahr 1962 wurde die Nord-Süd-Achse mit dem Neubau eines Mahnmals für die Opfer des Faschismus und vorgelagerter Blumenbeete deutlich gestört. Vor einer Sandsteinmauer, halb Bildrelief, halb glatte Fläche, steht die Bronzefigur eines ungebrochenen Widerstandskämpfers – heute kontrovers diskutiert, hatte das ausdrucksstarke Werk von Ernst Sauer wohl durchaus die Absicht, die historisch gewachsene Ordnung aufzubrechen.

Sonnewalde (EE), Schlosspark

Sonnewalde war seit 1477 kursächsisch und ging 1537 als Lehen an die Grafen von Solms, die das Schloss bis 1945 bewohnten. Nach Abriss des großen Hinterschlosses ist heute nur noch das Vorderschloss inmitten einer ausgedehnten landschaftlichen Parkanlage erhalten, die Mitte des 19. Jahrhunderts auf den Flächen der geschleiften Verteidigungsanlagen entstanden ist.

Stechau (EE), Gutspark

Von 1899 bis 1945 war das Gut Stechau im Eigentum der Frankfurter Patrizierfamile Gontard, die sich seit ihrer Rückkehr nach 1990 mit großem Engagement der Wiederherstellung von Schloss, Park und Rittergut mit Landwirtschaft und Forst widmet. Der ausgedehnte Landschaftspark wurde zusammen mit dem dreiflügeligen Barockschloss von 1752 durch Dr. Khadjavi-Gontard vorbildlich restauriert. Wer heute nach Beseitigung des Wildwuchses unter dem schönen Altbaumbestand wandelt, dem eröffnet sich wieder die ganze Weite der Anlage mit ihrem malerischen Teich und der Hölderlin-Stele im Mittelpunkt. Da der Park in Privatbesitz ist, sollten sich interessierte Besucher vorher anmelden.

SERVICE

Über Korrekturhinweise und Anregungen freuen wir uns:
L&H Verlag, Barnerstr. 14, 22765 Hamburg, E-Mail: kontakt@LH-Verlag.de

WICHTIGE ADRESSEN

TMB Tourismus-Marketing Brandenburg GmbH
Am Neuen Markt 1
14467 Potsdam

Informations- und Buchungsservice
TMB-Hotline 0331-200 47 47
www.kulturreisen-brandenburg.de
www.reiseland-brandenburg.de

www.ag-historische-stadtkerne.de

DB Regio
Regionalbereich Berlin-Brandenburg
Babelsberger Strasse 18
14473 Potsdam
Fon 0331/235 68-81/-82
Fax 0331/235-68-89
ran-berlin-brandenburg@bahn.de
www.bahn.de

INTERNET ADRESSEN

Land Brandenburg

Veranstaltungen im Land Brandenburg
www.kulturland-brandenburg.de
Fon 0331-23 11 369

Brandenburgische Sommerkonzerte
www.brandenburgische-sommerkonzerte.de
Fon 030-78 95 79 40

Kulturfeste im Land Brandenburg
www.kulturfeste.de
Fon 0331-23 11 214/5
Die Jahresbroschüre können Sie auch über TMB beziehen

Potsdam/Fläming/Havelland

Musikfestspiele Potsdam Sanssouci
www.musikfestspiele-potsdam.de
Fon 0331-28 888 28

Internationale Konzertveranstaltungen
www.nikolaisaal.de

Ständige Ausstellung und Sonderausstellungen
im Filmmuseum
www.filmmuseum-potsdam.de

Potsdamer Hofkonzerte Sanssouci
www.potsdamer-hofkonzerte.de

Kultur auf dem Pfingstberg
www.pfingstberg.de

Potsdamer Tanztage
www.fabrikpotsdam.de

Musikfestspiele Potsdam Sanssouci
www.musikfestspiele.potsdam.de

Stiftung Preußische Schlösser und Gärten Berlin-Brandenburg
www.spsg.de

Potsdamer Schlössernacht
www.schloessernacht.de

Bachtage Potsdam
www.bachtage-potsdam.de

Haus der Brandenburgisch-Preußischen Geschichte
www.hbpg.de

Musik in Zisterzienserklöstern Lehnin und Zinna
www.pmsconcert.de

Fläming-Festival Jüterbog: Musik- und Chorkonzerte, Tanz, Lesungen
www.jueterbog-online.de

Wiepersdorfer Sommerfest
www.wiepersdorf.de

Caputher Musiken
www.reiseland-brandenburg.de

Jazzfest in Brandenburg an der Havel
www.Stadt-Brandenburg.de

Prignitz/Ruppiner Land

Prignitz-Sommer
www.prignitzsommer.de

Sommerkonzerte im Kloster Stift zum Heiligengrabe
www.heiligengrabe.de

Elblandfestspiele Wittenberge
www.elblandfestspiele.de

Schlosstheater Rheinsberg
www.schlosstheater-rheinsberg.de/index.shtml

Rheinsberger Musiktage
www.rheinsberg.de

Opernfestival im Schlosspark Rheinsberg
www.kammeroper-rheinsberg.de

Uckermark/Barnimer Land/Märkisch-Oderland

Theater und Festspiele in Schwedt
www.theater-schwedt.de

er zauberhafte Tropengarten zu Lande, zu Wasser und in der Luft.
Biosphäre
Tropengarten
Potsdam
Zu Wasser
Zu Lande
In der Luft
Die Biosphäre liegt inmitten des BUGA-Parks Potsdam.
Täglich geöffnet von 9.00-20.00 Uhr. Letzter Einlaß 18.30 Uhr.
Biosphäre Georg-Hermann-Allee 99 14469 Potsdam
Tel.: 0331-550 74 -0 Fax: - 20
www.biosphaere.net info@biosphaere.net
rschen, Entdecken, Staunen und sich Erholen
der Tropenwelt der Biosphäre.
n den Tiefen des Meeres bis hinauf in luftige
hen - es ist Ihre Reise . . .

Uckermärkische Musikwochen
www.uckermark.de

Museumspark Rüdersdorf
www.museumspark.de

Ausstellungen, Theater, Lesungen, Konzerte auf Schloss Neuhardenberg
www.neuhardenberg.de

Open Air Klassik Hoppegarten
www.openair-hoppegarten.de

Oder-Spree-Seengebiet/Spreewald/Niederlausitz

Musikfesttage an der Oder
www.konzerthalle-bach.de/progbach.htm

Kleistfesttage Kleistforum
www.frankfurt-oder.de

Kultursommer am „Märkischen Meer"
www.bad-saarow.de

Amphitheater am Senftenberger See
www.senftenberger-see.de

Wasserschloß Großleuten
www.rohkunstbau.de

Park und Schloss Branitz, Neuzelle
www.lausitzer-opernsommer.de

FilmFestival Cottbus
www.filmfestivalcottbus.de

Diese Liste erhebt keinen Anspruch auf Vollständigkeit. Sollten Sie weitere Fragen haben, so wenden Sie sich bitte an die TMB-Hotline

TIPPS UND HINWEISE

Brandenburgische Schlösser GmbH

Breite Str. 9, 14467 Potsdam, Fon 0331/27 91 50, Fax 0331/27 91 594, www.brandenburgische-schloesser-gmbh.de info@schloesser-gmbh.de

Brandenburgisches Landesamt für Denkmalpflege und Archäologisches Landesmuseum

www.denkmalpflege.brandenburg.de

Camping

Eine umfangreiche Broschüre und Informationen gibt es bei Verband der Campingwirtschaft im Land Brandenburg e.V., Brückenstrasse 15, 16244 Finofurt, Fon 03335/32 67 17 www.camping-in-brandenburg.de

DGGL

Deutsche Gesellschaft für Gartenkunst und Landschaftskultur e.V.
www.dggl.org

Fontane/Literatur

Wer sich mit Brandenburg beschäftigt, kommt an Theodor Fontane (1819-1898) nicht vorbei. In seinem Werk „Wanderungen" schildert er die Märkische Landschaft, ihre Geschichte, die Sitten und die Bewohner und natürlich die Parks und Gärten.
Empfehlung: Wanderungen durch die Mark Brandenburg, 7 Bände, Aufbau-Verlag, ISBN 3-7466-5290-1
Fontane Gesellschaft, Fon 03391/652 772

Führungen

Wollen Sie mehr erfahren, Hintergründe und Hintersinniges kennenlernen, vielleicht auf Fontanes Spuren weilen, empfehlen wir Ihnen, sich einer versierten Führerin oder eines Führers anzuvertrauen. Führungen können Sie über die Fremdenverkehrsvereine buchen. Eine direkte Empfehlung haben wir auch: Elisabeth Schilzeth M.A., Reiseführung und Reisebegleitung,
Fon 030/601 01 07 oder 0173/23 23 525,

Gasthof am Schloss

Schloss Wolfshagen, Stepenitzfront um 1855

Landhotel & Restaurant am Schloss Wolfshagen

Pankower Weg 9a
19348 Wolfshagen
Telefon 038789/90054
gasthof-wolfshagen@freenet.de

In unmittelbarer Nähe zum Schloss Wolfshagen liegt der frühere Wirtschaftshof, ein eingeschossiges Bauwerk auf hohem Natursteinsockel, das 2002 aufwändig restauriert wurde und heute eine angenehme Atmosphäre hat. Abwechselungsreiches Gastronomieangebot und Hotelzimmer für Einzelreisende, Familienfeiern und Seminare.

Umfangreiches Freizeitangebot: Schlossmuseum Wolfshagen, Kanutouren, Kremserfahrten, Radtouren

Das Schloss ist eine der bedeutendsten spätbarocken Bauschöpfungen in der Prignitz. Die zweigeschossige Zweiflügelanlage der Familie Gans zu Putzlitz von 1786/87 wird von einem Park, der teilweise rekonstruiert wird, umgeben. Das Museum zeigt im Keller und im Erdgeschoss den Charakter eines märkischen Gutshauses: Möbel, Ahnenbilder, Grafik, Glas, Porzellan, Textilien. Im Obergeschoss Unterglasurblau-gemaltes Porzellan, Gebrauchsgeschirr aus vier Jahrhunderten der Sammlung v. Barsewisch.

Kaffee-Tafeln Trauungen Konzerte Museumsladen

Willkommen im restaurierten und als Museum fast authentisch eingerichteten Schloss Wolfshagen

A 24 Abfahrt Pritzwalk, Ri Perleberg
Putlitzer Str. 16 19348 Wolfshagen
Tel 038789 610 63 Fax 038789 904 02
e-mail schlosswolfshagen@web.de www.schlossmuseum-wolfshagen.de
Besichtigungen/Führungen Mi - So 11 - 17 Uhr

www.stadtführungenberlin.de. Sie lässt Sie das Land literarisch erleben: Anhand Fontanes „Wanderungen durch die Mark Brandenburg" entdecken Sie die preußische Geschichte, historische Stätten und bedeutende Persönlichkeiten.

Freundeskreis Schlösser und Gärten der Mark

Der 1992 gegründete und ehrenamtlich arbeitende Freundeskreis gibt eine Publikationsreihe „Schlösser und Gärten der Mark" heraus (Hrsg. Sybille Badstübner-Gröber). Bisher sind fast 70 Einzelpublikationen über Schlösser und Adelssitze, deren Park- und Gutsanlagen, sowie über die dazugehörigen Dorfkirchen im Land Brandenburg erschienen. Bestellungen der Publikationen und Spenden gegen Spendenbescheinigungen beim Freundeskreis Schlösser und Gärten der Mark, Bundesallee 22, 10717 Berlin, Fon 030/88 41 22 66, www.deutsche-gesellschaft-ev.de
Bankverbindung: Berliner Sparkasse BLZ 100 500 00
Konto 297 000 6785

Haus der Brandenburgisch-Preußischen Geschichte

Am Neuen Markt, 14467 Potsdam, Fon 0331/201 39 49
www.hbpg.de

Kulturfeste

Alle Veranstaltungen gibt es in einer übersichtlichen Broschüre bei Kulturfeste im Land Brandenburg e.V., Schloßstr. 1, 14467 Potsdam, Fon 0331/2311214/5, info@kulturfeste.de oder direkt bei der TMB

Kulturland

Die themenbezogenen Jahresübersichten der Kulturland Brandenburg e.V. erhalten Sie unter
www.kulturland-brandenburg.de oder Fon 0331/2311 376.
Adresse: Schloßstr. 1, 14467 Potsdam

Ministerium für Landwirtschaft, Umweltschutz und Raumordnung MLUR

www.brandenburg.de/land/mlur

Warum nicht (wieder) einmal an die Rheinsberger Seenkette ?

Rheinsberg ist durch seine Verbindung von Natur und Kultur für jeden Brandenburg-Besucher einfach „eine Pflicht“! Ob er nun den „Wanderungen“ Theodor Fontanes folgt oder im Schloss und Park auf den Spuren von Tucholskys Claire und Wölfchen „lustwandelt“: die Region bietet für jeden etwas. Ohren und Augen kann man verwöhnen bei den Konzerten der MUSIKAKADEMIE im SCHLOSSTHEATER oder bei den Aufführungen der „KAMMEROPER SCHLOSS RHEINSBERG“ im historischen Heckentheater jährlich im Juli / August. Seit 1762 ist Rheinsberg auch eine Stadt der Keramik, ein Besuch in den Verkaufsausstellungen der Keramikmanufakturen oder des inzwischen schon traditionellen „TÖPFERMARKTES" jährlich am 2. Oktoberwochenende sollte unbedingt eingeplant werden.

Museumsdienst Berlin

www.mdberlin.de

Nachtzug

Wer nachts reist gewinnt häufig einen Urlaubstag. Infos über DB NachtZug-Verbindungen, z.B. nach Berlin oder Oranienburg unter Fon 01805/141514 (12 Cent/Min), www.dbnachtzug.de

Schlösserfahrten

Mehr als 500 Schlösser, Herrenhäuser, Gutshäuser – größtenteils umgeben von Gärten und weitläufigen Parks – prägen die Kulturlandschaft Brandenburg. Die Brandenburgische Schlösser GmbH initiiert Schlösserfahrten, die als Ein- oder Zwei-Tagesfahrten in der Nähe von Berlin beginnen bzw. enden. Nähere Informationen zu Terminen, Abfahrtzeiten, Orten und Preisen über die TMB-Hotline 0331/200 47 47, www.reiseland-brandenburg.de

Urlaub auf dem Bauernhof

Informationen vom Arbeitskreis Brandenburger Landgasthof/Landurlaub in Brandenburg, Am Raubfang 6,
14469 Potsdam, Fon 0331/50 00 37, Fax 0331/50 08 32
landurlaub-brandenburg@t-online.de

Wassersport

Wassersportler und Wasserwanderer erhalten eine gute Übersichtskarte mit Wasserevents, Bootshäusern und Gastronomie am Wasser von der TMB (Hotline 0331/200 47 47) oder der Berlin Tourismus Marketing unter Fon 0190/016 316
(Euro 0,45/Min), www.berlin-tourism.de

ÜBERNACHTEN IN SCHLOSSHOTELS

Einige Empfehlungen und Hinweise: die Liste hat keinen Anspruch auf Vollständigkeit. Wir bitten um Verständnis, dass sich einzelne Angaben ändern können. Das komplette Hotelverzeichnis von Brandenburg erhalten Sie über TMB.

Pensionen/Privat

Archehof und Pension Gut Falkenhain
Detlef Wunsch, 17268 Hardenbeck
Fon 039 889/276, www.gut-falkenhain.de

Gasthof am Schloss
Pankower Weg 9a, 19348 Wolfshagen
Fon 038789/900 54, gasthof-wolfshagen@freenet.de

Gut Kerkow
Greiffenberger Str. 8, 16278 Kerkow
Fon 0331/262 90, www.gut-kerkow.de

Gut Tornow
Tornower Str. 24, 16866 Tornow bei Kyritz
Fon 033 971/454 00

Gutshof Glien
Hauptstrasse 25, 14806 Hagelberg-Klein Glien
Fon 033 841/38 83, www.gutshof-glien.de

Hof Lichtenhain
Lichtenhain 25, 17268 Klaushagen
Fon 039 889/82 50

Kloster Lehnin
Klosterkirchplatz 1-19, 14 797 Lehnin
Fon 03382/73 07

Künstlerhaus Schloss Wiepersdorf
14913 Wiepersdorf
Fon 033 746/69 90, www.wiepersdorf.de

SCHLOSS ZIETHEN
Hotel und Restaurant
~ Herzlich willkommen ~
für Tagungen, Festlichkeiten,
als Reisender und wenn Sie Ruhe
und Gastfreundschaft suchen
www.SchlossZiethen.de
Tel. 033055 / 950
A24 Berlin-Hamburg Groß Ziethen/Kremmen

Schlosshotels

Hotel Schloß Herrenstein
17268 Gerswalde
Fon 039 887/710, www.herrenstein.de

Hotel Schloss Neuhardenberg
15320 Neuhardenberg
Fon 033 476/60 00, www.schlossneuhardenberg.de

Parkhotel Schloß Wulkow
15320 Wulkow
Fon 033 476/580, www.parkhotel-schloss-wulkow.de

Hotel Schloss Hubertushöhe
Robert-Koch-Str.1, 15859 Storkow
Fon 033678/430, www.hubertushoehe.de
Ein luxuriöses Hotel mit hohem kulinarischem Anspruch. Mit viel Park, See und Wald: mit ca. 200 km Wanderwegen.

Schloß Diedersdorf
Kirchplatz 5-6, 15831 Diedersdorf
Fon 03379/353 50, www.schlossdiedersdorf.de

Schloß Gusow
Schloßstr. 7, 15 306 Gusow
Fon 033 46/87 25, www.schloss-gusow.de
Das über 600 Jahre alte neogotische Wasserschloss beherbergt ein brandenburgisch-preußisches Museum, Restaurant, Pension und Tagungs- und Veranstaltungsräume.

Schloß Kröchlendorff Tagungs- und Bildungszentrum
Dorfstr. 22, 17291 Kröchlendorff
Fon 039 856/60 90, www.outwardbound.de

Schloss Lübbenau
Schlossbezirk 6, 03222 Lübbenau
Fon 035 42/87 30, www.schloss-luebbenau.de
Als Hotel, Restaurant und (!) Park kennzeichnet sich diese Perle des Spreewaldes. Das Standesamt befindet sich im

Schloss. Familienfeien oder Jahrestagungen finden im Restaurant oder in der Orangerie statt.

Schloss Petzow
Zelterstrasse 5, 14542 Petzow
Fon 033 27/469 40, www.schloss-petzow.de

Schloss Reichenow
Dorfstr. 1, 15345 Reichenow
Fon 033 437/30 80, www.schlossreichenow.de
Ein Verwöhnhotel, Tagungshotel und Hochzeitshotel mit sehr schönem Ambiente, regionaler Küche und vielen Freizeitmöglichkeiten.

Schloß Steinhöfel
Schlossweg, 15518 Steinhöfel
Fon 0336 36/27 70, www.schloss-steinhoefel.de
Als Hotel, Restaurant und Café kehrte 2002 wieder Leben ein in das geschichtsträchtige Gut, auf dem Friedrich der Große, Königin Luise und Theodor Fontane verweilten.

Schloss Ziethen
16766 Groß Ziethen bei Kremmen
Fon 033 055/950, www.SchlossZiethen.de
Die Leitidee von Edith Freifrau von Thüngen: „Ein Ort der Gastlichkeit für die kreative Begegnung zwischen Ost und West, in der Gegenwart – für die Zukunft".

Schlosshotel Rühstädt
19322 Rühstädt
Fon 038 791/808 50, www.schlosshotel-ruehstaedt.de

Schlosshotel Teupitz
Kirchstr. 8, 15755 Teupitz
Fon 033766/600, www.schlosshotel-teupitz.de

Schlosspark Hotel Sallgast
Parkstrasse, 03238 Sallgast
Fon 035329/599 60, www.sallgast.de/schloss.htm

DER BESONDERE HOTEL-TIPP

Eine Perle im Spreewald – mit viel Wellness

Das Biosphären-Reservat Spreewald, von der Unesco geschützt, liegt südlich Berlin und nordwestlich von Cottbus. Hier inmitten der stillen Gewässer, der langen Kähne, des prachtvollen Gemüses, des frischen Fisches und der Störche findet man in Burg/Spreewald das Hotel „Zur Bleiche Resort & Spa".

Der Ursprung des Hotels findet sich in einem Bau, der hier vor langer Zeit entstand, um an den Spree-Ufern Leinen zu bleichen und zu weben. Christine und Heinrich Clausing erwarben 1992 das Anwesen und haben es mit sehr viel Liebe zum Detail umgebaut, erweitert, modernisiert.

Heute ist das Hotel Zur Bleiche die erste Adresse im Spreewald: Sehr gut essen und trinken kann man in den verschiedenen Restaurants, von deftiger Spreewaldküche bis zu hervorragender (und Gault-Millaut-ausgezeichneter) Gourmet-Küche. Fast alle von der Küche verwendeten Produkte stammen aus dem Umland, die Kräuter aus dem eigenen Garten. – Die Perle im Spreewald begeistert aber auch durch den Wellnessbereich: mit der Landtherme in scheunengroßen, luftigen Räumen – alles im traditionellen Badehausstil auf über 2700 qm. Hier finden Sie dann auch das japanische Luftsprudelbecken, das türkische Erholungsbad, die Ruheräume, den Fitness-Raum und die Trainingsplätze für verschiedene Sportarten.

Hotel „Zur Bleiche Resort & Spa", Bleichestrasse 16, 03096 Burg/Spreewald, Fon +49-(0)35603-620, Fax –60292, reservierung@hotel-zur-bleiche.com, www.hotel-zur-bleiche.com

GLOSSAR

Achse Gliederungsmittel zur klaren Unterscheidung eines Gartens in einzelne Abteilungen, führt zu Blickpunkten hin. Im architektonischen Garten des Barock ist das Schloss eindeutiger Bezugspunkt der A. In der Architektur gedachte vertikale oder horizontale Linie

Architrav griech.-lat., waagerechter Steinbalken über Säulen, Pfeilern oder Pilastern. A. trägt den Oberbau

Belvedere it., schöne Aussicht, Aussichtspavillon. Als Turm, Dachhalle, Balkon oder Plattform in Zusammenhang mit Gebäude oder als selbständiger Baukörper so platziert, dass gute Fernsicht auf schöne Aussicht möglich. B. liegt meist am Ende der Hauptachse eines Gartens

Boulingrin frz., Rasenplatz, von kleinem Wall umgebene, vertieft gelegene Rasenfläche. Ursprünglich der Platz für Kugelspiele

Broderie frz., Stickerei, kunstvoll gestaltetes Beet, das an Stickerei erinnert

Callotzwerg Begriff aus spätbarocker Ikonografie, von Jaques Callot (1592/3 – 1635) ausgehend entstandene Gartenfiguren aus dem Alltags- und Volksleben in Zwergengestalt

Clump engl., Klumpen, in offene Rasenfläche versetzt gepflanzte Solitärbäume oder Baumgruppen. Clumps haben als Blickfang raumschaffende Wirkung

Cour d´honneur frz., Ehrenhof eines Schlosses, von drei Flügeln gebildet

Eremitage frz., Einsiedelei. Kleines abgeschieden gelegenes Garten-/Lusthaus. In den Gärten des späten 17./18. Jh.s war die E. ein einsam gelegenes Schlösschen

Exedra griech., abgelegener Sitzplatz, halbkreisförmige Anlage mit Sitzbänken, häufig Abschluss einer Gartenanlage, vielfach auch aus Hecken geschnitten und mit Sitzbänken und Skulpturen ausgestattet. Auch Gebäude oder Raum von halbkreisförmigem Grundriss

Fiale it.-lat., Pinakel (frz.). Spitzes, türmchenartiges Zierglied

Fries Flächenband zur Gliederung und zum Schmücken von Wänden und Fassaden. Friese sind leer oder mit Figuren oder Ornamenten besetzt

Frontispitz frz.-lat., Fronton (frz.). Giebeldreieck als vorspringende Tür- oder Fensterbedachung, auch über Risalit

Gesims waagerechter, aus der Mauer vortretender Streifen zur Horizontalgliederung

Giebel wie Schenkel eines Winkels aufeinanderstoßenden Schrägen eines Satteldaches. Eingeschlossene Wandfläche heißt Giebelfeld

Grotte it., Höhle. Künstliche Felsenhöhle, meist mit Brunnen. Einfache und bizarre Nachgestaltung von Höhlen oder künstlerisch gestaltet (Nymphen-G.)

Kannelur lat., Rohr. Senkrechte Hohlrille an Säulen und Pilastern. Gesamtheit: Kannelierung

Kavalierhäuser Wohnhäuser im Schlossbereich für höhere Bedienstete

Kenotaph griech., leeres Grab, Grabdenkmal in Form eines Grabmals, meist ohne Zusammenhang mit der Grabstätte

Kranz Abschnitt im vertikalen Aufbau des antiken Tempels, bestehend aus dem Tympanon und den darüber liegenden Sichtlinien der Dachschrägen

Kreuzblume ausladende Spitze gotischer Türme, aus Blattwerk gebildet, kreuzförmig

Laubengang an der Front eines Hauses oder entlang eines Gebäudes befindlicher offener Gang oder offene Halle. In der Gartenkunst ist der L. ein überdachter Gang, der als Gartenweg zu einem bestimmten Punkt führt. Im Unterschied dient die Pergola dem schattigen Aufenthalt

Monopteros griech., einflügelig. Tempelartiger Rundbau mit einer einzigen, offenen Säulenstellung und einer Kuppel, Verwendung als Gartenhaus

Moschee arab., Versammlungs- und Kulturort i.d. islamischen Religion, dekoratives Bauwerk als Gartenhaus in Europa

Nymphäum griech., den Wassernymphen geweihter kultischer Ort, in der griech. und röm. Antike überbaut. Im 17. und 18.Jh. in die Gesamtanlage des Gartens integriert. Meist als aufwändige Brunnenanlage. Themen: Bad der Diana, Diana und die Nymphe Kallisto u.a.

Obelisk griech., hoher Steinpfeiler, im Grundriss quadratisch, nach oben verjüngend. Stumpfe, pyramidenförmige Spitze. In der Gartenkunst häufig als Sonnenuhr in der Mitte eines Kabinetts

Orangerie frz. Orangenhaus. Gebäude, in dem die frostempfindlichen Zitrusbäumchen, aber auch andere exotische Pflanzen überwintern. Meist eingeschossige Anlage mit Fenstertüren, bilden oft Abschluss einer Gartenanlage

Palladio-Motiv (Serliana, it. Architekt Serlio), Architekturmotiv, besonders für Andrea Palladio (1508-1580) charakteristisch, 3-teilige Säulenstellung, mittlere Öffnung breiter als die seitlichen

Parterre frz., am Boden. Ebene, verschiedenartig gestaltete Fläche unmittelbar vor Schloss

Pavillon frz., Zelt, Gartenhaus. Schnell auf- und abgebautes Gebäude. Kleines, freihstehendes Gartenhaus – mit Zeltdach oder Baldachin

Pergola it., Laube. Vorbau, Anbau, nach allen Seiten offener Gang, beliebt bei Landhäusern. In der Gartenkunst über senkrechten Stützen liegendes Rankgerüst

Pilaster it., flacher Wandpfeiler mit Basis und Kapitell

Pleasureground engl., Vergnügungsplatz. Direkt am Haus gelegener Garten im inneren Bereich. P. leitet zum äußeren (Wald-)Park über

Point de vue frz., Blickpunkt. Markanter Blickpunkt in einer Garten-, Haupt- oder Nebenachse

Proszenium lat., Vorderbühne im Theaterhaus, Bühnenabschnitt zwischen Bühnenrampe und Vorhang

Pyramide Grabanlage in Form eines hohen Baues über rechteckigem, meist quadrat. Grundriss, dessen 4 Seiten regelmäßige Dreiecke bilden. Diese laufen in der Spitze zusammen

Risalit it., in ganzer Höhe einer Gebäudefassade vorspringender Teil

Rocaille frz., Muschelwerk. Ornamentform, frei nach Muschelform gebildet

Rondell frz., runde Scheibe. Rundplatz im Boskett (Wäldchen) mit strahlenförmig in alle Richtungen führenden Wegen

Schloss herrschaftlicher Wohnsitz, meist nicht befestigt, meist kompl. Bauanlage

Serliana siehe Palladio-Motiv

WIR SIND DAS ORIGINAL
Winterharte Blütenstauden • Wasserpflanzen
Gewürzkräuter • Gräser
Farne • Rhododendren
Laubgehölze • Koniferen
Sämereien • Terrakotta • Gartenmöbel • Gartenerden
Pflanzendünger • Karl-Foerster-Bücher
Foerster-Stauden GmbH
Am Raubfang 6 · 14469 Potsdam-Bornim
Einkaufsgarten: 0331/567 26-15
E-Mail: info@foerster-stauden.de
www.foerster-stauden.de
FOERSTER STAUDEN
SEIT 1910

Sima griech., Dachkrempe, Traufleiste des griech. Tempels an den Giebelschrägen und den Längsseiten

Stabkirche skand. Holzkirchentyp, konstruktives Mastengerüst und gestufter Dachaufbau, im Mittelalter entwickelt

Staffage Ursprünglich Figuren in einer Architektur- bzw. Landschaftsdarstellung ohne eigene erzählende Bedeutung. Sie haben die Aufgabe mit ihrer Erscheinung, Kleidung usw. die Ortsbedeutung zu unterstreichen und mit ihrer Größe die Landschaft und Architektur in ihrer Räumlichkeit und Perspektive für das Auge messbar zu machen. In der Gartenkunst vor allem auch Scheinarchitekturen als Versatzstücke und Kulissenbauten

Supraporte it.-lat., Zierstück über Türsturz

Teehaus Tee war Mode- und Luxusgetränk des 18. Jh.s . Chinesische Pavillons fanden als Teehäuser Eingang i.d. Gärten. Beispiel: Chin. Teehaus im Garten Sanssouci

Tempel mit rechteckigem oder rundem Grundriss, Haus des Kultbildes einer Gottheit

Tympanon griech., Schallbecken. 1. Dreieckiges Feld des Tempelgiebels, 2. halbrundes oder eckiges Feld über Kirchenportal bzw. Steinplatte, die es füllt

Veranda engl.-port., offener oder verglaster, immer mit einem leichten Dach gedeckter Anbau oder Balkon eines Wohnhauses

Volute lat., schneckenförmig gewundene Verzierung an Baugliedern

Quelle
Kleines Wörterbuch der Architektur, Reclam, 2002
Kleines Wörterbuch der europäischen Gartenkunst, von Gabriele Uerscheln und Michaela Kalusok, Reclam 2002

REGISTER

LITERATUR

ANDREAE, A.; GEISELER, U. (HRSG.) (2001): Die Herrenhäuser des Havellandes. Berlin

BADER, E.R. (2000): Schlosspartien. Berlin

BATH, H. (2001): Die Schlösser und Herrenhäuser in Berlin und Brandenburg – Ein Überblick in Text und Bild. Berlin

BELLMANN, G. (1995): Märkische Dichterwege. Berlin

BRANDENBURGISCHES MLUR (HRSG.) (2000): Gartenkultur in Brandenburg. Potsdam

CLARK, R. (2001): Gärten. Der Reiseführer zu privaten und öffentlichen Parks und Gärten in Deutschland. München

DREGER, H.-J. (1994): Gartendenkmale im Land Brandenburg. Brandenburgische Denkmalpflege 3,1, S.5-12

DREGER, H.-J. (1996): Bestrebungen zur Landesverschönerung im 19. Jahrhundert. Brandenburgische Denkmalpflege 5,2, S.5-11

DREGER, H.-J. (2001): Der Bestand der Gartendenkmale im Land Brandenburg. In: Aufleger, M. et al. (Hrsg.) (2001): Denkmalpflege in Brandenburg 1990-2000. Worms

FOELSCH. T. (1997): Adel, Schlösser und Herrenhäuser in der Prignitz. Perleberg

FONTANE, T. (1987): Wanderungen durch die Mark Brandenburg. 3.Aufl. München und Wien

FRICKE, H. (1939): Märkische Parke im Auge des Dichters. Brandenburgische Jahrbücher 14/15, S.133-142

GIERSBERG, H.-J. (1986): Friedrich als Bauherr. Berlin

HAHN, P.M.; LORENZ, H. (2000): Herrenhäuser in Brandenburg und der Niederlausitz. Berlin

HELLER, G. (1999): Unterwegs mit Fontane in Berlin und der Mark Brandenburg. Berlin

HINZ, G. (1939): Peter Joseph Lennés märkische Parkanlagen. Brandenburgische Jahrbücher 14/15, S.68-99

HOFFMANN, R. (2001): Gärten, Parks und Grüngelüste. Berlin

KARG, D. (HRSG.) (1992): Peter Joseph Lenné. Gartenkunst im 19. Jahrhundert. Beiträge zur Lenné-Forschung. Berlin

LEISERING, P. (1995): Tempelherren in der Mark. Die Mark Brandenburg 16, S.2-8

MELF DES LANDES BRANDENBURG (HRSG.) (1997): Gärten Land Brandenburg. Potsdam

www.kulturland-brandenburg.de

Kultur.
Gesellschaft.
Natur.

Kulturland Brandenburg

2004 Landschaft & Gärten

Kulturland Brandenburg e.V.
Schlossstraße 1, 14467 Potsdam
Tel. (03 31) 23 11 - 376, Fax (03 31) 23 11 - 383
info@kulturland-brandenburg.de

Gefördert mit Mitteln der Bundesregierung, Beauftragte für Kultur und Medien, und des Ministeriums für Wissenschaft, Forschung und Kultur des Landes Brandenburg. Mit freundlicher Unterstützung der brandenburgischen Sparkassen.

MICHALSKY, WERNER (1992): Karl Friedrich Schinkel im Lebuser Land. Seelow
NATURSCHUTZBUND DEUTSCHLAND REGIONALVERBAND DAHMELAND E.V. (HRSG.) (2000): Jahrbuch 2000 Parks im Dahmeland. Prieros
NIEMANN, A. (1999): Die Entwicklung der Gartenanlagen in der brandenburgischen Lausitz. Brandenburgische Denkmalpflege 8,2, S.6-28
NIEMANN, A. (2001): Inventarisation und Denkmalbewertung von Gartendenkmalen. In: Aufleger, M. et al. (Hrsg.) (2001): Denkmalpflege in Brandenburg 1990-2000. Worms
PASCHKE, R. (2001): Bau- und Gartendenkmale – Historische Entwicklung des Landes Brandenburg und seines Denkmalbestandes. In: Aufleger, M. et al. (Hrsg.) (2001): Denkmalpflege in Brandenburg 1990-2000. Worms
PESTALOZZI-VEREIN DER PROVINZ BRANDENBURG (HRSG.) (1900): Die Provinz Brandenburg in Wort und Bild. Reprint Berlin
RAVE, P.O. (1939): Die alten Gärten und ländlichen Parke in der Mark Brandenburg. Brandenburgische Jahrbücher 14/15, S.143-190
SCHÜTTAUF, H. (1973): Parke und Gärten in der DDR. Leipzig
SEILER, M. ET AL. (2001) : Potsdam Grün – Gartenkunst zwischen gestern und morgen. Hamburg
SEILER, M.; WACKER, J. (1991): Insel Potsdam. Berlin
VOLKMANN, T. (1994): Gartendenkmalpflegerische Aspekte im ländlichen Raum. Brandenburgische Denkmalpflege 3,1, S.13-19
VOLKMANN, T. (2001): Erhaltung, Pflege und Restaurierung von Gartendenkmalen. In: Aufleger, M. et al. (Hrsg.) (2001): Denkmalpflege in Brandenburg 1990-2000. Worms
VON FALKENHAUSEN, E. (2001): Die Prignitz entdecken – Natur und Kultur einer Region. Berlin
WIMMER, C.A. (2001): Bäume und Sträucher in historischen Gärten – Gehölzverwendung in Geschichte und Denkmalpflege. Dresden

Literatur zu einzelnen Parks und Gärten finden Sie jeweils nach der Beschreibung der Anlage unter der Rubrik „Info".

Kulturfeste im Land Brandenburg

Kammeroper Schloss Rheinsberg
Photo: Fieguth

Konzerte, Oper, Tanz, Theater, Film, Literatur und Bildende Kunst
Von Heiligengrabe bis Cottbus, von Gartz an der Oder bis Saxdorf, in Schlössern und Scheunen, in Parks und Gärten, in Klöstern und Kirchen erklingen Barockmusik und Chorkonzerte, erleben Sie Tanztheater, Lesungen, zeitgenössische Musik und Theateraufführungen, Zirkus- und Opernvorstellungen, Ausstellungen und Filme: Die Kulturfeste im Land Brandenburg präsentieren Ihnen mit über 50 Veranstaltungsreihen und Festivals und mehr als 800 Veranstaltungen jedes Jahr ein abwechslungsreiches Kulturangebot im ganzen Land Brandenburg.

ultur in Klöstern
n Brandenburgs Geschichte spielen die Klöster eine herausagende Rolle. Ende des 12. Jahrhunderts wurden die ersten isterzienserklöster gegründet, bald folgten die Orden der ominikaner und Franziskaner. Mit der Reformation im 6. Jahrhundert und der Säkularisierung im 19. Jahrhunderts erfielen einige der Klosteranlagen, andere wurden zu rmenhäusern, Schulen oder Lagerhallen; baulich am esten erhalten blieben die aus den Klöstern hervoregangenen Stifte.
leute sind die brandenburgischen Klöster bedeutende enkmale vergangener Kunst und Kultur. Wie ehedem sind ie auch Orte der Besinnung und Entspannung.

n Rahmen der Kulturfeste im Land Brandenburg werden die löster in Chorin und Zinna, in Neuzelle und Lehnin, in renzlau und Jüterbog, in Brandenburg an der Havel sowie in eiligengrabe mit Musik, Theater und Ausstellungen neu elebt und so zum Anziehungspunkt für ein breites Publikum.

Kloster Chorin
Photo: Wichtmann

lassik im Grünen Buckow
hoto: Badura

Kulturfeste Open Air
Kultur unter freiem Himmel erleben Sie in der Märkischen Schweiz bei Klassik im Grünen Buckow, auf dem Hof der Fercher Obstkisten-Bühne, bei Open Air Klassik Hoppegarten auf der Rennbahn, beim Theatersommer Netzeband, der Kammeroper Schloss Rheinsberg, den Schlosspark-Festspielen Schwedt und dem Wiepersdorfer Sommerfest.

Programm
Die Jahresbroschüre der Kulturfeste erhalten Sie im «RegioPunkt» im Bahnhof Friedrichstraße in Berlin, telefonisch unter 0331 - 200 47 47 und 0331-23 11 214, per E-Mail an broschuere@kulturfeste.de.

www.kulturfeste.de

FOTONACHWEIS

Parkpläne

Mit Genehmigung vom „Freundeskreis Schlösser und Gärten der Mark",
Repro aus „Schlösser und Gärten der Mark":
Seite 101: Liebenberg 1993, Christine Herzog nach Vermessungsplan von 1946, S. 9
Seite 129: Meyenburg 2002, Gartenarchitekturbüro Schweitzer (1994), S. 17
Seite 158: Boitzenburg 1993, Detlev von Heydebrand (1992), S. 21
Seite 218: Steinhöfel 2002, Büro für Landschaftsarchitektur Zernitz (Brückner), S. 9 re
Seite 262: Fürstlich Drehna 1993, Christine Herzog nach Helmut Rippel (1979), S. 19

Fotos

SPSG/Hans Bach 25 29 31 36 38 39 47
SPSG/Wolfgang Pfauder 32
SPSG/Klaus Frahm 44
SPSG 33 35
Michael Lüder, Potsdam/Förderverein Pfingstberg in Potsdam e.V. 26
Marianne Foerster 28
L&H Verlag/Meyer-Veden 41 167 168 169 170
Dr. Karl-Heinz Friedrich 49 50
Ute Bauer 4/5 55 58 (2x) 60 75 77 87 103 (2x) 105 113 115 117 118 120 (2x) 125 126 140 145 172 (2x) 175 180 232 242 249
Brandenburgische Schlösser GmbH 63 64 66 70/71 228 263 264
Stadtverwaltung Brandenburg, Pressestelle 80
Oliver Hoch 83 90 123 130 131 153 161 162 197 206 215 231 267 269 272 (2x) 274 279 282 286 289
Edith Freifrau von Thüngen, Schloss Ziethen 96 97 98
Tourismusverband Ruppiner Land e.V./Frank Liebke 109
Kloster Stift zum Heiligengrabe 133
Böttcher/TMB-Fotoarchiv/Kloster Stift zum Heiligengrabe 134
Edition Günter Rieger, Karwe 138/139
Prof. v. Barsewisch, Museum Wolfshagen (PR) 147
Dr. Günter Blutke 164 165
Hannelore Siebenhaar 177
Stiftung Schloss Neuhardenberg/Toma Babovic 185 186/187 188 188
Schloss Gusow GbR 193
Schloss Reichenow/Dirk Hahn 204
Klaus Baldauf 210 211 212
Klaus-Peter Matte 220
Stefan Wolf Lucks Berlin/Fugmann & Janotta 223 224/225 340/341
Schloss Hubertushöhe 244
Stadt Forst (Lausitz) 252 253 254 255
Amt Altdöbern 259

Titel

Thomas Kläber Titel oben
Steffen Hauser Titel unten
Ute Bauer Rücktitel links & Mitte oben rechts
Brandenburgische Schlösser GmbH Rücktitel Mitte oben links
Stefan Wolf Lucks Berlin/Fugmann & Janotta Rücktitel Mitte unten
Stadt Forst (Lausitz) Rücktitel rechts

www.hafendorf-rheinsberg.de

Ferienhäuser direkt im Hafen

HAFENDORF RHEINSBERG

Das Hafendorf Rheinsberg ist in Brandenburg ein einzigartiges Projekt in einem der schönsten Binnenreviere Deutschlands.

In 2003 dominieren noch Baufahrzeuge das Gelände, das in der endgültigen Ausbaustufe in 2005 ein Ferienparadies sein wird, das seinesgleichen sucht. Noch besteht die Chance den Traum von einem eigenen Ferienhaus am Wasser zu verwirklichen. Wer nur ein neues Ferienziel sucht, sollte sich aber auch schon heute das Hafendorf Rheinsberg vormerken.

Die Lage direkt vor den Toren der berühmten Stadt Rheinsberg bietet Skippern mit dem Schloss, der Kammeroper und dem Schlosstheater sowie gepflegter Gastronomie jede Menge Abwechslung.

Das Hafendorf Rheinsberg überzeugt mit einer großzügigen Anlage. Ein attraktiver Mix aus Privathäusern, Hotel- und Ferienanlage mit kompletter Infrastruktur, die für Skipper auch Slipanlage, Bootsservice und Winterlager enthält.

Die Ufer- und Inselhäuser für Privatkäufer im charmanten Fachwerkstil enthalten einen eigenen PKW-Stellplatz und Terrasse mit Grünfläche. Sie haben die Wahl aus fünf Haustypen mit einer Wohnfläche von 56 m² bis 116 m² mit eigenem Bootssteg bzw. Anlegestelle.

Fordern Sie die ausführliche Broschüre mit allen Details über das Hafendorf Rheinsberg an. Anruf oder Fax genügt, wir reagieren prompt.

Das Musterhaus direkt am See lädt zur Besichtigung ein und ist im Sommer von Mi. – So. bis 18 Uhr geöffnet. Unter Tel. 0170/4531032 können Sie mit Herrn Gorski, von dem beauftragten Immobiliencenter der Berliner Volksbank, auch jederzeit einen individuellen Termin vereinbaren.

EHRENBERG WERBUNG, Hamburg

Projektgesellschaft Hafendorf Rheinsberg GmbH · Dr.-Martin-Henning-Str. 1
16831 Rheinsberg · Tel: 033931/341 61 · Fax: 033931/341 63

AUTOR

Oliver Hoch studierte nach dem Abitur am altsprachlichen Dortmunder Stadtgymnasium Forstwissenschaft und Philosophie in München und Göttingen. Nach mehreren Jahren hauptberuflicher Bildungsarbeit mit den Schwerpunkten Wirtschaft und Recht folgte eine wissenschaftliche Tätigkeit in den Bereichen Botanik und angewandte Ökologie. Sein Selbstverständnis als Querschnittsdenker führte ihn 1996 zum Fachverband Garten-, Landschafts- und Sportplatzbau Berlin/Brandenburg e.V., dessen Geschäftsführer er heute ist. Als Autor und Mitautor zahlreicher Veröffentlichungen im „Grünbereich" ist er vor allem in fachlichen Leserkreisen bekannt geworden.

Gärten und Parks der Region Berlin-Brandenburg waren für ihn in den letzten Jahren auch ein Freizeitthema: Als Vorstandsmitglied des Landesverbandes der traditionsreichen Deutschen Gesellschaft für Gartenkunst und Landschaftskultur hat Oliver Hoch Brandenburg gartenkulturell unter die Lupe genommen. Dieses Buch versteht er nicht nur als Anregung, interessante Reiseziele zu finden: In historischen Gärten und Parks sieht er ganz aktuelle Entwicklungspotenziale für den ländlichen Raum – der wirtschaftliche Blick auf nachhaltige Nutzungskonzepte ist für ihn daher auch hier ein zentrales Anliegen.

MUSEUMSSHOP

... wo ein Kauf zur Spende wird ...

im Schloss Sanssouci, Potsdam
Di-So 9.00 - 18.00 Uhr
Tel.: 0331 / 505 15 94

im Neuen Palais, Potsdam
Sa-Do 9.00 - 18.00 Uhr
Tel.: 0331 / 967 83 05

im Schloss Charlottenburg, Berlin
Di-Fr 9.00 - 18.00 Uhr, Sa-So 10.00 - 18.00 Uhr
Tel.: 030 / 32 60 39 43

Außerhalb der Saison gelten veränderte Öffnungszeiten,
siehe unter www.museumsshop-im-schloss.de

PREUSSISCHE SCHLÖSSER UND GÄRTEN BERLIN-BRANDENBURG

IMPRESSUM

Herausgegeben von der DGGL, Deutsche Gesellschaft für Gartenkunst und Landschaftskultur, Berlin-Brandenburg e.V. in Zusammenarbeit mit dem L&H Verlag, Hamburg

Barnerstrasse 14 D-22765 Hamburg
Fon 040 398 34 290
Fax 040 398 34 299
ISDN 040 398 34 297
kontakt@LH-Verlag.de
www.LH-Verlag.de

IDEE, KONZEPT Wolfgang Henkel, L&H Verlag
KOORDINATION Wolfgang Henkel und Stefan Seufert, L&H Verlag Hamburg
WISSENSCHAFTLICHE BERATUNG Landesdenkmalamt Brandenburg: Prof.Dr.Detlev Karg, Landeskonservator und Hans-Joachim Dreger, Alexander Niemann, Thorsten Volkmann
TEXTE Oliver Hoch
Weitere Texte von:
Potsdam Neuer Garten und Pfingstberg: Gerd Schurig, SPSG
Potsdam Sanssouci Rehgarten, Hopfengarten, Klausberg, Sizilianischer und Nordischer Garten: Jörg Wacker, SPSG Lustgarten, Marlygarten, Ruinenberg: Michael Seiler, SPSG Charlottenhof: Gerd Schurig
Potsdam Babelsberg: Kathrin Schöder, SPSG
Sacrow: Gerd Schurig
Schlossgarten Caputh: Gerd Schurig
Schlosspark Paretz: Gerd Schurig
Rheinsberg: Michael Seiler

Königs Wusterhausen: Kathrin Schröder
Neuzelle: Walter Ederer
Luckenwalde Stadtpark und Heiligengrabe: Joachim G. Jacobs und Petra Hübinger
Foerster-Garten und Freundschaftsinsel: Wolfgang Henkel (Martin Heisig/Jörg Näthe)

LEKTORAT und REDAKTION Stefan Seufert und Wolfgang Henkel, L&H Verlag
BASISLAYOUT Wolfgang Henkel, L&H Verlag
SATZ Stefan Seufert, L&H Verlag
GESTALTUNG Stefan Seufert und Wolfgang Henkel, L&H Verlag
FOTONACHWEIS siehe Seite 334
KARTEN L&H Verlag/Kontur Berlin
ANZEIGEN Copyright für Anzeigen der Seiten 12, 14, 111, 299, 301u, 305u, 307o, 313o, 315, 319, 323, 327o/u und 328 liegt beim L&H Verlag
PRODUKTION Druckerei zu Altenburg, Altenburg

TITELFOTOS Cottbus Schlosspark Branitz (Titel oben);
Forst (Lausitz) Ostdeutscher Rosengarten (Titel unten und Rücktitel rechts); Luckenwalde Waldfriedhof (Rücktitel links);
Fürstlich Drehna Schlosspark (Rücktitel Mitte oben links);
Wiesenburg Schlosspark (Rücktitel Mitte oben rechts);
Bad Saarow Kurpark (Rücktitel Mitte unten)

FOTOS Titel oben Thomas Kläber, Titel unten Steffen Hauser, Rücktitel Mitte unten Stefan Wolf Lucks

Bibliografische Information der Deutschen Bibliothek
Die Deutsche Bibliothek verzeichnet diese Publikation in der Deutschen Nationalbibliografie; detaillierte bibliografische Daten sind im Internet über <http://dnb.ddb.de> abrufbar.

ISBN 3-928119-82-6
2004

Bad Saarow
Seebrücke

MECKLENBURG-
VORPOMM
Hamburg
Rostock
24
19
Schlossmuseum
Wolfshagen/
Gasthaus am Schloss
Pritzwalk
Wittstock/
Dosse
Rheinsberg
PERLEBERG
Wittenberge
PRIGNITZ
RUPPINER LA
Bad Wilsnack
NEURUPPIN
Neustadt
(Dosse)
NIEDERSACHSEN
Elbe
Stendal
RATHENOW
Nauen
Hennig
Premnitz
HAVELLAND
10
BRANDENBURG
an der Havel
Havel
POTSD
Werder
(Havel)
SACHSEN-
2
Hannover
BELZIG
ANHALT
9
FLÄMING
Leipzig
Rostock
Hamburg
Bremen
Land
Berlin
Hannover
Magdeburg
Landenburg
Duis-
burg
Dortmund
Düssel-
dorf
Essen
Köln
Leipzig
Dresden
0
100 km
Frankfurt/M.
Stuttgart
München
Elbe
Lutherstadt
Wittenberg
Dessau
SACHSEN
HALLE
LEIPZIG
20 km